Leo N. Tolstoi

Meine Beichte

Das Bekenntnisbuch in den Übersetzungen
von H. von Samson-Himmelstjerna
und Raphael Löwenfeld

Band-Signatur
TFb_A001

Tolstoi-Friedensbibliothek
Reihe A | Band 1

Herausgegeben von
Peter Bürger

Leo N. Tolstoi

Meine Beichte

Das Bekenntnisbuch in den Übersetzungen
von H. von Samson-Himmelstjerna
und Raphael Löwenfeld

Neu ediert durch Ingrid von Heiseler,
mit einem Hintergrundtext von
Pavel Birjukov

Tolstoi Friedensbibliothek

TFb_A001

© 2023

Leo N. Tolstoi

MEINE BEICHTE

Das Bekenntnisbuch in den Übersetzungen
von H. von Samson-Himmelstjerna
und Raphael Löwenfeld
Neu ediert durch Ingrid von Heiseler,
mit einem Hintergrundtext von Pavel Birjukov

Tolstoi-Friedensbibliothek: Band-Signatur FTb_A001

Herausgeber, Redaktion & Gestaltung: Peter Bürger
www.tolstoi-friedensbibliothek.de
Umschlagbild (um 1879): commons.wikimedia.org

Herstellung & Verlag: BoD – Books on Demand, Norderstedt
ISBN: 978-3-7448-2131-5

Inhalt

Leo N. Tolstoi (1828-1910)
Sechstes Lebensjahrzehnt; commons.wikimedia.org

Hintergrund und Übersetzungen von Tolstois Schrift *Ispoved'* (1879-82)

Vorwort
des Herausgebers

Der Lebensweg des Dichters LEO N. TOLSTOI (1828-1910) ist schon in Jugendtagen gekennzeichnet von dem Begehren, ein ‚guter Mensch' zu werden. Sein Thema ist die Rechtfertigung der eigenen Existenz durch selbsterbrachte Leistung: durch herausragende kulturelle oder im ethischen Sinne gute ‚Werke'. Das Unternehmen wird – hier ganz wörtlich zu nehmen – nach Plan angegangen und das Nichtgenügen wahrheitsgetreu in einer besonderen Buchhaltung vermerkt. Eine große Selbstbezüglichkeit scheint dem moralischen Ringen immer wieder den Atemraum zu rauben. Wie könnte man dem – um sich selbst kreisenden – ‚unglücklichen Ich' entkommen? Am 24. Oktober 1901 wird TOLSTOI auf der Krim niederschreiben: „Jeder Mensch ist an seine Einsamkeit gefesselt und zum Tode verurteilt. […] Das ist grauenhaft! Die einzige Rettung ist – das eigene Ich aus dem Gefängnis befreien, einen anderen zu lieben."[1] Wie bei dem von allen bewunderten und ‚geliebten' *Augustus*[2] aus den Märchen von HERMANN HESSE geht es schließlich einzig darum, selbst zu lieben. – Doch wie kann man als Mensch überhaupt ein *Liebender* werden, also ein wirklicher ‚Hausgenosse' Gottes? Ob bezogen

---

[1] Hier zitiert nach Volker SCHLÖNDORFF, in: Lew TOLSTOI: Für alle Tage. Ein Lebensbuch. Mit einem Geleitwort von Volker Schlöndorf und einem Nachwort von Ulrich Schmid. Auf Grundlage der russischen Ausgabe letzter Hand von Christiane Körner revidierte und ergänzte Übersetzung von E. Schmitt und A. Škarvan. Lizenzausgabe. Berlin: Fröhlich & Kaufmann Verlag 2018, S. 13.

[2] Hermann HESSE: Die Märchen (suhrkamp taschenbuch 3812). Frankfurt a. M. 2006, S. 64-88 („Augustus", September 1913).

auf diese – allem anderen *vorangehende* – Frage die Antwort des großen Russen, der seine Bedürftigkeit und Armseligkeit doch wie ein Bettler vor aller Welt ausgebreitet hat, am Ende überzeugt, das wollen wir im weiteren Fortgang unserer Edition ‚Tolstoi-Friedensbibliothek' erkunden.

Nicht selten geschieht es, dass sich bei einem Menschen ein bestimmtes ‚Thema' wie etwas ganz Neues Bahn bricht und das gesamte Gefühlserleben vitalisiert, während ein ruhiges Nachsinnen später zeigt, dass die ‚Vision' oder der ‚Auftrag' schon Jahrzehnte früher einmal längst da war, auch dem Bewusstsein zugänglich. Die Fährte einer nachaufgeklärten, aber keineswegs zum Beiwerk degradierten Religion reicht in der lebensgeschichtlichen Suche TOLSTOIS weit zurück. Im Tagebucheintrag vom 4. März 1855 schreibt er: „War heute zum Abendmahl. Ein gestern geführtes Gespräch über das Göttliche und den Glauben brachte mich auf einen großen und erhabenen Gedanken, dem ich mein Leben zu weihen fähig wäre. Dieser Gedanke besteht in der Gründung einer neuen Religion, die dem Entwicklungsstand der Menschheit angemessen ist, einer Religion Christi, aber gereinigt von Glauben und Geheimnis, einer praktischen Religion, die kein künftiges Glück verheißt, sondern Glück auf dieser Erde gewährt. Einen solchen Gedanken können, das begreife ich wohl, nur Generationen in die Tat umsetzen, die bewußt auf dieses Ziel hinarbeiten. Eine Generation wird den Gedanken der folgenden als Vermächtnis hinterlassen, und irgendwann einmal wird Fanatismus oder Vernunft ihn verwirklichen. *Bewußt* daran arbeiten, Menschen und Religion zu vereinen, ist die Quintessenz dieses Gedankens, der mich hoffentlich nicht mehr losläßt."[3]

---

[3] Lew TOLSTOI: Tagebücher. Erster Band 1847-1884. Berlin: Rütten & Loening 1978, S. 182. – Dies berührt sich mit DIETRICH BONHOEFFERS viel später aufgeworfener Frage nach einem „religionslosen Christentum". Was der so überaus kirchlich gesonnene BONHOEFFER als *Religionskritik* vorträgt, wäre im Kontext einer Zusammenschau am ehesten in Entsprechung zu dem, was TOLSTOI als *Kritik des Kirchentums* formuliert hat, zu betrachten.

In den nachfolgenden zwei Jahrzehnten bestimmen andere Schauplätze, Themen und Aufgabenstellungen TOLSTOIS Weg. Die Beunruhigung darüber, ein sterblicher Mensch zu sein, der mir nicht dir nichts auch wieder verschwinden kann, tritt zeitweilig noch stärker in den Vordergrund. Doch die Erfolge als Dichter, durchaus auch patriarchal motivierte Bemühungen um bessere Lebens- und Bildungsbedingungen der Bauern, Aufgaben der Gutsverwaltung, die Heirat und ein Familienalltag mit vielen Kindern scheinen hinreichende Antworten auf die Frage nach einem ‚Sinn des Lebens' zu gewähren. In den 1870er Jahren – noch während der Arbeiten am Roman *Anna Karenina* (1873 bis 1878) – bricht die Unruhe früherer Jahre erneut hervor, jetzt als ein Schrei. Über diese Krisenjahre orientiert uns eine im vorliegenden Band als Anhang dargebotene biographische Dokumentation des Tolstoi-Vertrauten PAWEL BIRJUKOV aus einem größeren Werk, das noch zu Lebzeiten des Dichters erschienen ist.[4]

TOLSTOI verzweifelt in seiner Suche nach dem ‚Sinn des Lebens', denn dieser kann nicht ästhetisch komponiert oder philosophisch konstruiert werden. Das reine Denken erweist seine Impotenz darin, dass es den ‚Sinn' eben nicht erdenken und auf den Begriff bringen kann. Die Religion der eigenen aristokratischen, besitzenden Klasse ist – sofern überhaupt vorhanden –

---

[4] *Leo N. Tolstois Biographie und Memoiren.* Autobiographische Memoiren, Briefe und biographisches Material. Herausgegeben von Paul BIRUKOF und durchgesehen von Leo Tolstoi. Band II: Reifes Mannesalter. Wien/Leipzig: Moritz Perthes 1909, S. 307-371 (vgl. EBD., S. 495-497 zu Drucklegung und Beschlagnahme der ‚Bekenntnisse'). – Zu religiösen Gedanken und Selbstzeugnissen TOLSTOIS lange vor und während der ‚Krisenjahre' vgl. Evelies SCHMIDT: Nachwort. In: Leo N. TOLSTOI: Meine Beichte. Aus dem Russischen von Raphael Löwenfeld. München: Eugen Diederichs Verlag 1990, S. 167-200 (vgl. EBD. S. 161-165: editorische Notiz zur ‚Beichte'); Martin GEORGE / Jens HERTH / Christian MÜNCH / Ulrich SCHMID (Hg.): Tolstoj als theologischer Denker und Kirchenkritiker. (Übersetzung der Tolstoj-Texte von Olga Radetzkaja und Dorothea Trottenberg, Kommentierung von Daniel Riniker). Zweite Auflage. Göttingen: Vandenhoeck & Ruprecht 2015, S. 37-86 (Texte) und S. 731-736 (Verzeichnis der entsprechenden Schriften). Vgl. EBD., S. 58 den Überblick zur Zensur- und Editionsgeschichte der Schrift *Meine Beichte*, mit dem in diesem Vorwort angeführten Zitat aus der Begründung der klerikalen russischen Zensurbehörde.

nur hohl und heuchlerisch. Ahnungen von einem Glauben, der keine Bekenntnisleier aus bloßen, ganz unverständlichen Sätzen ist, findet TOLSTOI in Begegnungen mit Menschen aus der Tag für Tag um das Brot ringenden Mehrheitsbevölkerung. Die Theologen faseln von einer ungetrennten wie unvermischten Koexistenz der göttlichen und der menschlichen Natur in Christus. Im Glauben der kleinen Leute scheint aber wirklich so etwas auf wie eine Versöhnung unserer Endlichkeit (Zufälligkeit) mit dem Unendlichen (Absoluten). ‚Glaube' ist hier ein neues Selbstverstehen[5]: Leben, kein dogmatisches System. Ohne Gott gibt es keinen ‚Sinn', nur den Schrei ins Leere. Der erfahrbare ‚Sinn' ist das wirkliche Leben selbst: Liebe.[6] Ein Jahrhundert früher als die lateinamerikanischen Befreiungstheologen hat LEO TOLSTOI – ohne falsche Idealisierungen – für sich so etwas wie ein „Lehramt der Armen" entdeckt. Vor allem deshalb nähert er sich zeitweilig wieder der volkskirchlichen Frömmigkeitspraxis seiner Kinder- und Jugendjahre an – aller Aufklärung zum Trotz und mit vergleichsweise mildem Urteil über die kleinen Fetische des Alltags. Schlimm bleibt in seinen Augen die Annahme, man könne ‚Glauben' in ein System von Lehrsätzen oder magischen Priesterritualen pressen und so zum Besitztum einer religiösen Verwaltung machen. Entlarvend ist ein Kirchentum, das die Menschen, statt sie zu vereinigen, trennt. Mehr als alles andere aber überschreitet die Schmerzgrenze jener Katechismus, der staatliche Gewalt bis

---

[5] Eine zentrale Frage unser weiteren Werk-Erkundung: Kommt ein neues Selbstverstehen des Menschen aufgrund der *Erfahrung des Geliebtseins* ins Blickfeld (sodass der unheilvolle Zwang zur ewigen Rechtfertigung der eigenen Existenz nicht mehr besteht) – oder obsiegt andererseits gar der Irrweg einer ‚ethischen Vernunftreligion', welcher keine Antwort auf den ‚Schrei' geben kann?

[6] Ulrich SCHMIDT formuliert – in theologischer Hinsicht ganz ‚ungeschützt' – zur Lösung der Krise: TOLSTOI „verkündete, dass der Sinn des Lebens im Leben selbst liege und dass das Leben letztlich Gott bedeute. Das Reich Gottes finde sich nicht im Himmel, sondern im Menschen selbst. Der Weg zu Gott war deshalb für Tolstoi im Wesentlichen identisch mit dem Weg zu sich selbst" (Nachwort zu Lew TOLSTOI: Für alle Tage. Ein Lebensbuch. Berlin 2018, S. 729). – Im Sinne des heutigen Sprachgebrauches wird man das Verständnis von ‚Glaube' in L. TOLSTOIS *Beichte* gewiss *eher* als ‚Mystik', keineswegs jedoch als erfahrungslosen ‚theologischen Rationalismus' bezeichnen können.

hin zu Tötungsakten (Hinrichtungen, Militär, Krieg) legitimiert und diese Blasphemie schon den Kindern ins Hirn brennt.

In seiner Tagebuchskizze *Aufzeichnungen eines Christen* vom April 1881 schreibt TOLSTOI rückblickend: „Ich bin getauft und habe ein heidnisches Leben geführt, und ich halte nicht jeden, der getauft wurde, für einen Christen, und wenn ich sage: Ich bin Christ, so behaupte ich weder, die Lehre befolgt zu haben, noch besser zu sein als andere, sondern erkläre nur, der Sinn des menschlichen Lebens ist Christi Lehre und die Freude des Lebens besteht im Streben, diese Lehre zu befolgen, und daher erfüllt mich alles, was dieser Lehre entspricht, mit Liebe und Freude […]. Ich bin jetzt 52 Jahre alt, und mit Ausnahme der 14, 15 Kindheitsjahre, die ich fast unbewußt durchlebt, habe ich 35 Jahre weder als Christ noch als Mohammedaner oder Buddhist verbracht, sondern als Nihilist im direkten und eigentlichen Sinne des Wortes, das heißt ohne jeglichen Glauben. – Vor zwei Jahren bin ich Christ geworden. Seitdem erscheint mir alles, was ich höre, sehe und erlebe, in so neuem Licht, daß ich glaube, diese meine neue Ansicht vom Leben, die eine Folge davon ist, daß ich Christ geworden bin, muß interessant und möglicherweise auch lehrreich sein […] Darüber, wie ich Christ wurde, habe ich ein ganzes Buch geschrieben. Es wird darin ausführlich geschildert, wie ich vor aller Welt geachtet und für meine Werke sogar ausdrücklich gelobt, über 30 Jahre als absoluter Nihilist gelebt habe. Das Wort *Nihilist* wird bei uns jetzt gewöhnlich im Sinne von Sozialrevolutionär gebraucht; ich hingegen gebrauche es in seinem eigentlichen Sinne: an nichts außer an den Mammon glauben. Dort, in diesem Buch, lege ich dar, wie ich 35 Jahre als ein solcher Nihilist verbracht und zur Belehrung russischer Menschen 11 Bücher geschrieben habe, die mir, abgesehen von allen möglichen Lobeserhebungen, etwa anderthalbtausend Rubel einbrachten; wie ich mich davon überzeugen mußte, daß ich die Menschen gar nichts zu lehren vermag, sondern selber nicht die geringste Vorstellung davon habe, was ich bin, was gut und schlecht ist. Und wie ich, nun von meiner Unwissenheit überzeugt und keinen Ausweg daraus sehend, verzweifelte und mich beinahe erhängt hätte und dann auf verschiedenen qualvollen und verschlungenen Wegen zum Glauben an die christliche Lehre gelangte und diese Lehre begriff."[7]

Das besagte Buch – *Beichte* (Ispoved', 1879-82) – enthält zwar das Bekenntnis eines Mörders (Soldatenzeit), ‚Unzüchtigen' und Ausbeuters, ist aber kein detailfreudiger Rechenschaftsbericht über alle Schandtaten der Vergangenheit. Der religiöse Schweizer Sozialist EMIL BLUM (1894-1978) erinnert sich so an seine Lektüre im Jahr 1912: „In jener Zeit war die kleine Schrift von Leo Tolstoi ‚Meine Beichte' für mich von großer Bedeutung geworden. Ich hatte sie in Erwartung irgendwelcher Pikanterien erworben. Statt dessen fand ich eine packende Darstellung der Krise, in die Tolstoi auf der Suche nach dem Sinn des Lebens geraten war. Das war gerade die Frage, die mich bewegte: Wozu leben wir, wenn doch der Tod am Ende des Lebens eines jeden steht und alles Leben auf Erden aufhören wird, wie es eines Tages geworden ist. Dabei blieb mir die Frage nach einem ‚Leben nach dem Tode' irrelevant."[8]

Schon 1881 musste L. N. TOLSTOI feststellen, dass man seine *Beichte* als subversives Werk betrachtete: „Dieses Buch, wurde mir gesagt, kann nicht gedruckt werden. Will ich die Liebe einer Dame zu einem Offizier schildern, dann darf ich das; will ich von der Größe Rußlands schreiben und Kriege besingen, so darf ich das durchaus; will ich die Notwendigkeit der Volkstümlerbewegung, des orthodoxen Glaubens und des Absolutismus nachweisen, so darf ich das erst recht. Will ich beweisen, daß der Mensch ein Tier ist und außer dem, was er empfindet, nichts im Leben existiert, ich darf es; will ich vom Geist reden, vom ersten Ursprung, von den Grundlagen, von Objekt und Subjekt, von Synthese, Kraft und Materie, und dies insbesondere in einer Weise, die kein Mensch versteht, so darf ich das. Dieses Buch hingegen, in dem ich berichte, was ich erlebt und gedacht habe, in Rußland drucken zu wollen ist geradezu undenkbar, wie mir ein erfah-

---

[7] Lew TOLSTOI: Tagebücher. Erster Band 1847-1884. Berlin 1978, S. 342-343.
[8] Hier zitiert nach Christian MÜNCH, in: Martin GEORGE u. a. (Hg.): Tolstoj als theologischer Denker und Kirchenkritiker. Göttingen 2015, S. 647.

rener und gescheiter alter Zeitschriftenredakteur sagte. Er las den Anfang meines Buches, und er gefiel ihm. Da er mich um Mitarbeit bat, sagte ich: ‚Da, drucken Sie das!' Er hob abwehrend die Hände und rief: ‚Du liebe Güte! Dafür würden sie meine Zeitschrift verbrennen und mich gleich mit.' Also lasse ich es nicht drucken."[9]

Im Juni 1882 verhängt die Zensurbehörde tatsächlich ein Verbot der *Beichte*, weil der – bis dahin von den Zensoren unbehelligte – Verfasser „wichtige Wahrheiten des Glaubens und Erlasse der Orthodoxen Kirche in Zweifel zieht und sich abfällig äußert über Wahrheiten und Riten der Orthodoxie". Der Text muss aus allen Exemplaren einer schon gedruckten Ausgabe der Zeitschrift *Russkaja mysl'* herausgeschnitten werden. Doch Petersburger Studenten nehmen sich der Druckfahnen an. Bald schon kursieren tausende Abschriften und Kopien in Russland. Die Gesamtzahl übersteigt die Auflage der *Russkaja mysl'* bei weitem.

Danach erscheint die Schrift zunächst in Genf in einer russischen Emigrantenzeitschrift (1883-1884) und als Buch (1884) bei Elpidine. WLADIMIR GRIGORJEWITSCH TSCHERTKOW eröffnet im Jahr 1901 mit der *Beichte* seine im englischen Exil edierte Sammlung der von der russischen Zensur verbotenen Tolstoi-Werke. Eine vollständige Ausgabe kann in Russland selbst erst 1906 veröffentlicht werden.

Wir erschließen im vorliegenden Band die Übersetzung des Balten HERMANN VON SAMSON-HIMMELSTJERNA[10] (1886) nach einem frühen Manuskript und die – davon erheblich abweichende – Übersetzung nach einer bearbeiteten späteren Fassung von RAPHAEL LÖWENFELD (1901)[11], dem bedeutendsten Vermittler

---

[9] Lew TOLSTOI: Tagebücher. Erster Band 1847-1884. Berlin 1978, S. 343.

[10] HERMANN VON SAMSON-HIMMELSTJERNA (1826-1908) wird sich später mit einer Schrift „*Anti-Tolstoi*" (Berlin: Walther 1902) hervortun. Vgl. Edith HANKE: Prophet des Unmodernen. Leo N. Tolstoi als Kulturkritiker in der deutschen Diskussion der Jahrhundertwende. Tübingen: Max Niemeyer 1993, S. 49; sowie den Eintrag zu H. SAMSON-HIMMELSTJERNA in: www.deutsche-biographie.de.

[11] Löwenfeld stand in enger Verbindung mit Leo N. Tolstoi. Vgl. zu ihm Helmut SCHALLER: Raphael Löwenfeld (1854-1910) – sein Weg von der slawischen Philologie in Breslau zum Theater in Berlin. In: K. Harer /H. Schaller (Hg.): Festschrift

von LEO TOLSTOIS Schriften vor dem ersten Weltkrieg. Im Anhang verzeichnen wir außerdem noch die frühen Übertragungen von L. ALBERT HAUFF (1890), ALEXIS MARKOW (1890), WILHELM LILIENTHAL (1895) und eines anonymen Übersetzers für den genannten Zeitraum (sowie nachfolgende). TOLSTOI hatte seinen Verzicht auf die Wahrnehmung von Urheberrechten, bezogen auf die nach 1881 veröffentlichten Werke, erklärt. Dies gehört zum Hintergrund eines staatlichen Sortiments deutscher Mehrfachübersetzungen seiner Schriften vor dem ersten Weltkrieg.

Zunächst hat TOLSTOI mit seiner *Beichte* vielleicht auch den schon länger gefassten Plan einer Rechenschaft des eigenen Lebens neu aufgenommen.[12] Später bezeichnet er sie in seinem Manuskript *Kratkoe izloženie Evangelija* (Kurze Darlegung des Evangeliums, 1881-83) jedoch als Einleitung eines aus vier Teilen bestehenden ,theologischen Werkes' (1. Beichte: persönlicher Aufbruch, 2. Kritik der dogmatischen Theologie, 3. Bibelarbeit mit dem Evangelium, 4. Darlegung eines ,unverfälschten' christlichen Glaubens).[13]

Vorab erfolgt durch die *Beichte* eine entscheidende Klärung: Der Weg des Lebens nimmt seinen Ausgang nicht bei unfehlbaren Autoritäten oder Bekenntnis-Objekten. Auch so etwas wie ,Theologie' vermag nur ins Auge zu fassen, wer zuvor die Ermutigung erfährt, selbst ein Subjekt – ein aus der eigenen Lebenserfahrung heraus sprechender Mensch – zu werden.

pb

---

für Hans-Bernd Harder zum 60. Geburtstag. (= Marburger Studien, Band 36). München / Berlin: Verlag Otto Sagner, S. 489-499.

[12] So schreibt Günter DALITZ in: Lew TOLSTOI: Philosophische und sozialkritische Schriften. Berlin: Rütten & Loening 1974, S. 781: „In die Endfassung der Schrift arbeitete Tolstoi auch seine unvollendete Autobiographie ,Was bin ich?' ein."

[13] Wir werden gemeinfreie Übersetzungen der entsprechenden Werke zu den Punkten zwei bis vier im Rahmen der hier begonnenen Reihe A der Tolstoi-Friedensbibliothek in eben dieser Reihenfolge edieren.

Leo Tolstoi
Bekenntnisse

Aus dem russischen Manuskript
übersetzt von
Hermann von Samson-Himmelstjerna*

* Textquelle | Leo TOLSTOI: Bekenntnisse. | Was sollen Wir denn thun? Ev. Lucä 3, 10. Aus dem russischen Manuskript übersetzt von H[ermann] von Samson-Himmelstjerna. Leipzig: Verlag von Duncker & Humblot 1886, S. V-VIII, 1-102.

Bekenntnisse.

Was sollen wir denn thun?

Ev. Lucä 3, 10.

Von

Graf Leo Tolstoi.

Aus dem russischen Manuskript übersetzt

von

H. von Samson-Himmelstjerna.

Leipzig,
Verlag von Duncker & Humblot.
1886.

Die sozialethischen Schriften des Grafen Leo Tolstoi[1] sind in mehr als einer Hinsicht bedeutsam. Schon ihr Gegenstand muss in unserer Zeit, die nach Erneuerung ihrer Weltanschauung ringt, überall lebhaftes Interesse erwecken. Es kommt dazu, dass der Verfasser mit einer wohl unübertroffenen, rückhaltlosen Offenheit und Wahrhaftigkeit und mit unwiderstehlich liebenswürdiger Schlichtheit die Konflikte schildert, die in seinem Innern entstanden sind, die Gewissensqualen, unter denen er gelitten hat. Bei der Treue und Lebendigkeit, mit welcher er sein inneres Leben aufdeckt, kann es nicht fehlen, dass ein ernster Leser an manche Frage erinnert wird, deren Lösung auch er gesucht hat.

Je mehr man von des Verfassers packender Aufrichtigkeit, von seinem rücksichtslosen Streben nach Wahrheit ergriffen worden, um so mehr wird man staunen über das Verfahren, welches seinen Schriften und seiner Person gegenüber seitens der Hierarchie beobachtet wird. Seine Schriften sucht man zu unterdrücken – freilich vergeblich: um so gieriger werden sie gelesen;

---

[1] Des bekannten Verfassers vieler beliebter Novellen und der grossen Romane „Krieg und Frieden" und „Anna Karenina", nämlich: 1) „Bekenntnisse", 2) „Worin besteht mein Glaube". 3) „Was sollen wir denn thun". – Davon bringt der vorliegende Band die erste und dritte, während die zweite schon früher im selben Verlage erschien. Alle diese drei religiösen Schriften sind von der russischen geistlichen Zensur unterdrückt worden und haben im Originale nicht erscheinen dürfen; sie kursiren aber von Hand zu Hand in Gestalt heimlich angefertigter Hektographien und Lithographien und werden gierig gelesen. In neuester Zeit hat der Verfasser sich darauf verlegt, seine religiösen Anschauungen durch kleine „Erzählungen fürs Volk" zu verbreiten, welche zu 6 Pfennige das Heftchen überall verkauft und kolportirt werden. Viele derselben besitzen hohen Kunstwerth. Unter diesen Erzählungen fürs Volk sind zu nennen: „Wovon lebt der Mensch?" – „Gott sieht das Recht, aber spricht es nicht rasch"– „Der kaukasische Gefangene" – „Iwan der Dummkopf" – „Zwei Greise" – „Das Kerzlein" – „Drei Geschichten" – „Wo Liebe ist, da ist auch Gott" – „Der erste Branntweinbrenner" – „Lass dem Feuer seinen Lauf, später hältst du es nicht auf".

und um so weniger wird der Zweck des Zensurverbotes erreicht. Die einen finden in diesen Schriften mit Vergnügen und frivolem Wohlbehagen Befriedigung ihrer Skandalsucht: Keulenschläge gegen die verhasste Geistlichkeit. Die anderen sind erfreut, dadurch in ihren sozialistischen Anschauungen und Tendenzen von autoritativer Seite gestützt und befestigt zu werden. Und da eine öffentliche Diskussion über des Verfassers Lehren ausgeschlossen worden, finden diejenigen, welche etwa seinen irrthümlichen und masslosen Konsequenzen und der damit etwa verbundenen Schädlichkeit entgegentreten möchten, keine Gelegenheit, es zu thun. – Das gemeine Volk aber in Russland, welches wohl unter allen dortigen Gesellschaftsschichten allein wahrer und tiefer Religiosität zugänglich ist, muss der Anregungen des Verfassers zu ernster Selbstprüfung und zu wahrhafter Kritik seiner Überzeugungen gänzlich entbehren; es wird wie durch einen undurchbrechlichen Ring in den Schranken sittlich unfruchtbarer Kultushandlungen festgehalten, in deren Bereiche nur Differenzen über den Werth dieser oder jener Modifikation einer rituellen Handlung, keineswegs aber belebende und sittigende Erörterungen über Inhalt und Werth der – fast unbekannten – Kirchenlehre selbst aufkommen können. So bewirkt jenes Zensurverbot, dass einestheils in den Kreisen der mehr oder weniger Gebildeten, oder der „Intelligenz", wie man in Russland sagt, die Verachtung der Kirchenlehre und ihrer Träger gefördert und dass in diesen Kreisen sozialistischen und kommunistischen Anschauungen Vorschub geleistet wird, – und dass anderentheils die grosse Masse des Volkes, aus dessen Mitte, nach Meinung der slavophilischen Chauvinisten, wenn nicht gar heute so doch morgen ein ganz Europa erleuchtendes, erwärmendes und erneuerndes, funkelnagelneues Heil aufgehen soll – dass die grosse Masse des Volkes in tiefster hierarchischer Finsternis erhalten wird. So bewirkt jenes Zensurverbot, dass die Extreme, zwischen denen die russische Welt rathlos schwankt, immer weiter hinausgerückt werden, dass die Mitte zwischen ihnen immer weiter und unfruchtbarer wurde und mehr und mehr unbefähigt, das „neue Wort" aus sich hervorzubringen.

Wenn der Leser damit bekannt geworden ist, wie es in der Brust eines der bedeutendsten Russen, wenn nicht gar des Allerhervorragendsten seiner Nation – den tendenziöse Gerüchte für dem Wahnsinne verfallen ausgeben[2] – wie es in der Brust eines solchen Mannes aussieht; wie dort manches mit unsäglichen Schmerzen durchgelebt, erworben und entbehrt werden muss, was der Abendländer als längst Erfahrenes fast mit auf die Welt bringt, – dann wird er die Öde ermessen können, welche des Verfassers weniger ernste und strebsame Landsleute, ohne es auch nur zu ahnen, in ihrem Innern umhertragen, und die entsetzliche Frivolität, mit welcher sie sich anschicken, den „unterdrückten" Orient zu „befreien", und den „verfaulten" Westen zu erneuern und zu erleuchten.

---

[2] Etwa so wie in den dreissiger Jahren Tschaadajew, vielleicht der erleuchtetste Russe aller Zeiten, offiziell für verrückt erklärt und als solcher behandelt wurde. [*Pjotr Jakowlewitsch Tschaadajew*, 1794- 1856: russischer Philosoph und politischer Denker. Zar Nikolaus I. ließ ihn aufgrund einer Schrift für verrückt erklären. IvH]

Lev Tolstoj.

Tolstoi-Bildnis von Jan Vilímek (1860–1938)
commons.wikimedia.org

Leo Tolstoi

Bekenntnisse

I.

Ich bin als vierter Sohn reicher Eltern zur Welt gekommen.
Meine Mutter starb, als ich erst anderthalb Jahre alt war. Ich
zählte neun Jahre, als mein Vater starb. Von allen Seiten ist mir
gesagt worden, dass mein Vater und meine Mutter gut, gebildet,
mildherzig und gottesfürchtig gewesen sind. Nach dem Tode
des Vaters blieben wir unter der Obhut unsrer Tanten. Zwei Tanten, denen wir zuerst anvertraut wurden, waren sehr gutherzige,
gottesfürchtige Damen. Die dritte Tante, welche die Fürsorge für
uns übernahm, als ich elf Jahre alt war, und welche uns nach
Kasánj überführte, war gleichfalls ein gutmüthiges Wesen (so
urtheilen alle, die sie gekannt haben) und sehr fromm, so sehr,
dass sie ihr Leben im Kloster beschlossen hat; dabei aber war sie
leichtsinnig und hoffärtig. In Kasánj habe ich auf ihren Antrieb
die Universität bezogen, habe dieselbe während dreier Jahre besucht und dann verlassen; als ich unabhängig geworden war,
zog ich auf das Landgut, das mir zugefallen war.

Erzogen worden bin ich im orthodoxen christlichen Glauben.
Von meiner Kindheit an hat man ihn mir gelehrt, auch zur Zeit,
da man mich zum Maturitätsexamen für die Universität vorbereitete. Aber schon im Alter von zwanzig Jahren, wenn ich mich
recht besinne, war mir vom Glauben nichts geblieben, wenn das,
was man mir in meiner Kindheit und in der Schule gelehrt hatte,
diese Bezeichnung verdient.

Ich erinnere mich, dass, als ich elf Jahre alt war, ein Knabe,
ein Kamerad, der das Gymnasium besucht hatte, uns erklärte, es
gäbe keinen Gott, und dass wir alle diese Nachricht als etwas
Neues, Interessantes und sehr Mögliches aufnahmen, obschon
wir ihm keinen Glauben schenkten.

Ferner erinnere ich mich, wie ich im Frühjahre, am Tage jenes Examens am Schwarzsee promenirt bin und zu Gott gebetet habe, er möge mich das Examen bestehen lassen, und als ich die Katechismus-Texte auswendig lernte, sah ich es klar ein, dass dieser ganze Katechismus – Lüge[3] sei. Ich kann es nicht genau sagen, wann ich gänzlich aufgehört habe, zu glauben.

Die Lossagung vom Glauben ist in mir, scheint es, jedenfalls in etwas complicirterer Weise vor sich gegangen, als es, wie ich sehe, ohne Ausnahme bei allen gescheuten [sic] Leuten unsrer Zeit geschieht. Der Vorgang ist, wie mir scheint, in der Mehrzahl der Fälle der, dass die verschiedenartigsten, selbst nicht philosophischen, Kenntnisse, mathematische, naturwissenschaftliche, historische – dass die Künste, die allgemeine Lebenserfahrung – dass alles das mit seinem Lichte und seiner Wärme unmerklich, aber unausbleiblich, das künstliche Gebäude der Glaubenslehre zum Schmelzen bringt. Diese Glaubenslehre aber hat keinen Theil am Leben, sie dient dem Menschen nicht als Wegweiser durchs Leben. In den Beziehungen zu andern Leuten begegnet es einem keineswegs, mit dieser Lehre, als wäre sie die Triebkraft des Lebens, in Konflikt zu gerathen, und im Leben selbst geschieht es nie, dass man sie zu Rathe zöge, so dass der Mensch es selbst nicht weiss, ob sie in ihm noch unversehrt ist oder nicht. Und geräth man doch einmal mit der Glaubenslehre in Konflikt, so ist es, als geschähe es mit einer äusseren Erscheinung, welche in keiner Verbindung zum Leben steht.

Nach dem Leben eines Menschen und nach seinem Thun zu urtheilen, hat man weder jetzt, noch damals, es irgend erkennen können, ob Jemand ein orthodox Gläubiger sei oder nicht. Sogar im Gegentheil: in der Mehrzahl der Fälle begegnete man damals und begegnet man jetzt sittlichem Leben, Ehrenhaftigkeit, Herzensgüte am häufigsten bei nichtgläubigen Menschen. Und hinwiederum Bekenntnis orthodoxen Glaubens und ersichtliche Erfüllung seiner rituellen Vorschriften trifft man meistentheils bei

---

[3] Im Russischen klingt der Ausdruck – *loshj* – nicht so hart, wie seine wörtliche deutsche Übersetzung. Die deutsche Sprache besitzt kein milderes, hierher passendes Synonym.

Leuten an, die unsittlich, grausam und hochgestellt sind und die gewaltthätig ihren Lüsten nachgehen – dem Reichthum, Ehrgeiz, der Wollust. Ohne Ausnahme haben alle Mächtigen jener Zeit, aufrichtig oder unaufrichtig, zur Orthodoxie sich bekannt, und auch heute noch thun sie es. So also hat im Leben, als Anleitung zur sittlichen Veredlung, der orthodoxe Glaube gar keine Bedeutung; die Orthodoxie ist nur ein äusserliches Kennzeichen. Ja die Orthodoxie in ihrer Verbindung mit der Macht hat es empfunden und empfindet es. Damals hat sie verlangt und auch heute verlangt sie äussere Erfüllung der rituellen Vorschriften.

In den Schulen lehrt man den Katechismus, die Schüler treibt man in die Kirche, von den Beamten verlangt man Zeugnisse über den Abendmahlsbesuch.

Wie früher, so auch jetzt zerschmelzen dergestalt allmählich der kindliche Glaube und die gewaltsam eingerichtete Glaubenslehre unter dem Einflusse der Kenntnisse und der Lebenserfahrungen, welche mit der Glaubenslehre im Widerspruche stehen, und plötzlich erweist es sich, dass an der Stelle, welche sie eingenommen hatte, schon längst ein leerer Raum sich befindet. Folgendes hat mir mein Bruder erzählt, ein gescheuter und rechtschaffener Mensch. Als er bereits sechsundzwanzig Jahre alt war, ist er einmal im Nachtquartier, während einer Jagd, nach alter, seit der Kindheit geübter Gewohnheit, Abends zum Gebete hingekniet. Der ältere Bruder, Nikolai, lag schon im Heu und sah es. Als Ssergeï geendet und sich hingestreckt hatte, hat ihm Nikolai gesagt: „Du machst also immer noch diese Faxen?" Und weiter ist zwischen ihnen kein Wort gewechselt worden. Von diesem Tage an hat der Bruder Ssergeï aufgehört zum Gebete hinzuknien und in die Kirche zu gehen. Nun sind es dreissig Jahre, dass er nicht gebetet hat, nicht zum Abendmahle und nicht in die Kirche gegangen ist. Und zwar nicht etwa deshalb, weil er dem Bruder gefolgt wäre, sondern weil es ihm ein Hinweis darauf gewesen war, dass schon längst vom Glauben nichts mehr vorhanden gewesen und dass nur eine sinnlose Gewohnheit nachgeblieben war.

So ist es gewesen und so pflegt es, glaub' ich, zu sein mit der weitaus überwiegenden Anzahl der Menschen. Ich rede von den Leuten unserer Bildung, ich rede von den Leuten, die sich selbst gegenüber wahrhaft sind, nicht aber von denen, welchen der Gegenstand des Glaubens als Mittel dient zur Erreichung irgend welcher zeitlicher Ziele. (Das sind die am gründlichsten Ungläubigen, denn wenn ihnen der Glaube ein Mittel ist zur Erlangung von Macht, Geld, Ruhm, so ist das bereits kein Glaube.) Diese Leute unsrer Bildungsstufe befinden sich in der Lage, dass das Licht der Kenntnisse und des Lebens bereits das künstliche Gebäude zerschmelzen gemacht hat, und dass sie dessen inne geworden sind; nicht etwa, dass sie es fortgeworfen hätten – da war bereits nichts zum Fortwerfen –: sie hatten den Platz frei gemacht, oder aber sie hatten die Lücke selbst noch nicht bemerkt.

Eben dies war auch der Fall bei jener Tante, die uns in Kasánj erzogen hatte. Ihr ganzes Leben lang war sie fromm gewesen. Aber als sie, fast achtzig Jahre alt, zum Sterben kam, wollte sie nicht das Abendmahl nehmen; den Tod fürchtend, ärgerte sie sich über alle darum, weil sie leide und hinsterbe, und offenbar erst vor dem Tode hat sie es eingesehen, dass alles, was sie im Leben gethan hatte, unnöthig gewesen war.

Das künstliche Gebäude der Glaubenslehre ist in mir ebenso verschwunden, wie in anderen, nur mit dem Unterschiede, wie er bei Leuten forschbegierigen und zur Philosophie geneigten Geistes sich zeigt. Schon mit sechzehn Jahren habe ich begonnen, mich mit Philosophie zu beschäftigen, und sofort zerflog die ganze Verstandesconstruction der Theologie zu Staub, wie sie ihrem Wesen nach gegenüber den Forderungen des gesunden Menschenverstandes zerfliegen muss. Derart bin ich verstandesmässig schon sehr frühzeitig ein Ungläubiger geworden, – sehr zeitig schon habe ich den Platz gesäubert, auf welchem das Lügengebäude gestanden hatte. Aber eine gewisse Vorliebe zum Guten, ein Streben nach sittlicher Veredlung blieb noch sehr lange in mir lebendig.

Ich kann es nicht behaupten, dass dieses Streben in meinem kindlichen Glauben begründet gewesen sei. Ich konnte und kann darüber nichts wissen; ich meine nicht, dass es der Fall gewesen sei, denn eine Richtschnur zu sittlicher Veredlung habe ich nicht in geistlichen Schriftwerken, selbst nicht im Evangelium gesucht – die Lüge, die Widersinnigkeit der ganzen Glaubenslehre stiessen mich von jeder Anknüpfung daran zurück – , vielmehr in der weltlichen, antiken und modernen, Litteratur habe ich die Richtschnur gesucht. Ich vermag jedoch auch nicht zu behaupten, dass es nicht eine Folge meines kindlichen Glaubens gewesen sei, worauf derselbe auch gegründet gewesen sein mag.

Die ersten zehn Jahre meines Jugendlebens verbrachte ich in diesen Bestrebungen nach Veredlung. Und dieses Suchen und Ringen bildete das Hauptinteresse jener Zeit. Aus dieser ganzen Epoche habe ich noch Tagebücher bewahrt, welche niemanden interessiren, mit Franklinschen Tabellen, mit Regeln zur Erlangung der Vollkommenheit.

Das dauerte etwa zehn Jahre, wenn nicht länger; mit der Zeit aber begann das Streben zu verlöschen, immer mehr zu verlöschen und war schliesslich ganz erloschen. Ja es ist von diesem Streben nichts übrig geblieben – ein anderes ist an seine Stelle getreten – , und ich blieb ohne irgend welche Richtschnur fürs Leben.

II.

Bevor ich davon rede, was an Stelle dieses Strebens getreten ist, kann ich nicht anders, als der traurigen, ergreifenden Lage zu erwähnen, in welcher ich während dieser zehn Jahre mich befunden habe. Irgend wann werde ich die Geschichte meines Lebens erzählen und die ergreifende, lehrreiche Geschichte dieser zehn Jahre. Ich meine, dass gar sehr viele dasselbe durchgemacht haben. Von ganzer Seele wünschte ich gut zu sein; ich war aber jung, ich besass Leidenschaften und ich stand allein da, vollständig allein mit meinen Bestrebungen. Ich war kühn: aber jedesmal wenn ich das, was in mir Gutes war, auszusprechen versuchte, begegnete ich Verachtung und Verhöhnung; sobald ich jedoch meinen scheusslichen Leidenschaften mich überliess, wurde ich mit offenen Armen empfangen.

Ehrgeiz, Herrschsucht, Eigennutz, Wollust – das alles stand in Ansehen.

Indem ich diesen Leidenschaften mich hingab, wurde ich einem Erwachsenen ähnlich und man achtete mich. Die gute Tante hat mir immer gesagt, dass sie für mich nichts so sehnlichst herbei wünsche, als ein Verhältnis mit einer verheiratheten Frau: *„rien ne forme un jeune homme, comme une liaison avec une femme comme il faut"* –, und dass ich Adjutant werde, am besten beim Kaiser, und dass ich soviel als nur möglich leibeigne Bauern habe.

Ohne Entsetzen, Ekel und Herzweh vermag ich nicht an diese Jahre zurück zu denken. Es gab keine Laster, denen ich in jenen Jahren nicht gefröhnt hätte, es gab kein Verbrechen, das ich nicht begangen hätte. Lüge, Diebstahl, Buhlerei aller Art, Völlerei, Vergewaltigung, Todtschlag – alles habe ich begangen, und ich wünschte nur allein das Gute, und meines gleichen haben mich für einen relativ sittlichen Menschen gehalten und auch jetzt noch halten sie mich dafür.

Ich lebte auf meinem Gute und vertrank, verspielte und verschlemmte, was die Bauern erarbeitet hatten; ich strafte und peinigte sie, benutzte sie zu meinen Ausschweifungen, verkaufte und betrog sie, und für alles das wurde ich gelobt. Und ohne Ausnahme hat man mich verachtet und verlacht um des Guten willen, das ich zu thun versucht habe.

So habe ich zehn Jahre gelebt. Ich hatte auch Augenblicke der Reue, es kamen Versuche, mich zu bessern, vor; aber der breite Weg war gar zu bequem und ich verfolgte ihn weiter.

Zu jener Zeit bin ich im Kriege gewesen und habe gemordet und zur selben Zeit begann ich zu schreiben, aus Hoffart und Hochmuth. In meinen Schriften that ich dasselbe wie in meinem Leben. Um den Ruhm zu erlangen, um dessentwillen ich schrieb, musste das Gute verheimlicht und das Schlechte ausgesprochen werden. So habe ich es denn auch gethan. Wie oft habe ich es listig auskünsteln müssen, um in meinen Schriften unter dem

Anscheine der Gleichgültigkeit oder gar leichten Spottes jene meine Strebungen zum Guten zu verbergen, welche den Grundgedanken meines Lebens bildeten. Und ich habe es erreicht. Man lobte mich. Mit achtundzwanzig Jahren zog ich, nach dem Kriege, nach Petersburg und trat in Verkehr mit den Schriftstellern. Man nahm mich als ebenbürtig auf, man schmeichelte mir. Und ich hatte keine Zeit, es zu bemerken, wie die zunftmässigen Lebensanschauungen der Leute, mit denen ich in Verkehr getreten war, sich meiner bemächtigten und wie sie an Stelle fast aller meiner früheren Bestrebungen nach Veredlung traten. Ich sage „fast aller": denn wiewohl es in den von Leidenschaften freien Augenblicken nicht eigentlich früheres Streben nach Veredlung gab, so empfand ich doch dunkel, in jener Periode, dass mein Leben kein echtes sei, und ich suchte nach irgend einem Etwas. Bereits schrieb ich nicht mehr Franklinsche Tagebücher, ich sass nicht mehr zu Gericht über meine Vergehen, ich empfand keine Reue – mein Leben erschien mir so übel nicht. Die Lebensanschauung dieser Leute, meiner Kameraden in der Schriftstellerei, bestand in der Meinung, dass im allgemeinen das Leben sich entwickelt und dass an dieser Entwickelung den Hauptantheil wir haben, wir die Männer des Gedankens, und dass unter den Männern des Gedankens den Haupteinfluss wir haben, die Künstler, die Poeten. Unser Beruf ist – die Leute zu belehren. Damit aber die sehr natürliche Frage: „was weiss ich und was kann ich lehren?" sich einem nicht aufdränge, war es in dieser Theorie klar gelegt, dass man das gar nicht zu wissen brauche, und dass der Künstler, der Poet unwissentlich belehre. Ich hielt mich für einen wunderbaren Künstler und Poeten und darum war es mir sehr natürlich, diese Theorie mir anzueignen. Man zahlte mir dafür Geld, ich hatte vorzügliches Essen, gute Wohnung, Weiber, Gesellschaft; ich war berühmt. Und während recht langer Zeit, drei Jahre lang, habe ich daran geglaubt. Je länger ich aber in diesen Gedanken lebte, um so häufiger stellten sich Zweifel ein. Dieser Glaube an die Entwickelung des Lebens, an die Kunst und Poesie, es war ein Glaube und ich war seiner Priester einer. Sein Priester zu sein, war sehr vortheilhaft und angenehm, aber ich besass genug Befähigung zur Abstraktion und zur Beobachtung, um irre zu werden an diesem Glauben, um so mehr, als die Priester desselben nicht alle unter einander einig waren. Die einen sagten: so, in dieser Weise müssen die Mysterien vollzogen werden: die andern sagten: nein, anders. Sie stritten, zankten, schalten, betrogen, trieben Schelmereien. Ausserdem gab es unter den Priestern viele Leute, die an den Glauben nicht glaubten, vielmehr einfach mit Hülfe dieses Glaubens ihre eigennützigen Zwecke erreichten.

Fast alle Priester waren unsittliche Leute und der Mehrzahl nach schlechte Menschen, nichtswürdig ihrem Charakter nach – viel niedriger stehend, als jene Leute, denen ich in meinem früheren lockeren Leben und in meinem Kriegsleben begegnet war. Aber Dünkel gab es ohne Ende. Ihre Gesellschaft wurde mir zuwider und ich begriff, dass es Lüge war. Sonderbar aber war eins: wiewohl ich bald diese ganze Lüge durchschaut und von ihrem Glauben mich losgesagt hatte, so sagte ich mich doch nicht los von dem Range, den sie mir verliehen hatten, – von dem Range eines Künstlers, Poeten, Lehrers. Naiv bildete ich mir ein, dass ich ein Poet, ein Künstler sei, und dass ich, ohne was zu wissen, alle belehren könne, selbst nicht wissend, worüber. Und so that ich denn auch.

Aus dem Verkehr mit diesen Menschen hatte ich ein neues Laster davongetragen, den Hochmuth, und ich kann es nicht anders als einen Wahnsinn nennen, diese Überzeugung, dass ich berufen sei, die Leute zu belehren, ohne selbst zu wissen, worüber. Wenn ich jetzt an jene Zeit zurückdenke und an meine damalige Gemüthsverfassung und an die Gemüthsverfassung jener Leute (solcher giebt es übrigens auch jetzt zu Tausenden), so wird mir traurig, schrecklich und lächerlich zu Muthe – es ist gerade die Empfindung, die einen in einem Irrenhause überkommt. Wir alle waren damals überzeugt, dass wir reden, reden, schreiben und drucken lassen mussten – so rasch wie möglich, so viel wie möglich, dass alles das nöthig sei fürs Wohl der Menschheit. Und tausende von uns, uns gegenseitig widersprechend und schimpfend, alle liessen wir drucken, und schrieben, die andern belehrend und dabei nicht bemerkend, dass wir nichts wussten, dass wir auf die einfachste Lebensfrage: soll man so oder anders handeln? – nicht zu antworten wussten, und dass wir, ohne einander anzuhören, alle zugleich redeten, genau wie in einem Irrenhause.

Tausend Arbeiter arbeiteten, Millionen von Worten liessen sie drucken und die Post verbreitete sie über ganz Russland, wir aber belehrten immer mehr noch, und konnten es nicht fertig bringen, über alles zu belehren, und alle ärgerten wir uns darüber, dass man sich von uns so wenig berathen lasse. Anders kann man das nicht nennen als Irrsinn, Trunkenheit, Geschwätz.

Entsetzlich sonderbar war es, aber jetzt ist es mir begreiflich. Eines der Hauptdogmen jenes Glaubens besagte: alles entwickelt sich, die Bildung ist das Heil. Die Bildung wird bemessen an der Verbreitung von Büchern, von Zeitungen. Ferner: aus dem Zusammenstosse der Meinungen geht die Wahrheit hervor und alles, was besteht, ist vernünftig; uns aber zahlt man Geld und man ehrt uns dafür – wie sollte man da nicht belehren?

Jetzt ist es mir klar, dass ein Unterschied gegenüber einem Irrenhause nicht existirt; damals aber habe ich das nur dunkel geargwöhnt, und auch das nur wie alle Irrsinnigen – ich nannte alle wahnsinnig, nur nicht mich selbst. Von der Zeit an verfiel ich diesem Wahnsinne des Belehrens ohne selbst was zu wissen. Und wie ich jetzt glaube: gerade darum war ich besonders hitzig bemüht, zu belehren, weil ich empfand, dass ich nichts wisse; ich fürchtete dieses Nichtwissen und ich bemühte mich, durchs Belehren das Entsetzliche des Nichtwissens in mir zu betäuben.

III.

So lebte ich, dieser Leidenschaft des Belehrens mich hingebend, noch sechs Jahre, bis zu meiner Verheirathung. Meine Kameraden, die Journalisten, waren mir widerwärtig geworden: ich hatte ihre Schwächen erkannt, hatte erkannt, dass sie zum Belehren nichts besassen; aber an mir selbst hatte ich dasselbe nicht beobachtet. Und da verfiel ich drauf, mit Bauerschulen mich zu befassen. Und ich verliebte mich in diese Beschäftigung, denn ich hatte da einen wirren Stützpunkt, von welchem aus ich belehren und die journalistischen Lehrer verleugnen konnte.

Dass mein Stützpunkt ein wirrer war, das war kein Unglück, denn ihr Stützpunkt war noch verworrener. Und ich fing an, sowohl das Volk zu belehren, als auch die Gebildeten – alle. Aber die ganze Zeit über empfand ich es, dass ich geistig nicht ganz gesund sei, und lange empfand ich es, und das konnte so nicht fortgehen. Und ich wäre vielleicht damals schon zu jener Verzweiflung gelangt, zu der ich bei fünfzig Jahren gelangt bin, wenn ich nicht in mir noch ein Lebensfundament besessen hätte, das mich zu jener Zeit aufrecht erhielt: das war die Vorstellung vom Familienleben, von der Liebe zu dem vorgestellten Weibe. Träume vom Familienleben, von der Liebe zum Weibe haben mich meine ganze Jugend hindurch begleitet, vom fünfzehnten Jahre an, jetzt aber waren sie noch intensiver geworden. Und ich heirathete. Die neuen Lebensbedingungen, der Einfluss einer guten Frau – das liess mich wieder ausruhen. Der Wahnsinn meines Lehrerthums nahm seinen Fortgang: ich schrieb auch als Ehemann; der Erfolg meiner Bücher machte mir Freude. Aber für diese Zeit war der Hauptgedanke meines Lebens die Familie, die Sorge um Vergrösserung der Mittel fürs Leben der Familie, die Gattin, die Kinder. So vergingen wieder zehn Jahre. Allmählich war ich zu mir gekommen, meine Leidenschaft fürs Belehren hatte abgenommen, und ich fing an mich zu fragen: was lehre ich? … Und es erwies sich, dass ich alle belehren könne, aber entschieden nicht wisse, was meinen Kindern zu lehren, dass ich entschieden nicht wisse, was ich selbst sei, wozu ich lebe, sei es gut, sei es schlecht; und es fingen Stimmungen an mich zu überkommen, wie der Verzweiflung, als stehe mein Leben stille, als wisse ich nicht, wie zu leben, was zu thun. Anfangs kamen sie nur vorübergehend – im Leben gab ich mich den früheren Gewohnheiten hin, ich lehrte auch –, dann aber immer häufiger, und darauf, zur Zeit da ich schrieb und mein Buch „Anna Karenina" geendet hatte, stieg meine Verzweiflung soweit, dass ich nichts anderes thun konnte, als nur denken, nur denken an die entsetzliche Lage, in der ich mich befand. Zuerst war es mir erschienen, als seien es nur – zwecklose, unpassende Fragen. Es schien mir, dass das alles bekannt sei, und wenn ich nur einmal mit ihrer Lösung mich abgeben wolle, so könne mir das keine Mühe machen, – dass ich aber jetzt keine Zeit habe, mich damit zu befassen, aber wenn es mir einmal einfalle, so werde ich die Antworten finden. Aber immer häufiger und häufiger fingen die Fragen an sich zu wiederholen, immer dringlicher verlangte es nach Antworten, und wie Punkte, die alle auf eine Stelle hinfallen, drängten sich diese unbeantworteten Fragen zusammen zu einem schwarzen Fleck. Und mit Entsetzen und im Bewusstsein meiner Kraftlosigkeit blieb ich vor diesem Flecke stehen.

Ich zählte fast fünfzig Jahre, als diese unbeantworteten Fragen mich zu der schrecklichen, gänzlich unerwarteten Lage gebracht hatten. Es war dahin gekommen, dass ich – ein gesunder, glücklicher Mensch – es empfand, dass ich nicht mehr leben könne: irgend eine unbestimmbare Macht riss mich dazu fort, dass ich mich irgend wie des Lebens entledige. Ich kann nicht eben sagen, dass ich mich tödten wollte. Die Kraft, welche mich zum Selbstmorde fortriss, war stärker, vollständiger, allgemeiner, als das Wollen und Wünschen. Es war das eine Macht, ähnlich der vormaligen Lebensbestrebung, nur in umgekehrter Beziehung. Mit allen Kräften strebte ich fort vom Leben. Und dieses Streben war so mächtig, dass ich Schnüre fortthat, um mich nicht an der Querleiste zwischen den Schränken meines Zimmers zu erhängen, wo ich allabendlich beim Auskleiden allein war, und dass ich aufhörte mit einer Flinte auszugehen. Ich wusste selbst nicht, was ich wollte; ich fürchtete das Leben, ich strebte fort von ihm und ich fürchtete den Tod.

Und das geschah mir zu der Zeit, da mir von allen Seiten geworden war, was als vollkommenes Glück angesehen wird; es war damals, als ich fast fünfzig Jahre alt war. Ich besass eine gute, achtungswerthe, schöne, liebende und geliebte Ehefrau, gute Kinder, ein grosses Vermögen, welches, ohne dass ich mich zu mühen brauchte, anwuchs und sich vergrösserte. Ich wurde mehr als jemals von den mir Nahestehenden und Bekannten ge-achtet, von Fremden wurde ich gelobt, und ohne besondere Selbstüberhebung konnte ich meinen, dass mein Name berühmt sei. Bei alledem war ich nicht nur nicht gestört oder geisteskrank, – im Gegentheil, ich erfreute mich solcher geistiger und körper-licher Kraft, wie ich bei meinesgleichen selten angetroffen habe. Körperlich vermochte ich beim Heumähen zu arbeiten, ohne den Bauern nachzustehen. Geistig vermochte ich zu achtzehn Stun-den in einem Zuge zu arbeiten, ohne von solcher Anspannung irgend welche Folgen zu verspüren. Und in solcher Verfassung kam ich darauf heraus, dass ich nicht leben könne und dass ich, bei meiner Furcht vor dem Tode, List gegen mich selbst anwen-den müsse, damit ich mir nicht das Leben nehme, welches ich fürchtete.

Dieser Seelenzustand war aus meinem ganzen vorhergegan-genen Leben hervorgewachsen, aber zur Zeit meiner Verzweif-lung gelangte er für mich zu folgendem Ausdrucke: Mein Leben ist irgend ein dummer, böser Scherz, den irgend jemand an mir verübt hat. Ungeachtet dessen, dass ich niemanden anerkannte, der mich geschaffen hätte, war doch diese Art der Vorstellung, dass irgend jemand einen dummen und bösen Scherz mit mir getrieben habe, als er mich in die Welt setzte, die natürlichste.

Unwillkürlich drängte es sich mir auf, dass irgend wo, dort, es jemanden giebt, welcher jetzt bei meinem Anblicke bersten will vor Lachen darüber, dass ich 30-40 Jahre gelebt habe, gelebt und gelernt, mich entwickelnd, an Leib und Seele zunehmend, mich umhertragend mit verschiedenen Vorstellungen über den Sinn des Lebens, und dass ich jetzt, mit völlig gekräftigtem Geiste zu dem Gipfel des Lebens angelangt, von wo aus es ganz überblickt wird, – dass ich dummer Kerl nun als ein Dummkopf auf diesem Gipfel stehe und es klar einsehe, dass es nichts im Leben giebt und auch nicht gegeben hat und nicht geben wird, und dass ich nun entsetzt darüber bin, dass man mich so lange betrogen hat. Ihm aber ist das zum Lachen. Aber existirt er oder existirt er nicht, dieser jemand hinter den Kulissen, der mich aus-lacht? … Mir aber ist es dadurch nicht leichter zu Muthe. Ich vermochte gar keinen vernünftigen Sinn beizumessen weder einer einzelnen Handlung, noch meinem ganzen Leben. Nicht nur das setzte mich in Verwunderung, wie ich gleich zu Anfang diesen Sinn zu verkennen vermocht habe. Schon so lange ist er ja allen bekannt seit den Zeiten Sakja-Munis und Salomos. Nicht heute oder morgen erst werden Krankheit und Tod über die geliebten Menschen und über mich kommen: schon vormals pflegten sie zu kommen – und nichts wird nachbleiben als Gestank und Würmer. Meine Thaten, welche sie auch mögen gewesen sein, sie werden alle vergessen werden – ob früher, ob später, und auch ich werde nicht mehr da sein. Und was waren es für Thaten? – Eine Reihe von Scheusslichkeiten, von Thaten der Wollust und Bosheit und eine Reihe von Betrügereien, um diese Scheusslichkeiten zu verdecken. Wie kann ein Mensch das übersehen und leben? – Das ist es, worüber man sich wundern kann! Leben kann man nur, solange man trunken ist vom Leben; sobald man aber nüchtern wird, ist es unmöglich, es zu übersehen, dass alles das – Trug ist, und ein so grausamer Trug!

Das Entsetzliche meiner Lage drückte sich mir darin aus, dass mir alles, was ich nur vormals gethan hatte, alles, was ich auch thun konnte – dass alles dumm und schlecht war.

Ich hatte zwei Reihen von Wünschen besessen, welche sich noch lange in mir erhalten und meine Blicke von der grausamen Wirklichkeit abgelenkt hatten: zwei Tropfen süssen Honigs waren es – die Familie und die sogenannte Kunst der Poesie … aber auch die Empfindung ihrer Süssigkeit nahm ein Ende. Das Unheil der Schlange war mir sichtbar. Die Familie aber, die Familie – es sind ja Menschen –, die Frau und die Kinder; auch sie schweben ja über dem Abgrunde; auch sie müssen ja entweder in der Lüge leben, oder die entsetzliche Wahrheit erblicken. Wozu haben sie zu leben, wozu habe ich sie zu lieben, für sie zu sorgen, sie zu hüten – zum Zwecke derselben Verzweiflung, die in mir ist, oder zum Stumpfsinne? Wenn ich sie liebe, so kann ich ihnen die Wahrheit nicht verbergen, – jeder Schritt der Erkenntnis führt sie zu dieser Wahrheit. Die Wahrheit aber – ist es der Tod, die Kunst, die Poesie? Lange unter dem Einflusse der Erfolge und der Lobeserhebungen der Leute, habe ich mir eingeredet, das sei ein Thun, dem man sich hingeben könne, selbst während man über dem Tode schwebe; bald aber habe ich es eingesehen, dass es Trug sei. Wie aufrichtig ich auch die Kunst, die Poesie geliebt habe und liebe: mir wurde es klar, dass es nur Lockspeisen seien zum Leben andrer, zu jenem Leben, welches für mich alles Verlockende eingebüsst hatte.

So lange ich nicht kraft eignen Lebens gelebt hatte, vielmehr von den Wogen eines fremden Lebens getragen worden war, so lange ich geglaubt hatte, das Leben habe einen Sinn, wiewohl ich ihn nicht aussprechen könne, – hatten aller Art Reflexe des Lebens in Poesie und Kunst mir Freude bereitet. Lustig war es mir gewesen, durch diesen Spiegel der Kunst das Leben anzuschauen; aber als ich angefangen hatte, nach dem Sinne des Lebens zu suchen, ohne ihn zu finden, als ich empfunden hatte, dass es mir unvermeidlich sei, zu leben, – da war mir dieser Spiegel entweder überflüssig geworden, unnütz und lächerlich, oder peinigend. Ich konnte mich nun damit nicht mehr ergötzen, dass ich es im Spiegel sah, wie dumm und verzweifelt meine Lage sei, – gar schön hatte ich mich daran erfreuen können, so lange ich in der Tiefe des Herzens noch geglaubt hatte, das Leben habe einen Sinn. Damals hatte mich dieses Spiel der Lichter, des komischen Kolorits und des Tragischen, des Rührenden, Schönen und Entsetzlichen im Leben – alles das hatte mich ergötzt. Aber als ich erfahren hatte, dass das Leben widersinnig und entsetzlich sei, da konnte das Spiel im Spiegel mich nicht mehr unterhalten. Wie der Mensch aufhören wird im Betrachten einer camera obscura sich zu unterhalten, sobald er sieht, dass wirkliches Elend an ihn herankommt, und wie er die Unterhaltung aufgiebt und vom Elende sich zu retten sucht – so that auch ich. Vom Spiegel kehrte ich zum Leben zurück, um mich vom Elende zu retten.

IV.

Mein Leben war stille gestanden. Ich konnte athmen, essen, trinken, schlafen; ich konnte es nicht lassen, zu athmen, zu essen, zu trinken, zu schlafen; aber kein Leben war es, denn es gab keine Wünsche, deren Erfüllung vernünftig gewesen wäre. Wenn ich etwas wünschte, so wusste ich es im voraus: ob ich meinen Wunsch erfülle oder nicht erfülle, so kommt dabei doch nichts heraus. Wäre eine Zauberin gekommen und hätte mir proponirt, meine Wünsche zu erfüllen, ich hätte nicht gewusst, was zu sagen. Habe ich auch keine Wünsche, aber doch in trunkenen Augenblicken die Gewohnheit der vormaligen Wünsche, so weiss ich in nüchternen Augenblicken, dass es Trug ist, dass es nichts zu wünschen giebt. Selbst die Erkenntnis der Wahrheit und des Todes vermochte ich nicht zu wünschen, denn fast kannte ich sie, und die Wahrheit war entsetzlich. Ich lebte gleichsam fort und fort, und wanderte und wanderte weiter und gelangte zum Abgrunde, und deutlich sah ich, dass vor mir nichts sei als nur Verderben. Und stille stehen war unmöglich, und zurückweichen unmöglich und unmöglich die Augen zu schliessen, um es nicht zu sehen, dass vor mir nichts sei als Leiden und wirklicher Tod – völlige Vernichtung.

Längst schon, längst schon ist das Märchen vom Reisenden, der in einen Brunnen gefallen war, erzählt worden. Unten die Schlange – der Tod, auf mein Fallen lauernd, um mich zu zerfleischen; ich halte mich an einem Zweige und kann es nicht begreifen, warum ich in diese Pein gerathen bin. Und dieser Honig, den ich zu meiner Ergötzung gesogen hatte, dieser Honig erfreut mich nicht mehr, aber die weisse und die schwarze Maus benagen den Zweig, an dem ich mich halte. Deutlich sehe ich die Schlange – und nicht mehr süss dünkt mich der Honig. Der vormalige Trug der Lebensfreuden, der die Schrecknisse der Schlange übertäubte, er trügt mich nicht mehr. Eines sehe ich – die unausweichliche Schlange und die Mäuse, und ich kann den Blick von ihnen nicht wenden.

Wie oft man mir auch sage: du kannst den Sinn des Lebens nicht verstehen, denke nicht dran, lebe – ich kann das nicht thun, denn gar zu lange habe ich vorher es gethan. Jetzt vermag ich nicht, die Tage und Nächte zu sehen, die dahin eilen und mich zum Tode führen. Ich sehe dieses eine, denn dieses eine – ist der Tod. Alles übrige – ist Lüge. Aber mehr noch. Wenn ich es einfach begriffen hätte, dass das Leben keinen Sinn hat, und wenn ich es geruhig hätte wissen können, – dann hätte ich gewusst, das sei mein Erbtheil. Aber ich vermochte nicht, mich dabei zu beruhigen. Wäre ich wie ein Mann gewesen, der in einem Walde lebt, von dem er weiss, dass es daraus keinen Ausweg giebt, ich hätte leben können; aber ich glich einem Menschen, der sich im Walde verirrt hat und der von Entsetzen befallen wird darüber, dass er sich verirrt hat und dass er mit jedem Schritte sich weiter verirrt, und im Drange, den Weg wieder zu finden, wendet er sich hierhin und dorthin und weiss es doch, dass jeder Schritt seine Verwirrung steigert, – aber er kann es nicht lassen, sich hin und her zu wenden.

Seht, das war entsetzlich. Und um dieses Entsetzens ledig zu werden, wollte ich mich tödten. Das Entsetzen vor dem, was mich erwartete, hatte ich durchgekostet – und ich wusste, dass dieses Entsetzen entsetzlicher sei als die Lage selbst –, aber ich war und bin ausser Stande, geduldig das Ende zu erwarten. Wie sehr ich auch überlegte und mich davon überzeugte, dass ja doch irgend wann ein Gefäss im Herzen oder sonst was springen werde und dass dann alles ein Ende haben werde, ich war ausser Stande, geduldig das Ende zu erwarten. Das Entsetzen vor der Finsternis war allzu gross und ich wollte rasch, nur rasch seiner ledig werden, durch eine Schlinge oder eine Kugel.

Am entsetzlichsten von allem aber war es, dass alle in derselben Lage … Blicke ich um mich, so sehe ich, dass nicht ich allein in dieser Lage mich befinde, sondern alle, die mit mir leben, und alle Menschen, die vorher gelebt haben.

Lasse ich den Blick schweifen über meine Gefährten im Truge und im Leiden, so sehe ich, dass die nach Lebensweise und Bildung mir zunächst Stehenden, von denen ich annahm, dass sie am meisten der Wahrheit nahe gekommen sind, dass sie alle in derselben Lage sich befinden wie ich.

V.

„Aber vielleicht habe ich irgend was übersehen, irgend was nicht verstanden" – manche Male habe ich früher mir das gesagt. Es ist unmöglich, dass dieser Zustand der Verzweiflung allen Menschen eigenthümlich sei, und ich suchte Aufklärung auf meine Fragen in allen den Kenntnissen, deren ich in meinem Leben nicht wenige erworben hatte. Und unter Qualen und lange habe ich gesucht, und nicht aus müssiger Neugier, nicht lässig habe ich gesucht, sondern unter Qualen habe ich gesucht, hartnäckig, Tage und Nächte hindurch: ich habe gesucht, wie ein untergehender Mensch die Rettung sucht, – und nichts habe ich gefunden.

Ich habe gesucht unter allen meinen Kenntnissen, und nicht nur dass ich nichts fand, sondern ich überzeugte mich davon, dass alle diejenigen, die wie ich in der Erkenntnis gesucht hatten, grade ebenso nichts gefunden haben. Und nicht nur haben sie nichts gefunden, sondern sie haben es klar anerkannt, dass dasselbe, was mich zur Verzweiflung geführt hat – des Lebens Widersinn –, die einzige dem Menschen zugängliche, unzweifelhafte Erkenntnis sei.

Überall habe ich gesucht, und dank meinem im Lernen zugebrachten Leben, sowie zufolge des Umstandes, dass durch meine Verbindungen in der Gelehrtenwelt in allen den verschiedensten Zweigen des Wissens die Allergelehrtesten mir zugänglich waren, und dass sie es mir nicht versagten, alle ihre Kenntnisse mir aufzudecken, nicht nur in Büchern, sondern auch in Unterhaltungen, – so ist mir alles bekannt geworden, was auf die Fragen des Lebens an Stelle von Antworten die Erkenntnis sagt. Lange noch habe ich gezagt, indem ich meine Fragen vorlegte, auf welche die Erkenntnis keine Antwort hatte. Lange ist es mir erschienen, wenn ich die Würde und den ernsten Ton betrachtete, in welchem die Wissenschaft ihre Sätze bekräftigt, die doch nichts gemein haben mit den Fragen des menschlichen Lebens, – lange ist es mir erschienen, dass es an meiner Roheit liegen müsse, wenn die Antworten meinen Fragen nicht entsprechen. Aber ich bin immer rasch im Erfassen gewesen, und da ich nun einerseits alles begriff, was die Erkenntnis hergab, andererseits aber mich davon überzeugte, dass meine Fragen die einzigen rechtmässigen Fragen waren, wie sie jeder Erkenntnis zu Grunde liegen sollen, so begriff ich es, dass nicht ich mit meinen Fragen der Schuldige bin, sondern die Wissenschaft, indem sie den Fragen ausweicht.

Meine Frage – dieselbe, welche bei fünfzig Jahren mich dem Selbstmorde zugeführt hatte, es war die allereinfachste Frage, welche angefangen vom dummen Kinde bis zum weisesten Greise, in jedes Menschen Seele liegt, – jene Frage war es, ohne welche das Leben nicht möglich ist, wie ich es thatsächlich erfahren hatte. Die Frage besteht in Folgendem: „Was kommt dabei heraus, aus dem, was ich heute thue, was ich morgen thun werde, aus meinem ganzen Leben?" Man kann es noch anders ausdrücken: „Wozu habe ich zu leben, zu wünschen, zu handeln?" Noch anders kann man es aussprechen, etwa so: „Giebt es für mich in meinem Leben einen solchen Sinn, der nicht aufgehoben würde durch den unausbleiblich mir bevorstehenden Tod?"

Auf diese eine, wie man sie auch verschieden aussprechen möge, so doch immer eine und dieselbe Frage, deren Antwortlosigkeit mich zur Verzweiflung gebracht hatte, auf diese Frage suchte ich Antwort in der menschlichen Erkenntnis. Ich fand die Antwort nicht, aber ich fand, dass alle menschlichen Kenntnisse hinsichtlich dieser Frage sich gleichsam in zwei gegenüberliegende Hemisphären theilen, an deren Gipfel sich zwei Pole befinden: der eine ist der negative, welcher gleichsam die Frage garnicht anerkennt, dafür aber klar und korrekt auf seine eignen unabhängig davon aufgestellten Fragen antwortet, und auf dem äussersten Gipfel dieser Erfahrungs-Erkenntnisse steht die Mathematik; der andre Pol aber ist der positive, welcher die Frage zum Theil anerkennt und theilweise Antworten giebt, aber unklare und unkorrekte, die sich gegenseitig widersprechen: das sind die spekulativen Erkenntnisse und auf ihrem äussersten Gipfel steht die Philosophie.

Im Walde dieser Erkenntnisse, auf der Suche nach einer Antwort auf die Lebensfrage, habe ich genau die Empfindung durchgemacht, welche einen im Walde verirrten Menschen überkommt. Da giebt es im Walde die eine dunkle, von dicht stehenden Bäumen verwachsene, für den Blick undurchdringliche Seite, und es giebt eine hellere mit Blössen und Lichtungen. Du wanderst durch den düsteren Theil, und je düsterer es wird, um so weniger weisst du, wohin du gehst; aber du darfst hoffen, dass jeden Augenblick der wahre Weg sich dir aufthun werde. Du wanderst durch den lichten Theil und weit hinaus reicht dein Blick. Aber je weiter hinaus du nur neue, dir fremde Orte erblickst, um so klarer wird es dir, dass du dich verirrt hast. Du gelangst auf einen Hügel vor einem Durchblicke und vor dir breitet sich unendlicher Raum. Alles ist klar, aber sicherlich giebt es dort kein Haus: das ist – die reine Mathematik. Du schaust um dich in den Durchblicken, da scheint dir etwas klar und ersichtlich, aber doch wie verdeckt. Nicht dunkel ist es, vieles lässt sich bestimmen, aber nicht alles, vieles ist verdeckt. Und darum bleibt die Hoffnung, dort könnte ein Haus sich finden, wo nicht alles sichtbar ist. Und je mehr es verdeckt ist, um so grössere Hoffnung, und umgekehrt. Das sind – die Erfahrungs-Erkenntnisse, die naturwissenschaftlichen.

Du gelangst wieder in einen dunkelen Theil des Waldes und – wieder ist es dasselbe. Du dringst in die tiefste Finsternis ein, und wenn du nichts mehr sehen kannst und wenn es nichts giebt, wonach die Richtigkeit oder die Verkehrtheit deiner Richtung zu beurtheilen, dann gerade kannst du hoffen, dass jetzt, sogleich jetzt, vor deinen Blicken ein Haus sich aufthun wird, oder doch ein kleiner dahin führender Fusssteig: das ist – die Philosophie. Aber je mehr du spähest, je mehr sich Anzeichen finden, um so weniger Hoffnung: das sind alle die spekulativen Wissenschaften – die Geschichte, das Recht, die Philosophie.

So bin ich umhergeirrt zwischen den Erkenntnissen, bald zur hellen, bald zur finstern Seite mich haltend. Von der ersten Jugend an haben die spekulativen Erkenntnisse mich beschäftigt, darauf die mathematischen; auch die naturhistorischen Wissenschaften haben mich lange gefesselt; und so lange ich mir meine

Frage noch nicht klar formulirt hatte, so lange diese Frage in mir noch nicht herangewachsen war mit ihrem Drängen nach Antwort, so lange begnügte ich mich mit jenen Antwort-Surrogaten auf jene Frage, die mehr als alles in unseren Tagen allgemein geworden ist. Bald hielt ich mich an die spekulative, gangbare Antwort, bald an die erfahrungsmässige.

Bald sagte ich mir auf dem erfahrungsmässigen Gebiete: „Alles entwickelt sich, strebt der Differenzirung und der Vervollkommnung zu und es giebt Gesetze, welche diesen Entwickelungsgang regeln. Du bist ein Theil des Ganzen. Wenn du so viel als möglich das Ganze erkannt haben wirst, dann wirst du deinen Platz in diesem Ganzen und auch dich selbst erkannt haben." Wie sehr es mir auch schmählich erschien, das zu bekennen, so gab es doch eine Zeit, da ich mich damit fast beruhigte. Es war gerade die Zeit, da ich selbst Differenzirung und Entwickelung durchmachte. Meine Muskeln wuchsen und wurden kräftiger, mein Gedächtnis bereicherte sich, die Fähigkeit zu denken und zu begreifen vergrösserte sich, ich wuchs und entwickelte mich, und da ich dieses Wachsen empfand, war es mir schmeichelhaft, zu denken: das eben sei das Gesetz der ganzen Welt; wie es mich zur wirklichen Erkenntnis führe, so führe es auch die Welt der Erkenntnis zu. Aber es kam die Zeit, da das Wachsen in mir aufhörte: ich fühlte es, dass ich nicht mehr mich entwickelte, dass ich zusammenschrumpfte, dass die Muskeln schwacher wurden, dass meine Zähne ausfielen, – und der Zauber war vernichtet. Es wurde mir klar (selbst ohne Hilfe des Widerspruches der Partisane dieser Wissenschaft), dass es Gesetze für unendliche Entwickelung nicht geben könne, und dass mir, dem Endlichen, es unmöglich sei, das Unendliche zu begreifen. Meine einfache Philosophie-Kenntnis war mir dazu behilflich, die Irrthümlichkeit dieses Weges mich klar erkennen zu lassen, die Irrthümlichkeit schon des Ausgangspunktes. Im unendlichen Raume und in der unendlichen Zeit entwickelt, vervollkommnet und differenzirt sich alles, schreitet alles fort. Alles das – es sind nur Worte ohne Bedeutung, denn im Unendlichen giebt es weder Komplizirtes noch Einfaches, kein Vorn und kein

Hinten, kein Besser, kein Schlechter. Dazu noch meine persönliche Frage: „Was bin ich mit meinen Wünschen?" – sie blieb erst recht gänzlich unbeantwortet, so dass ich es wohl begreifen musste, wie dieser Gedankengang nur den Blick von der Frage ablenkt, und dass er, ohne es auch nur zu versuchen, drauf zu antworten, im Geistigen nichts anderes thut, als was unsre Leidenschaften und unsre zeitlichen Wünsche beständig thun: er verdeckt den vor uns offenen Abgrund des Nichtwissens und des Todes; so weiss ich es nun im voraus, dass es auf diesem Wege Antwort auf meine Fragen nicht geben kann. Alle meine Kenntnisse auf diesem Gebiete, auf dem Gebiete der allgemeinen Erkenntnisse, auf dem Gebiete der neuen, Biologie genannten Wissenschaft, alle Erkenntniss, die es auf diesem Gebiete nur geben kann, sowie das Missverständniss, das daraus sich ableitet, alles das erschien mir, gegenüber den Lebensfragen, unaussprechlich lächerlich. Es hat mich das erinnert an die Antwort eines vorsichtigen und schelmischen Knaben von acht Jahren. Er kam aus der Schule, die er erst seit kurzem besuchte. – „Nun, kannst du schon buchstabiren?" – „Ja, das kann ich." – „So buchstabire mir: Pfote." – „Welch eine Pfote, eine Hunde- oder eine Wolfspfote?" Er wusste nicht, was er zu wissen brauchte, und durch die Kenntnis dessen, was er nicht zu wissen brauchte, wollte er meinen Blick ablenken. Fragen wir etwa nicht ebenso: Welch eine Pfote, Hunde- oder Wolfspfote? – wenn wir nicht wissen, was wir sind, wozu wir leben, von wo wir gekommen sind und wohin wir fahren, – und wenn wir dann in der Beobachtung der Nebelflecken und ihrer chemischen Zusammensetzung, und im Betrachten der Form der unendlich kleinen Atome, und des Entstehens der Organismen und der Sprache, welche wir reden – wenn wir darin Antworten auf unsre Fragen zu erblicken glauben?

Es ist ja ganz artig, den Unterschied zwischen einer Hunde- und einer Wolfspfote zu kennen, aber es handelt sich [darum,] darauf zu antworten, ob du „Pfote" buchstabiren kannst, oder ob du es nicht kannst. Und ich begriff es, dass ich lediglich in Folge der Verlockung, welche durch die den Leidenschaften und

Lüsten gewährte Nachsicht entsteht, so lange habe umherirren können. Die Frage lautet: „Wozu lebe ich ?" – Antwort: Im unendlich weiten Raume, in unendlich langer Zeit verändern sich unendlich kleine Theilchen in unendlicher Komplizirtheit, und wenn du die Gesetze dieser Veränderungen wirst begriffen haben, dann wirst du begriffen haben, wozu du lebst.

Bald sagte ich mir auf dem spekulativen Gebiete ungefähr dasselbe, wie vorhin, nur von einer anderen Seite: dort redete ich von allem Seienden, wovon die Menschheit nur ein Theil ist, hier redete ich nur von der Menschheit, und zur Bequemlichkeit (deren Schelmerei ich erst später bemerkt habe) redete ich nur von der mir bekannten Menschheit, von den sogenannten historischen Völkern, dabei vergessend, dass die historischen Völker der Zeit und der Zahl nach nur den tausendsten Theil der ganzen Menschheit ausmachen. Also, unter den historischen Völkern die ganze Menschheit meinend, sagte ich mir, dass die ganze Menschheit lebt und sich entwickelt auf Grund geistiger Prinzipien, auf Grund von Idealen, von denen sie sich leiten lässt. Diese Ideale finden ihren Ausdruck in den Religionen, den Wissenschaften, den Künsten und in den Staatsformen. Die Ideale werden immer höhere und höhere und die Menschheit geht dem höchsten Wohlsein, dem höchsten Gute entgegen. Ich bin ein Theil der Menschheit, darum habe ich mitzuwirken an dieser Entwickelung der Menschheit und an der Verwirklichung der Anerkennung der Ideale. Und in der Zeit meiner Schwachsinnigkeit habe ich daran Genüge gefunden; sobald aber in mir die Frage des Lebens in voller Klarheit sich aufrichtete, stürzte augenblicklich die ganze Theorie zusammen. Abgesehen von der gewissenlosen Ungenauigkeit, mit welcher die Wissenschaft Schlüsse, welche aus dem Studium eines kleinen Theiles der Menschheit abgeleitet worden, für allgemeingiltige Schlüsse ausgiebt; abgesehen von den gegenseitigen Widersprüchen der Partisane dieser Anschauung; abgesehen von der Unrichtigkeit des Satzes, dass die Ideale der Menschheit, sich vervollkommnend, fortschreiten und dass die Menschheit ihrer Verwirklichung sich nähert, – so liegt der Fehler dieser Anschauung darin, dass auf meine Frage: wozu ich lebe? geantwortet wird: ich lebe dazu, wozu auch die ganze Menschheit lebt. Wozu aber die ganze Menschheit lebe, wird nicht gesagt.

Von der allgemeinen, historischen Anschauung zur Philosophie übergehend, welche ihr als Grundlage dient, findet man dasselbe. Nicht eine Antwort findet man, sondern eine Wiederholung der Frage. Ob der Philosoph das Wesen des Lebens, welches mir und allem Seienden zu Grunde liegt, Substanz nennt, oder Geist oder Wille, so frage ich doch: wozu hat diese Substanz, hat dieser Geist, dieser Wille zu existiren? Was kommt dabei heraus, dass es da ist und da sein wird? … Und die Philosophie antwortet nicht nur nicht, sondern sie selbst fragt danach. Und wenn sie wahre, aufrichtige Philosophie ist, so besteht ihre ganze Arbeit darin, diese Frage klar hinzustellen. Und wenn sie fest an ihre Aufgabe sich hält, so kann sie nicht anders antworten, als Sokrates, als Platon: „ich weiss es nicht", oder wie Schopenhauer auf die Frage: „Was resultirt aus meinem Leben?" antwortet: „Übel und nur Übel, es ist besser nicht zu sein."

In ihrer ethischen Abtheilung, wenn sie ihrer Aufgabe treu bleibt, erklärt die Philosophie – wenn sie überhaupt erklärt – nur die sittlichen Erscheinungen, welche an den Menschen zu Tage treten; aber durchaus ausser Stande ist sie, zu sagen, was für den Menschen daraus entsteht, wenn er sittlich oder wenn er lasterhaft ist.

Der geniale Kant nennt ganz naiv die sittlichen Erscheinungen k a t e g o r i s c h e n I m p e r a t i v; aber als strenger Denker sagt er nicht ein Wort darüber, was dabei herauskomme und wozu so zu handeln sei.

Schopenhauer erklärt diese Erscheinungen durch das M i t l e i d; aber gerade das, was allein ich zu wissen brauche, kann er mir nicht sagen, was nämlich für mich dabei herauskommt, wenn ich mich dem Mitleide hingebe oder aber der Bejahung meines Willens zum Nachtheile der übrigen Menschen.

Also, wie ich auch diese spekulativen Antworten der Philosophie drehen mag, in keiner Weise erhalte ich, was einer Antwort ähnlich wäre. Und nicht etwa darum, weil, wie im Bereiche des Klaren und Erfahrungsmässigen, die Antwort meiner Frage nicht entspräche, sondern darum, weil hier, obschon die ganze Geistesarbeit grade auf meine Frage gerichtet ist, es eben keine Antwort giebt, und weil statt einer Antwort man eben dieselbe Frage zurückerhält, nur in komplizirter Form.

VI.

Und wenn ich nun nüchtern das betrachte, woran ich Genüge gehabt habe, und das, worin ich Lösung meiner Frage gesucht habe, so bin ich schier verwundert darob, wie ich es nicht habe begreifen können, dass ich, weder auf dem einen noch auf dem anderen Gebiete der Erkenntniss, durchaus keine Antwort erhalten konnte. Was that ich, als ich in den Erfahrungs-Erkenntnissen Antwort suchte? Ich wollte wissen, warum ich lebe, und dazu erforschte ich alles das, was ausserhalb meiner selbst ist. Es ist klar, dass ich vieles kennen lernen konnte, nichts aber von dem, was mir noth that.

In meinem fünfzigsten Jahre befand ich mich in der Lage, es durchaus nicht zu wissen, wozu ich lebe, und ich studirte die Gedanken derjenigen Wesen, welche in derselben Lage sich befanden, wie ich. Es ist klar, dass ich nichts anderes kennen lernen konnte, als was ich selbst wusste: dass es nicht möglich sei, darüber etwas zu wissen.

Ich war hinaus gegangen auf die Lichtung und hatte einen Baum erklettert und hatte klar einen unbegrenzten Raum überblickt, und hatte gesehen, dass dort kein Haus sich befinde und sich auch nicht befinden könne; ich war in das Dickicht gegangen, in die Finsterniss und ich hatte die Finsterniss gesehen, aber auch dort kein Haus, immer kein Haus.

So war ich umhergeirrt in diesem Walde der menschlichen Erkenntnisse zwischen den Lichtungen der mathematischen und der Erfahrungs-Erkenntnisse, welche mir helle Horizonte aufthaten, doch solche in deren Richtung kein Haus sich befinden konnte; und in dem Düster der spekulativen Erkenntnisse, in welchen ich in um so tiefere Finsternis gerieth, je weiter ich fortschritt; und schliesslich hatte ich mich davon überzeugt, dass es keinen Ausweg gebe und auch nicht geben könne.

Der hellen Seite der Erkenntnisse mich hingebend, hatte ich begriffen, dass ich den Blick nur ablenke von der Frage. Wie lockend, wie klar auch die Horizonte waren, die sich mir aufthaten, wie verlockend es auch war, in die Unendlichkeit dieser Erkenntnisse sich zu versenken, – ich hatte begriffen, dass sie, diese Erkenntnisse, je heller, um so weniger nothwendig sind, und dass sie um so weniger die Frage beantworten.

Nun, sagte ich mir, ich weiss alles das, was so hartnäckig die Wissenschaft zu erkennen wünscht; aber eine Antwort auf meine Frage über den Sinn meines Lebens giebt es auf diesem Wege nicht. Auf dem spekulativen Gebiete aber begriff ich, dass, abgesehen davon, oder gerade um deswillen, weil das Zielen der Erkenntnis gerade auf die Antwort zu meiner Frage gerichtet war, es keine andre Antwort gab, als diejenige, die ich mir selbst gegeben hatte: Welchen Sinn hat mein Leben? – Gar keinen! Oder: Was kommt heraus bei meinem Leben? – Nichts! Oder: Welche Verbindung besteht zwischen meiner Vernunft und meinem Leben? – Gar keine!

Bei einer Seite der menschlichen Erkenntnisse anfragend, hatte ich eine zahllose Menge feiner Antworten erhalten über das, wonach ich gar nicht gefragt hatte: über die chemische Zusammensetzung der Sterne, über die Bewegung der Sonne zum Herkules, über die Herleitung der Aggregatzustände und des Menschen, über die Formen der unendlich kleinen, unwägbaren Partikel des Aethers; aber auf meine Frage: worin beruht der Sinn meines Lebens? – gab es in diesem Bereiche der Erkenntnisse nur eine Antwort: du bist das, was du dein Leben nennst; du bist eine zeitliche zufällige Verkettung von Molekeln. Die Verkettung hält zusammen während einiger Zeit: die gegenseitige Einwirkung, die Veränderung dieser Molekeln bringt das, was du dein Leben nennst, hervor, und zugleich alle deine Fragen. Einfach gesagt, ich bin – ein kleiner, zufällig zusammenhaftender Klumpen von irgend was. Das Klümpchen diskurirt, es geht irgend ein Prozess vor sich. Diesen Prozess des Beisammenbleibens nennt das Klümpchen sein Leben. Das Klümpchen zerspringt in Stücke – und das Diskuriren hat ein Ende, und alle Fragen haben ein Ende. So antwortet die helle Seite der Erkenntnisse, sobald sie streng ihren Grundsätzen folgt; und nichts anderes vermag sie zu sagen.

Jene unklaren Kompromisse, welche diese Seite der erfahrungsmässigen, exakten Erkenntnisse mit der Spekulation schliesst, wobei gesagt wird, dass der Sinn des Lebens in der Entwickelung besteht und in der Mitwirkung an dieser Entwickelung, diese Kompromisse können, hinsichtlich ihrer Exaktheit, nicht als Antworten gelten.

Die Entwickelung im Sinne der Komplizirung, der Differenzirung, der Vervollkommnung repräsentirt gar keinen bestimmten Begriff: denn Komplizirung, Differenzirung, Vervollkommnung in unendlicher Zeit, in unendlichem Raume und in unendlicher Kombination kann es nicht geben.

Und dann noch ausserdem: die Hauptsache ist, dass es bei solch einer Antwort sich wiederum zeigt, dass die Antwort der Frage nicht entspricht. Ich will den Sinn meines Lebens wissen; dass es aber ein kleiner Theil des Unendlichen sei, das giebt ihm nicht nur keinen Sinn, sondern vernichtet auch jeden möglichen Sinn.

Unter solchen Bedingungen giebt es kein Vorn und kein Hinten, kein Grösseres und kein Kleineres. Die andre, die spekulative Seite der Erkenntniss, wenn sie streng an ihren Grundlagen festhält und direkt auf die Frage antwortet, dann antwortet sie dasselbe überall und in jedem Zeitalter und immer hat sie eines und dasselbe geantwortet: das Leben hat gar keinen Sinn, es ist ein Übel. Wiederum schliesse ich zwischen den spekulativen und den Erfahrungs-Erkenntnissen alle Kompromisse aus, welche den ganzen Ballast der sogenannten juristischen, historischen und soziologischen und biologischen Wissenschaften bilden. In diese Wissenschaften werden wiederum in inkorrekter Weise die Begriffe der Entwickelung, der Vervollkommnung eingeführt, doch mit dem Unterschiede, dass dort von der Entwickelung des Ganzen, hier aber von der des menschlichen Lebens geredet wird. Die Unkorrektheit ist dieselbe: Entwickelung und Vervollkommnung können im Unendlichen kein Ziel haben, noch eine Richtung, und hinsichtlich meiner Frage geben sie keine Antwort.

Dort, wo die spekulative Erkenntnis exakt ist, nämlich in der wahren Philosophie, nicht in jener, welche Schopenhauer die Professoren-Philosophie nennt, welche nur dazu dient, alle bestehenden Erscheinungen nach neuen philosophischen Tabellen zu klassifiziren und sie mit neuen Namen zu benennen, – dort, wo der Philosoph die wesentliche Frage nicht aus dem Auge verliert, ist die Antwort immer eine und dieselbe.

„Es ist alles ganz eitel," – sprach der Prediger Salomo – „es ist alles ganz eitel! Was hat der Mensch mehr von aller seiner Mühe, die er hat unter der Sonne? Ein Geschlecht vergeht, das andre kommt; die Erde aber bleibt ewiglich. Was ist es, das geschehen ist? Eben das hernach geschehen wird. Was ist es, das man gethan hat? Eben was man hernach weiter thun wird; und geschiehet nichts Neues unter der Sonne. Geschieht auch etwas, davon man sagen möchte; siehe das ist neu? Denn es ist zuvor auch geschehen, in vorigen Zeiten, die vor uns gewesen sind. Man gedenket nicht, wie es zuvor gerathen ist; also auch dess, das hernach kommt, wird man nicht gedenken bei denen, die hernach sein werden. Ich, Prediger, war König über Israel zu Jerusalem. Und begab mein Herz zu suchen und zu forschen weislich alles, was man unter dem Himmel thut. Solche unselige Mühe hat Gott den Menschenkindern gegeben, dass sie sich darinnen müssen quälen. Ich sahe an alles Thun, das unter der Sonne geschiehet; und siehe, es war alles eitel und Jammer! … Ich sprach in meinem Herzen: Siehe, ich bin herrlich geworden und habe mehr Weisheit denn alle, die vor mir gewesen sind zu Jerusalem, und mein Herz hat viel gelernet und erfahren. Und gab auch mein Herz darauf, dass ich lernete Weisheit, und Thorheit, und Klugheit. Ich ward aber gewahr, dass solches auch Mühe ist. Denn wo viel Weisheit ist, da ist viel Grämens; und wer viel lehren muss, der muss viel leiden."

Kapitel II: „Ich sprach in meinem Herzen: Wohlan, ich will wohl leben, und gute Tage haben; aber siehe, das war auch eitel! Ich sprach zum Lachen: du bist toll; und zur Freude: Was machst du? Da dachte ich in meinem Herzen, meinen Leib vom Wein zu ziehen und mein Herz zur Weisheit zu ziehen, dass ich ergriffe, was Thorheit ist, bis ich lernete, was den Menschen gut wäre, dass sie thun sollten, solange sie unter dem Himmel leben. Ich that grosse Dinge: ich bauete Häuser, pflanzte Weinberge; ich machte mir Gärten und Lustgärten, und pflanzte allerlei fruchtbare Bäume darin; ich hatte Knechte und Mägde, und Gesinde; ich hatte eine grössere Habe an Rindern und Schafen denn alle, die vor mir zu Jerusalem gewesen waren; ich sammelte mir auch Silber und Gold von den Königen und Ländern einen Schatz; ich schaffte mir Sänger und Sängerinnen, und Wollust der Menschen, allerlei Saitenspiel; und nahm zu über alle, die vor mir zu Jerusalem gewesen waren; auch blieb Weisheit bei mir; und alles, was meine Augen wünschten, das liess ich ihnen und wehrte meinem Herzen keine Freude. Da ich aber ansahe alle meine Werke, die meine Hand gethan hatte, und Mühe, die ich gehabt hatte, siehe, da war es alles eitel und Jammer, und nichts mehr unter der Sonne. Da wandte ich mich, zu sehen die Weisheit, und Klugheit, und Thorheit; … und merkte doch, dass es einem geht, wie dem andern. Da dachte ich in meinem Herzen: weil es denn dem Narren geht wie mir, warum habe ich denn nach Weisheit gestanden? Da dachte ich in meinem Herzen, dass solches auch eitel sei. Denn man gedenket des Weisen nicht immerdar, ebensowenig als des Narren; und die künftigen Tage vergessen alles; und wie der Weise stirbt, also auch der Narr. Darum verdross mich zu leben; denn es gefiel mir übel, was unter der Sonne geschiehet, dass es so gar eitel und Mühe ist. Und mich verdross alle meine Arbeit, die ich unter der Sonne hatte, dass ich dieselbe einem Menschen lassen müsste, der nach mir sein sollte. Denn was kriegt der Mensch von aller seiner Arbeit und Mühe seines Herzens, die er hat unter der Sonne, denn alle sein Lebtage Schmerzen, mit Grämen und Leid, dass auch sein Herz des Nachts nicht ruhet! Das ist auch eitel! Ist es nun nicht besser dem Menschen essen und trinken, und seiner Seele guter Dinge sein in seiner Arbeit?"

Kapitel III: „Weiter sahe ich unter der Sonne Stätte des Gerichts, da war ein gottloses Wesen, und Stätte der Gerechtigkeit, da waren Gottlose. Denn es gehet dem Menschen wie dem Vieh; wie es stirbt, so stirbt er auch; und haben alle einerlei Odem: und der Mensch hat nichts mehr, denn das Vieh; denn es ist alles eitel! Es fährt alles an einen Ort; es ist alles vom Staub gemacht, und wird wieder zu Staub. Wer weiss, ob der Geist des Menschen aufwärts fahre, und der Odem des Viehes unterwärts in die Erde fahre? ... Darum sahe ich, dass nichts Besseres ist, denn dass ein Mensch fröhlich sei in seiner Arbeit; denn das ist sein Theil. Denn wer will ihn dahin bringen, dass er sehe, was nach ihm geschehen wird?"

Kapitel IV: „Ich wandte mich, und sahe alle, die Unrecht leiden unter der Sonne, und siehe, da waren Thränen derer, so Unrecht litten, und hatten keinen Tröster; und die ihnen Unrecht thaten, waren zu mächtig, dass sie keinen Tröster haben konnten. Da lobte ich die Todten, die schon gestorben waren, mehr denn die Lebendigen, die noch das Leben hatten; und der noch nicht ist, ist besser, denn alle beide, und der des Bösen nicht inne wird, das unter der Sonne geschiehet. Ich sahe an Arbeit und Geschicklichkeit in allen Sachen, da neidet einer den andern. Das ist ja auch eitel und Mühe!"

Kapitel VIII *V*. 17: „Und ich sahe alle Werke Gottes. Denn ein Mensch kann das Werk nicht finden, das unter der Sonne geschiehet; und je mehr der Mensch arbeitet, zu suchen, je weniger er findet. Wenn er gleich spricht: ich bin weise, und weiss es; so kann er es doch nicht finden."

Kapitel IX *V*. 2: „Es begegnet einem wie dem andern, dem Gerechten wie dem Gottlosen, dem Guten und Reinen wie dem Unreinen, dem, der opfert, wie dem, der nicht opfert. Wie es dem Guten geht, so auch dem Sünder. Wie es dem Meineidigen geht, so geht es auch dem, der den Eid fürchtet. Das ist ein böses Ding unter allem, das unter der Sonne geschiehet, dass es einem gehet wie dem andern; daher auch das Herz des Menschen voll Arges wird, und Thorheit in ihrem Herzen, dieweil sie leben; darnach müssen sie sterben. Denn bei allen Lebendigen ist, das man wünschet, nämlich Hoffnung; denn ein lebendiger Hund ist besser, weder [sic!] ein todter Löwe. Denn die Lebendigen wissen, dass sie sterben werden; die Todten aber wissen nichts, sie verdienen auch nichts mehr, denn ihr Gedächtnis ist vergessen, dass man sie nicht mehr liebet, noch hasset, noch neidet; und haben keinen Theil mehr auf der Welt in allem, was unter der Sonne geschiehet."

So spricht Salomo oder wer diese Worte geschrieben hat.

Nur um so viel nähern wir uns der Wahrheit, um wie viel wir uns vom Leben entfernen – sagt Sokrates, indem er sich zum Tode vorbereitet. – Warum trachten wir, die wir die Wahrheit lieben, nach dem Leben? Darum, um uns von dem Leibe zu befreien und von allem Übel, welches aus dem Leben des Leibes sich herleitet.[4] Wenn es so ist, wie sollten wir da nicht erfreut sein, wenn der Tod zu uns herankommt? Darum erfüllt der mir bevorstehende Tod mich nicht mit Entsetzen, sondern mit Hoffnung (dass es besser werde). Vom Leibe befreite Seelen – das ist es, was man Tod nennt. Wer die Weisheit liebt, der wünscht gerade das heran. Darin besteht seine Arbeit. Der Weise sucht sein ganzes Leben hindurch den Tod und darum ist der Tod nicht schrecklich. – So spricht Sokrates im „Phädon", indem er den Tod nennt: die Abscheidung der Seele vom Körper.

Sakja-Muni, ein junger glücklicher Königssohn, dem Krankheit, Alter und Tod unbekannt geblieben waren, ist zu einer Lustfahrt ausgezogen und er hat einen zahnlosen, speichelflüssigen Greis erblickt: er begriff [nicht],[5] was das wohl sei; und als er erfahren hatte, das sei das allgemeine Loos aller Menschen, befahl er umzuwenden, um darüber nachzudenken. Und lange hat er darüber nachgedacht; und sicher hatte er sich irgend wie getäuscht, als er ein zweites Mal zur Lustfahrt auszog. Aber er

---

[4] Die beiden vorstehenden Sätze enthalten offenbar einen Druckfehler. Der Übersetzer.

[5] Ergänzung des Übersetzers.

begegnete jemandem, der am Fieber litt, und als er erfahren hatte, dass das – Krankheit sei, welcher alle Menschen und auch er selbst ausgesetzt, hatte er wiederum keine Lust, sich zu belustigen, und befahl umzukehren, und wieder hat er nach Beruhigung gesucht; und offenbar hatte er irgend eine trügerische Beruhigung gefunden, als er ein drittes Mal zu einer Lustfahrt auszog; aber dieses dritte Mal sah er, dass man etwas vorübertrug. Wohin? – Zum Einscharren. – Warum? … Und als er die Leiche gesehen hatte, fragte er lange: „Ist das wirklich das Loos aller Menschen? Und wird es auch mit mir so geschehen? Wird man mich einscharren, und wird von mir Gestank bleiben und werden mich Würmer fressen?" – „Ja." – „Zurück, ich will nicht zur Lustfahrt ausziehn, und niemals mehr ziehe ich dazu aus."

Und Sakja-Muni vermochte keinen Trost im Leben zu finden und er gelangte zum Schlusse: das Leben sei – das grösste Übel, und alle Seelenkräfte sollen dazu angewandt werden, um sich und um andre davon zu befreien, damit nicht auch nach dem Tode irgend wie das Leben sich erneure, und um das Leben von Grund aus zu vernichten.

Und das ist das Fundament der buddhistischen Weisheit.

Der Mensch besteht aus Wille und Vernunft. Wenn die Vernunft den Schleier durchdrungen hat, durch welchen dem Menschen die Identität seines Willens mit allem Seienden verhüllt wird, so „macht derselbe nicht mehr den egoistischen Unterschied zwischen seiner Person und der fremden, sondern er nimmt an den Leiden der andern Individuen soviel Antheil, wie an seinen eigenen"; … „dann folgt von selbst, dass ein solcher Mensch, der in allen Wesen sich, sein innerstes und wahres Selbst erkennt, auch die endlosen Leiden alles Lebenden als die seinigen betrachten und so den Schmerz der ganzen Welt sich zueignen muss. Ihm ist kein Leiden mehr fremd." … „Es ist nicht mehr das wechselnde Wohl und Wehe seiner Person, was er im Auge hat, wie dies bei dem noch im Egoismus befangenen Menschen der Fall ist". … „Er erkennt das Ganze, fasst das Wesen desselben auf und findet es in einem beständigen Vergehen, nichtigem Streben, innerem Widerstreit und beständigem

Leiden begriffen, sieht, wohin er auch blickt, die leidende Menschheit und die leidende Thierheit, und eine hinschwindende Welt. Dieses alles aber liegt ihm jetzt so nahe, wie dem Egoisten nur seine eigene Person. Wie sollte er nun, bei solcher Erkenntnis der Welt, eben dieses Leben durch stete Willensakte bejahen und eben dadurch sich immer fester verknüpfen, es immer fester an sich drücken? Wenn also der, welcher noch im … Egoismus befangen ist, nur einzelne Dinge und ihr Verhältnis zu seiner Person erkennt, und jene dann zu immer erneuerten Motiven seines Wollens werden; so wird hingegen jene beschriebene Erkenntnis des Ganzen, des Wesens der Dinge an sich, zum Quietiv allen und jeden Wollens. Der Wille wendet sich nunmehr vom Leben ab". … „Der Mensch gelangt zum Zustande der freiwilligen Entsagung, der Resignation, der wahren Gelassenheit und gänzlichen Willenslosigkeit". … „Sein Wille wendet sich, bejaht nicht mehr sein eigenes, sich in der Erscheinung spiegelndes Wesen, sondern verneint es … ."[6] „Haben wir also das Wesen an sich der Welt als Wille, und in allen ihren Erscheinungen nur seine Objektität erkannt, und diese verfolgt vom erkenntnisslosen Drange dunkler Naturkräfte bis zum bewussten Handeln des Menschen; so weichen wir keineswegs der Konsequenz aus, dass mit der freien Verneinung, dem Aufgeben des Willens, nun auch alle jene Erscheinungen aufgehoben sind, jenes beständige Drängen und Treiben ohne Ziel und ohne Rast auf allen Stufen der Objektität, in welchem und durch welches die Welt besteht; aufgehoben die Mannigfaltigkeit stufenweise folgender Formen; aufgehoben mit dem Willen seine ganze Erscheinung, endlich auch die allgemeinen Formen dieser, Zeit und Raum, und auch die letzte Grundform derselben, Subjekt und Objekt. Kein Wille, keine Vorstellung, keine Welt. – Vor uns bleibt allerdings nur das Nichts. Aber das, was sich gegen dieses Zerfliessen in Nichts sträubt, unsre Natur, ist ja eben nur der Wille zum Leben, der wir selbst sind, wie er unsre Welt ist. Dass wir so sehr das Nichts verabscheuen, ist nichts weiter, als ein

---

[6] Arthur Schopenhauer, Die Welt als Wille und Vorstellung I, 447-449. [Die Seitenangaben beziehen sich möglicherweise auf die 3. Auflage von 1859. IvH]

andrer Ausdruck davon, dass wir sehr das Leben wollen, und nichts sind als dieser Wille, und nichts kennen, als eben ihn" …
„was nach gänzlicher Aufhebung des Willens übrig bleibt, ist für alle die, welche noch des Willens voll sind, allerdings Nichts. Aber auch umgekehrt ist denen, in welchen der Wille sich gewendet und verneint hat, diese unsre reale Welt mit allen ihren Sonnen und Milchstrassen – N i c h t s . "[7]

Das ist es, was Schopenhauer sagt.

Das also sind jene direkten Antworten auf die Fragen des Lebens, wie höchste Wahrheit, die menschliche Weisheit, sie ausspricht.

„Alles in der Welt, sowohl Dummheit, als Weisheit, wie Reichthum, so Bettelarmuth, Freude und Gram – es ist alles eitel und unwerth. Der Mensch stirbt und es bleibt von ihm nichts. Und das ist dumm" – sagt Salomo.

„Des Leibes Leben ist ein Nebel, ist Trug. Und darum ist die Vernichtung dieses Lebens des Leibes ein Gut und wir sollen es wünschen" – sagt Sokrates, indem er sich anschickt, den Giftbecher zu leeren, und er leert ihn.

„Zu leben mit dem Bewusstsein der Unvermeidlichkeit der Leiden, des Schwachwerdens, des Alters und des Todes ist unmöglich; man muss sich vom Leben befreien, von jeder Möglichkeit des Lebens" – sagt Buddha.

„Das Leben ist das, was nicht sein sollte – ein Übel, und der Übergang zum Nichts ist das einzige Gut im Leben" – sagt Schopenhauer.

Und das, was diese starken Geister geredet haben, das haben Millionen von Millionen ihresgleichen gesagt, gedacht und empfunden. So denke und empfinde auch ich.

So hat also mein Umherirren in den Erkenntnissen mich nicht nur nicht herausgeführt aus meiner Verzweiflung, sondern hat diese noch verstärkt. Die eine Erkenntnis hatte keine Antwort auf die Fragen des Lebens, die andre Erkenntnis antwortete direkt, indem sie meine Verzweiflung aufrecht erhielt und nach-

[7] A r t h u r   S c h o p e n h a u e r , Die Welt als Wille und Vorstellung I, 486. 487.

wies, dass das, wobei ich angekommen, nicht die Frucht meiner Verirrung oder krankhafter Geistesverfassung sei; im Gegentheil, es ward mir bestätigt, dass ich richtig denke und mit den Schlüssen der stärksten Geister der Menschheit übereinstimme.

Es verlohnt nicht, sich zu betrügen. Alles – ist eitel; glücklich – der nicht geboren; der Tod – ist besser als das Leben; man muss sich desselben entledigen und uns erwartet das Nichts.

VII.

Da ich keine Erklärung aus der Erkenntnis zu gewinnen vermochte, so fing ich an, diese Erklärung im Leben zu suchen; in der Hoffnung, dass ich in den mich umgebenden Menschen Erklärung finden werde, begann ich sie zu betrachten und zu beobachten. Und siehe, was ich unter den Menschen, die nach Bildung und Lebensweise mit mir in gleicher Lage waren, gefunden habe.

Die einen, jung und schwach an Geist, befinden sich, wie früher auch ich mich befunden habe, auf dem Wege zu der Erkenntniss, welche mich zur Verzweiflung gebracht hat, und sie sehen noch nicht den schrecklichen Drachen, der ihrer wartet, noch die Mäuse, welche das Gebüsch zernagen, an dem sie sich festhalten, und sie lecken die Honigtropfen auf; aber ich kann hinter sie sehen und ich weiss, dass sie an nichts anderem sich halten, und ich weiss, dass sie alsbald dasselbe erblicken werden, was auch ich sehe. Das ist der Ausweg der Unkenntniss.

Andre kennen ihre Lage und haben sie schon verstanden, aber sie bemühen sich den Blick davon abzuwenden, und sie lecken den Honig, ihr Wohlsein ist ihnen noch nicht zum Ekel, und viel Honig war ihrem Gebüsche zu Theil geworden. Sie sprachen dasselbe, was auch Salomo gesagt hat, und was die Epikureer sagten:

Pred. Sal. Kapitel V *V*. 17 ff.: „So sehe ich nun das für gut an, dass es fein sei, wenn man isset und trinket, und guten Muths ist in aller Arbeit, die einer thut unter der Sonne sein

Lebenlang, das ihm Gott giebt; denn das ist sein Theil. Denn welchem Menschen Gott Reichthum und Güter und Gewalt giebt, dass er davon isset und trinket für sein Theil, und fröhlich ist in seiner Arbeit, das ist eine Gottes-Gabe. Denn er denkt nicht viel an das elende Leben, weil Gott sein Herz erfreuet."

Kapitel VIII *V*. 15: „Darum lobte ich die Freude, dass der Mensch nichts besseres hat unter der Sonne, denn essen und trinken, und fröhlich sein; und solches werde ihm von der Arbeit sein Lebenlang, das ihm Gott giebt unter der Sonne."

Kapitel IX *V*. 7 ff.: „So gehe hin und iss dein Brod mit Freuden, trink deinen Wein mit gutem Muth; ... Brauche des Lebens mit deinem Weibe, das du lieb hast, so lange du das eitle Leben hast, das dir Gott unter der Sonne gegeben hat, so lange dein eitles Leben währet; denn das ist dein Theil im Leben und in deiner Arbeit, die du thust unter der Sonne. Alles, was dir vorhanden kommt zu thun, das thue frisch; denn in dem Grabe,[8] da du hinfährest, ist weder Werk, Kunst, Vernunft noch Weisheit."

So unterhalten die meisten Leute unsres Kreises in sich die Möglichkeit des Lebens. Die Verhältnisse, in welchen sie sich befinden, bringen es mit sich, dass sie mehr Gutes besitzen als Übel, und die Stumpfheit ihres Sinnes macht es ihnen möglich, zu vergessen, dass die Gunst ihrer Lage eine zufällige ist, und dass es nicht allen möglich ist, tausend Weiber und Schlösser zu haben, wie Salomo, und dass es auf jeden Menschen mit tausend Weibern ein tausend unbeweibter Männer giebt, und dass auf jedes Schloss tausend Menschen kommen, die es in ihrem Schweisse erbaut haben, und dass bei dieser Lebensanschauung es keine gleiche Vertheilung der irdischen Güter geben kann. Wenn es im Leben nichts giebt, als die Güter des Erdenlebens, und wenn nach ihm alles ein Ende hat, dann hat niemand Grund dazu, dem Nächsten auch nur die geringste Erquickung abzutreten, sollte ihre Entbehrung ihm auch die grössten Qualen bereiten.

Die Stumpfheit der Vorstellung dieser Leute giebt ihnen die Möglichkeit, das zu vergessen, was Buddha keine Ruhe liess –

---

[8] Die Luther-Übersetzung hat hier „in der Hölle". D. Üb[ers].

die Unvermeidlichkeit der Krankheit, des Alters und Todes, welcher heute oder morgen alles dieses Behagen zerstören wird. So denkt und empfindet die Mehrzahl der Leute unserer Zeit und Lebensweise.

Eine dritte Gruppe von Menschen, die jedoch selten sind, denken so, wie Sokrates und Schopenhauer gedacht haben. Sie wissen, dass der Tod besser ist als das Leben, sie warten zu, in Ermangelung der Kraft, um vernünftig zu verfahren, rasch dem Truge ein Ende zu machen und sich das Leben zu nehmen. Das ist der Ausweg der Schwäche; denn kenne ich das Bessere und liegt es im Bereiche meiner Macht, warum nicht dem Besseren mich hingeben?

Schliesslich giebt es kräftige und konsequente Leute, welche die ganze Dummheit des Scherzes begreifen, welcher mit ihnen getrieben wird, welche begreifen, dass die Güter der Gestorbenen werthvoller sind als die der Lebenden, [und dass es besser ist][9] nicht zu sein; daher machen sie diesem dummen Scherze mit einem Male ein Ende; der Mittel dazu giebt es die Fülle: eine Schlinge um den Hals, das Wasser, ein Messer, das Herz zu durchstossen, Züge auf den Eisenbahnen. ...

So erretten sich auf vier Wegen Leute meines Schlages aus dem entsetzlichen Widerspruche. Wie sehr ich auch meinen Geist und meine Aufmerksamkeit angespannt habe, so habe ich doch keinen anderen Ausweg gesehen. Der eine Ausweg ist: es nicht zu wissen, nicht zu begreifen, dass das Leben eine Widersinnigkeit ist, nur eitel und ein Übel, und dass es besser ist, nicht zu leben. Es zu verkennen, war mir nicht möglich, nachdem ich es erkannt hatte; ich vermochte nicht, meine Augen davor zu verschliessen. Der andre Ausweg ist: das Leben hinzunehmen wie es ist, ohne ans Zukünftige zu denken. Auch das vermochte ich nicht zu thun. Wie Sakja-Muni konnte ich nicht zur Jagd fahren, da ich wusste, dass es Alter, Leiden und Tod giebt. Meine Vorstellung war zu lebhaft. Und allzuklar war es mir, dass jede

---

[9] [...] ist die Ergänzung einer im Originale, d. h. im Korrekturbogen, der zur Übersetzung vorlag, bestehenden Lücke. D. Üb[ers].

meiner Lebensfreuden erkauft wird durch Leiden von Millionen anderer Menschen. Ich konnte nicht Freude haben an einer augenblicklichen Zufälligkeit, welche für einen Augenblick Ergötzen mir zu Theil werden lässt. Nicht nur dass ich mich nicht beruhigen konnte, das Entsetzliche vergessend, das meiner wartet, – auch an der Freude, die auf meinen Antheil gefallen, vermochte ich nicht mich zu erfreuen, denn ich wusste, dass diese Freude nur eine augenblickliche Zufälligkeit ist. Der dritte Ausweg ist: es begreifend, dass das Leben ein Übel, eine Dummheit ist, es abkürzen, sich den Tod geben. Dazu fehlte mir irgend etwas: war es die körperliche Entschlossenheit oder war es die Festigkeit der Überzeugung, dass sicherlich der Tod besser als das Leben sei, – ich weiss es nicht; aber ich vermochte es nicht zu thun, und ich blieb. Der vierte Ausweg ist: zu leben in der Lage Salomos, Schopenhauers – es zu wissen, dass das Leben eine dumme mit mir gespielte Posse ist, und dass man diesem Reisegefährten sich fügen, dass man es ausleben muss; das war mir widerwärtig, quälend, aber ich verblieb in dieser Lage. Ich nahm mir nicht das Leben und ich sehe es, Grund dazu war ein dunkles Bewusstsein, dass meine Gedanken unkorrekt seien. Wie überzeugend und wie unstreitig mir auch der Gedankengang der Weisen und der meinige erschienen war, auf welchem ich zur Anerkennung der Widersinnigkeit des Lebens gelangt war, so war doch in mir ein unklarer Zweifel verblieben hinsichtlich der Richtigkeit meines Raisonnements. Damals hätte ich es nicht gekonnt, jetzt aber vermag ich ihn auszusprechen. Es war Folgendes: ich, meine Vernunft, wir haben es erkannt, dass das Leben unvernünftig ist. Meine Vernunft aber ist die Frucht meines Lebens. Wenn es keine höhere Vernunft giebt (eine solche giebt es nicht, und nichts vermag ihr Vorhandensein zu beweisen), so ist die Vernunft für mich der höchste Richter und der Schöpfer des Lebens. Wie aber verleugnet diese Vernunft das Leben und ist doch selber der Schöpfer des Lebens? Oder andererseits: wenn es kein Leben gäbe, so bestände auch meine Vernunft nicht, – mithin ist die Vernunft das Kind des Lebens. Das Leben ist alles. Die Vernunft ist die Frucht des Lebens, und die Vernunft verleugnet eben dieses Leben. Ich empfand, es musste dabei irgend etwas nicht richtig sein.

Das Leben ist ein unsinniges Übel, das ist unzweifelhaft. Aber ich habe gelebt, ich lebe noch, und die Menschheit hat gelebt und lebt immer noch. Wie geht das zu? Warum lebt sie, da sie es doch vermag, nicht zu leben? Wie sollten allein ich und Schopenhauer hinreichend klug sein, um die Widersinnigkeit und das Übel des Lebens zu begreifen?

Zu Betrachtungen über die Eitelkeit des Lebens bedarf es nicht grossen Witzes, längst schon stellen alle sie an, die allereinfachsten Leute; dennoch haben sie gelebt und dennoch leben sie. Wie? leben sie alle etwa darum, weil sie die Widersinnigkeit des Lebens nicht kennen und sie nicht zu begreifen vermögen? – Nein, sie begreifen sie, wie wir, und leben dennoch. Oder leben sie alle epikureisch, indem sie die Freuden geniessen, welche auf ihren Antheil gefallen sind und indem sie absichtlich die grausame Wahrheit sich verdecken durch Musik, durch Essen und Trinken und durch Weiber? – Nein, sie haben gelebt und leben im vollen Bewusstsein der Leiden, des Todes – des Endes, und nicht in Freuden leben sie, sondern in grossen Entbehrungen und Leiden.

Meine Erkenntniss, die durch die Weisheit Salomos und andrer bestätigt wird, hat es mir aufgedeckt, dass alles auf der Welt, Organisches und Unorganisches – alles ist ausserordentlich klug eingerichtet, nur allein meine Lage ist eine dumme.

Wie aber, wenn meine ganze hohe Weisheit Unkenntnis wäre? Grade ebenso verfährt ja die Unkenntnis. Ist es mir in den Sinn gekommen, dass ich etwas nicht verstehe, so sage ich: es ist dumm. In der That stellt es sich heraus, dass die Menschheit ein Ganzes ist, das gelebt hat und noch lebt, offenbar indem sie den Sinn ihres Lebens begriff; denn ohne ihn zu begreifen, hätte sie nicht leben können. Ich aber sage, dass dieses ganze Leben eine Widersinnigkeit ist.

Niemand hindert uns, das Leben durch Selbstmord zu verneinen. Nun so tödte dich und – du wirst nicht raisonniren. Gefällt dir das Leben nicht, so tödte dich. Du lebst und kannst den

Sinn des Lebens nicht begreifen: gestehe zu, dass du es nicht begriffen hast, und lerne von denen, welche es kennen und durchführen, – so ging es mir unwillkürlich durch den Sinn.

Wie, sollten ich und Salomo und Schopenhauer und Sakja-Muni nicht bei unsrer Weisheit Kranke sein? – ging es mir durch den Sinn. Ja, in der That, was wären wir, die wir überzeugt sind von der Nothwendigkeit des Selbstmordes und die wir uns nicht entschliessen können ihn auszuführen, was wären wir, wenn nicht irrsinnige, verirrte Leute inmitten der lebenden gesunden Menschheit?

Unsre Weisheit, wie unzweifelhaft wahr sie ist, hat uns ja nicht die Erkenntnis des Sinnes unsres Lebens geboten. Die ganze Menschheit aber, welche ihr Leben darlebt, die Millionen – sie kennen und haben gekannt den Sinn des Lebens.

Wir besitzen die Kenntnis – des Nirvana, einer Bagatelle; sie aber besitzen – die Kenntnis des Lebens.

In der That, seit jener grauen, urgrauen Vorzeit, seitdem es Leben giebt, von dem irgend was ja weiss, haben Menschen gelebt, welche trotz aller derjenigen Betrachtungen über die Eitelkeit des Lebens, aus welchen ich seine Widersinnigkeit gefolgert habe, dennoch lebten, indem sie ihrem Leben irgend einen Sinn beimassen.

Von der Zeit an, da Menschen irgend wie zu leben begonnen haben, waren sie bereits im Besitze des Sinnes des Lebens, und sie führten dieses Leben fort, so dass es bis zu mir gelangt ist. Alles was in mir und um mich herum besteht, alles, Körperliches und Unkörperliches, alles das – ist die Frucht ihrer Erkenntnis des Lebens; die Ausrüstung selbst, mittels welcher ich dieses Leben beurtheile und verurtheile, alles das ist nicht mein, sondern von ihnen hervorgebracht. Ich selbst bin geboren und erzogen worden, bin herangewachsen dank ihnen. Sie haben das Eisen ausgegraben; haben gelehrt den Wald zu roden; haben Kühe gezähmt und Pferde; sie lebten zu säen und zusammen zu leben, und ordneten unser Leben; sie lehrten mich denken und reden. Und ich, ihr Erzeugnis, von ihnen aufgefüttert und getränkt, durch ihre Gedanken und Worte belehrt, ich habe ihnen bewiesen, dass sie – eine Widersinnigkeit waren! Dabei ist etwas nicht richtig – sagte ich mir. – „Irgend wo habe ich einen Fehler begangen." Es ist offenbar, dass in meinem Raisonnement, das Leben sei widersinnig, etwas Verkehrtes steckt, wenn auch meine Vernunft eine Frucht des Lebens ist; und es ist offenbar, dass ich nur dasjenige eine Widersinnigkeit nenne, was ich nicht begreife.

VIII.

Aber alle diese Zweifel, die ich jetzt im Stande bin, mehr oder weniger zusammenhängend auszusprechen, damals hätte ich sie nicht aussprechen können. Damals empfand ich nur, dass, wie logisch unumgänglich auch meine, von den grössten Denkern bestätigte Anschauung sei, in ihr doch irgend etwas Schiefes stecken müsse, – ob im Raisonnement selbst oder in der Fragestellung, das wusste ich nicht; ich empfand es nur, dass meine vernunftmässige Überzeugtheit wohl eine vollkommene, aber doch keine genügende sei. Alle diese Schlüsse konnten mich nicht in dem Grade überzeugen, dass ich das gethan hätte, was die Folge der Betrachtungen des Lebens war, d. h. dass ich mir das Leben genommen hätte. Und ich hatte eine Unwahrheit gesagt, wenn ich behauptet hatte, dass ich auf dem Wege der Vernunft dorthin gelangt sei, wo ich angekommen war. Die Vernunft hatte gearbeitet und es hatte noch etwas anderes gearbeitet, was ich nicht anders benennen kann als Lebensbewusstsein. Es arbeitete auch jene Kraft, welche mich nöthigte, meine Aufmerksamkeit und meine Vernunft auf jenes zu richten, aber nicht auf dieses, und diese Kraft führte mich heraus aus meiner verzweifelten Lage und sie gab meiner Vernunft eine gänzlich andre Richtung. Ich habe gesagt, dass bei Beobachtung von meinesgleichen ich eine vierfältige Beziehung zu der ungelösten Lebensfrage bemerkt habe: 1) man begriff die Frage noch nicht; 2) man begriff sie, aber man verdeckte sie sich durch den Rausch des Lebens; 3) die Unlösbarkeit der Frage einsehend, machte man seinem Leben ein

Ende; 4) ich gehörte zu letzteren, lebte aber hoffnungslos mein Leben fort.

In dem engen Kreise der mir Nahestehenden mich umsehend, habe ich andere nicht gefunden. (Ich habe keinerlei Wichtigkeit dem Umstande beigemessen, dass einige von diesen Leuten den Sinn des Lebens zu verstehen behaupteten und meinten, dass dieser Sinn gleichsam unterstützt werde durch den Glauben an den dreieinigen Gott, an den Sohn, an Gott-Heiland u. dergl. Unsinn mehr. Ich sah, dass diese Leute an nichts von alledem glaubten und dass sie dennoch entweder zu denen gehörten, welche die Frage noch nicht verstehen hatten, oder zu denjenigen, welche sie sich verdeckten.) Aber meine eigene Neigung zur Unparteilichkeit bewirkte es, dass ich anfing, mich auch unter den Leuten umzusehen, welche ausserhalb des Kreises von meinesgleichen sich befanden, unter den gewaltigen Massen des Volkes; und da bin ich überrascht worden durch den Umstand, dass diese Masse, sei es abgelebter, sei es lebensfrischer Menschen in meine Eintheilung nicht hineinpasste, dass ich sie als solche nicht ansprechen konnte, welche die Frage nicht verstanden hätten: denn sie selbst stellen dieselbe auf und sogar mit ausserordentlicher Kraft und Prägnanz. Sie zu Epikureern zu erklären, vermag ich auch nicht, denn ihr Leben ist mehr aus Entbehrungen und Leiden, denn aus Vergnügungen zusammengesetzt; sie für solche zu halten, die unvernünftig das widersinnige Leben fortführen, vermag ich noch weniger, weil sie jeden Akt ihres Lebens und selbst ihren Tod sich erklären. Sich das Leben zu nehmen halten sie aber für das allergrösste Unglück.

Wie sonderbar, wie bis zur Unwahrscheinlichkeit unbegreiflich erscheint es mir doch jetzt, dass ich damals eine so gewaltige, von allen Seiten mich umgebende Erscheinung habe übersehen können, – dass nämlich die Massen, die gewaltigen Massen gelebt haben und leben, im Besitze der Antworten auf die Fragen des Lebens, lange habe ich das zu sehen nicht vermocht. In der hochmüthigen Verblendung meines Verstandes ist es mir unzweifelhaft erschienen, wir, Salomo, Schopenhauer und ich, hätten die Frage so richtig und korrekt hingestellt, dass es anders gar nicht geschehen könne: so unzweifelhaft war es mir erschienen, dass alle diese Milliarden zu denen gehören, welche noch nicht durchgedrungen sind zur Erfassung der ganzen Tiefe der Frage, – so unzweifelhaft, dass ich den Sinn meines Lebens gesucht und kein einziges Mal dabei gedacht habe: „welchen Sinn aber gaben und geben dem Leben alle die Milliarden, die auf Erden gelebt haben und leben?" Aber Milliarden Volkes – das sind Milliarden Wilder, Vieh ist es. Wir – wir sind Menschen. Wir reichen ihnen die geistige Speise. Lange habe ich in diesem Wahne gelebt, der ganz besonders uns eigen ist – den liberalsten und den gelehrtesten Leuten. Aber, vielleicht verdanke ich es meiner physischen zufälligen Liebe zum Volke, dass ich genöthigt worden, es zu verstehen und einzusehen, es sei nicht so dumm, als wir glauben; oder es war eine Folge der Aufrichtigkeit meiner Überzeugung: ich könne nichts anderes wissen, als dass es n u r e i n Z u f a l l sei, wenn ich es ausführen könne, mich zu erhängen; – jedenfalls gelangte ich schliesslich zur Erkenntniss; ich durchbrach jene Wand, die mich, den Gelehrten und Weisen, von den Dummen und Rohen getrennt hatte, und ich erwachte; wie aus einem dumpfen Brunnen schwang ich mich zur Gotteswelt empor. Ich begriff, wie schwer es sei, es nicht zu begreifen (‚dass die Menschheit gelebt hat und lebt); ich begriff ferner, dass, wenn sie lebt, sie auch den Sinn des Lebens kennt; darum kennt sie ihn, weil ich, ein Mensch, der den Sinn des Lebens verloren hatte, unvermeidlich zur Negirung des Lebens gelangt war; ich begriff drittens, dass ich, wie die Weisen dieser Welt, alles gethan hatte, was ich vermochte, um diesen Sinn zu verstehen; und wir hatten verstanden, dass es keinen gäbe, und dass es besser sei zu sterben, denn zu leben; und ich begriff daher viertens, dass ich, um unsern weisen Schlüssen Folge zu geben, mich erhängen oder bis zu Ende leben müsse; um aber zu leben, müsse ich jenen Sinn begreifen, welcher diesen Milliarden Leben verleiht. Da aber begegnete mir das Entsetzlichste: ich sah, dass sie den Sinn des Lebens kennen und daher das Leben besitzen; sobald aber ich mich an das Studium dieses Sinnes machte, welchen sie dem Leben beilegten, so zeigte es sich, dass dieser Sinn von der Vernunft nicht gebilligt wird. Der Sinn, welchen sie dem Leben beilegen und beigelegt haben, gründet sich nicht auf die Vernunft, er ist der Vernunft zuwider, er wird von ihr nicht gebilligt. Es zeigte sich, dass die vernünftige Erkenntnis keinen Sinn fürs Leben ergiebt, dass sie das Leben ausschliesst; der Sinn aber, welcher dem Leben beigelegt wird, gründet sich auf eine Erkenntniss, welche von der Vernunft nicht gebilligt wird, auf eine unvernünftige Erkenntniss. Aber wie ich mich auch drehte, ich konnte davon nicht loskommen, dass die vernünftige Erkenntnis keine andere Antwort auf die Frage des Lebens ertheilt, als die: dass das Leben eine Widersinnigkeit und ein Übel sei; und nur irgend eine unvernünftige Erkenntnis ertheilt die Antwort auf die Fragen des Lebens. Der Unterschied zwischen diesen beiden Erkenntnissen besteht darin, dass die eine vernünftig ist, aber keine Antwort ertheilt, die andere dagegen ist unvernünftig, aber antwortet auf die Fragen des Lebens. Die eine deckt viele Wahrheiten auf hinsichtlich der verschiedenartigsten Fragen aus der Welt des Endlichen, aber auf die einfachste Frage: „was kommt heraus bei meinem Leben?" antwortet sie: „nichts", – während die andere auf die Frage des Lebens immer direkt und bestimmt antwortet; sie sagt: unter solchen Bedingungen geschieht dieses, unter anderen – anderes, und man soll so leben, dass dieses geschehe.

Ein anderer Unterschied zwischen der unvernünftigen und der vernünftigen Erkenntnis liegt darin, dass die vernünftige Erkenntnis immer nur einem gewissen, beschränkten Kreise von Menschen zugänglich ist, welche dieselbe bestimmte geistige Erziehung im Kreise von Leuten erhalten haben, die sich in ausnahmsweisen Bedingungen des Vermögens, der Musse und der Möglichkeit epikureischen Verhaltens zum Leben befinden. Derart stellt sich die vernünftige Erkenntnis als eine Zufälligkeit dar, nicht aber als Regel und Nothwendigkeit; denn Leute, die jener unvernünftigen, auf die Fragen des Lebens Antwort ertheilenden Erkenntnis baar sind, erscheinen als sehr seltene Ausnahmen. Die unvernünftige Erkenntnis von dem Sinne des Lebens besitzen alle und haben alle als etwas Nothwendiges besessen; die vernünftige Erkenntnis aber ist eine Zufälligkeit und man begegnet ihr nur bei Leuten, welche sich unter den ausnahmsweisen Bedingungen zur Möglichkeit des Epikureerthumes befinden.

Der dritte Unterschied besteht in Folgendem: während die vernünftige Erkenntnis den Menschen und sein Leben als Anfang und Ende von allem ansieht, ohne auf die Herkunft eben dieser Vernunft zu achten, mit Hilfe deren der Mensch sich selbst bestimmt, – so betrachtet die zweite, die Glaubenserkenntniss, den Menschen auch als das Erzeugnis eines Vorangegangenen, das nicht etwa vor unsern Augen im Dunkel sich verbirgt; sondern die Glaubenserkenntnis betrachtet die Menschen wie die Gestirne in der undurchdringlichen Welt des Allgrundes der Unendlichkeit.

Dieser Unterschied ist es, welcher in die der vernünftigen entgegengesetzte Erkenntnis die in der Unendlichkeit verborgene Tradition und das Prinzip der Nachfolge hineinträgt, und es tritt die Bezeichnung Glaube, … auf, welche immer dieser Art von Erkenntnis beigelegt worden ist.

In allen Aussprüchen der Glaubenserkenntnis findet sich eines: die Anerkennung dessen, dass die Ursache alles Seins unfasslich ist, dass in das Leben ein solcher Sinn gelegt worden, bei welchem jede Lebensthätigkeit im Konnexe mit der unfasslichen Ursache des Alls steht, und dass der Tod die Erkenntnisse des Lebens und aller seiner Erscheinungen nicht zerstört.

Aus diesem Unterschiede zwischen der vernünftigen und der Glaubenserkenntnis leiten sich alle die frappirenden, der Vernunft widerstrebenden Erscheinungen des Glaubens her, welche uns von dieser Glaubenserkenntnis so sehr abstossen. Es ist natürlich, dass die Antwort der Glaubenserkenntnis, um der Frage des Lebens entsprechen zu können (: warum ich lebe und was bei meinem Leben herauskommt), sowohl gegenüber dem im Luxus sterbenden Zar, als auch gegenüber dem von Arbeit erschöpften, altersschwachen Sklaven, dem unverständigen Kinde, dem weisen Greise, der schwachsinnigen Greisin, dem jungen glücklichen Weibe, dem durch seine Leidenschaften gebrochenen Jüngling, kurz gegenüber allen Leuten der verschiedenartigsten Lebenslagen und Bildungsgrade – es ist natürlich, sage ich, dass diese Antwort, wenn es eine einzige ist zur Lösung der ewigen, einzigen Frage des Lebens, dass diese Antwort, wiewohl eine einzige ihrem Wesen nach, doch unendlich verschieden in ihren Erscheinungen sein muss; und je einheitlicher, je wahrer und tiefer diese in Worten unaussprechbare, aber allen menschlichen Wesen zugängliche Antwort ist, um so missgeborener muss sie erscheinen in den Versuchen, sie je nach der Lebenslage und dem Bildungsgrade eines jeden zu formuliren.

Ich meinestheils, die Menschheit und jeder einzelne Mensch, wie ich, wir vermögen nicht (nehmen wir es an, dass wir so reden) – wir vermögen nicht zu leben, ohne den Sinn des Lebens zu kennen. Die vernünftige Erkenntnis leugnet diesen Sinn; die andern Menschen aber, die ganze Menschheit – findet diesen Sinn in einer gewissen unvernünftigen Erkenntniss; aber ich kenne ja die Antworten dieser unvernünftigen Erkenntniss: – des Glaubens. Ich habe sie besessen. Da ist Gott gleich eins und drei, da ist die Schöpfung in sechs Tagen, da sind die Teufel und Engel und da ist aller dieser Unsinn, welchen ich nicht akzeptiren kann, so lange ich noch nicht verrückt geworden bin: ich kann an das nicht glauben, was unvernünftig ist. Und ich habe mich sogar nicht bemüht, daran zu glauben. Meine Lage war eine entsetzliche. Ich wusste, dass ich auf meinem Wege nichts anderes finden werde, als Negation des Lebens, dort aber, im Glauben, nichts anderes als Negation der Vernunft – was noch unmöglicher ist als Negation des Lebens. Aus der vernünftigen Erkenntnis hatte es sich ergeben, dass das Leben ein Übel sei, das wissen die Menschen. Von den Leuten hängt es ab, nicht zu leben, aber sie haben gelebt und sie leben; und ich selbst habe gelebt, wiewohl ich es schon längst wusste, dass das Leben eine Widersinnigkeit und ein Übel ist. Aus dem Glauben hatte es sich ergeben, dass ich, um den Sinn des Lebens zu begreifen, von der Vernunft mich lossagen muss, gerade von ihr, die jenes Sinnes bedarf.

IX.

Weder konnte ich dem Glauben glauben, noch konnte ich aufhören zu leben. Das einzige, was ich versuchen konnte zu thun, das war den Gang der Raisonnements der vernünftigen Erkenntnis zu kontrolliren und eine vernünftige Erklärung für die unvernünftige Erkenntnis aufzusuchen.

Indem ich meine Raisonnements, sowie diejenigen Salomos und Schopenhauers kontrollirte, erkannte ich, der Fehler habe darin bestanden, dass mein Denken der aufgestellten Frage nicht entsprochen hatte. Die Frage war folgende gewesen: welche unzeitliche, unursächliche und unräumliche Bedeutung hat mein Leben? Und geantwortet auf die Frage hatte ich also: welche zeitliche, ursächliche und räumliche Bedeutung hat mein Leben? Es ergab sich, dass nach langer Denkarbeit ich zum Schlusspunkte gelangt war: dass ich gefragt hatte: ist die von mir verlangte Durchschauung meines Lebens mir unbegreiflich?[10] – Antwort: sie ist unbegreiflich.

Es war ähnlich dem, was in der Mathematik vorkommt, wenn man, in der Meinung, eine Gleichung aufzulösen, eine Identität auflöst. Der Gang des Raisonnements ist korrekt, aber als Resultat erhält man die Antwort: a = a … x = x; oder 0 = 0 oder %. Dasselbe war mit meinem Raisonnement hinsichtlich der Frage über die Bedeutung des Lebens passirt. Die Antworten, welche die ganze Wissenschaft auf diese Frage ertheilt, sind nur folgende: Kraft ist Kraft, Materie ist Materie, Vernunft ist Vernunft, Substanz ist Substanz, Geist ist Geist, Wille ist Wille. Und in allereinfachstem und genauestem Ausdrucke: Nichts ist Nichts.

Die Lösungen, welche anderen Fragen genügten, konnten offenbar mir nicht genügen, weil meine Frage, wie einfach sie auch ist, dennoch, scheint es, von Anfang an das Verlangen enthält, das Endliche durchs Unendliche zu erklären, und umgekehrt. Wenn ich sage, was jeder Mensch sich sagt: was resultirt an Wirklichem, Unzerstörbarem aus meinem schemenhaften, sich

---

[10] Wörtlich: ist das Verlangen nach Durchschauung meines Lebens mir unbegreiflich? … A.: es ist … D. Übers.

selbst zerstörenden Leben, so liegt in dieser Frage als selbstverständlich: welchen Sinn hat mein endliches Dasein in dieser unendlichen Welt?

In meinen Raisonnements hatte ich beständig Endliches Endlichem und Unendliches Unendlichem angepasst (und ich hätte ja auch nicht anders verfahren können); darum war mir denn auch resultirt, was hatte resultiren müssen: Kraft ist Kraft, Materie ist Materie, Wille ist Wille, Unendlichkeit ist Unendlichkeit, Nichts ist Nichts – weiter hatte nichts resultiren können.

Und in der That ist der Mensch ein endliches Wesen, allerseits umgeben von Unendlichem; er ist ein Theil des Unendlichen. Ein Theil des Unendlichen! In den Worten Theil des Unendlichen liegt schon der ganze Widerspruch. Das Unendliche kann keine Theile haben. Wenn man streng urtheilt, resultirt daraus denn auch keinerlei Lösung, und kann auch nicht resultiren, vielmehr resultiren nur Identitäten.

Und in der That, die streng vernünftige Erkenntnis – diejenige Erkenntniss, welche, wie Descartes es thut, mit völligem Zweifel allem gegenüber beginnt, die alle auf Treu und Glauben basirte Erkenntnis verwirft und alles nach den Gesetzen der Vernunft und der Erfahrung aufbaut, – sie kann keine andre Antwort auf die Frage des Lebens ertheilen, als eben jene, welche auch ich erhalten habe: die Antwort der Identität oder des Unbestimmten. Mir ist es anfangs nur so erschienen, als gebe die Erkenntnis eine positive Antwort, die Antwort Schopenhauers: das Leben hat keinen Sinn, es ist ein Übel. Aber die Sache näher untersuchend, begriff ich, dass die Antwort keine positive sei, dass meine Empfindung sich so geäussert habe. Die streng formulirte Antwort, wie sie von den Braminen, von Buddha, von Salomo und von Schopenhauer formulirt worden, ist nur eine unbestimmte Antwort, eine Identität $0 = 0$ oder $0 = \%$; das Leben ist nichts. Derart negirt die philosophische Erkenntnis nichts, vielmehr antwortet sie, dass von ihr die Frage nicht gelöst werden kann, dass für sie die Lösung eine undefinirte bleibt: $\%$.

Als ich das begriffen hatte, da begriff ich auch, dass es unmöglich ist, in der vernünftigen Erkenntnis eine Antwort auf meine Frage zu finden, und dass die von der vernünftigen Erkenntnis gegebene Antwort nur ein Hinweis darauf ist, dass man nur bei andrer Fragestellung eine Antwort erhalten kann: dann nur, wenn ins Raisonnement die Erkenntnis des Unendlichen eingeführt wird, welches schon in der Frage liegt. Auch das begriff ich, dass, wie sehr auch in Rücksicht auf Vernünftigkeit die vom Glauben gegebenen Antworten ungeheuerlich erscheinen mögen, sie doch insofern richtiger sind, als sie in jede Antwort jenen Begriff des Unendlichen einführen, ohne welchen sie nicht als Antwort gelten können.

Das sind nun die Antworten, die sich in meiner nächsten Umgebung, im Volke vorfanden; es sind dieselben Antworten, die in mir sich befunden hatten, da ich lebte. Die Antworten waren folgende:

Du fragst, welchen Sinn dein Leben hat, und zwar welchen derartigen, dass er durch den Tod nicht vernichtet werde. Sieh, diesen hier: es giebt ein unendliches Wesen – das ist Gott. Er hat alles geschaffen – sowohl die Menschen, als auch dich und deine Seele, gerade das, um dessen willen du fragst. Diese vom unendlichen Gotte stammende Seele ist selbst unendlich. In dem Erdenleben sollst du deine Seele heiligen und nach dem Gesetze leben, das Gott dir geoffenbaret hat. Je besser du leben wirst, je mehr entsprechend dem Gottesgesetze, um so besser wird es deiner Seele ergehen und zwar nicht nur hier, sondern überall und immer.

Da ich dieser Antwort mich erinnerte, welche ich anerkannt hatte, da ich lebte, und welche in ihren allgemeinen Zügen von Millionen der mir zunächst stehenden Menschen anerkannt wird, von denen, welche leben, ohne zum Selbstmorde sich anzuschicken, und welche noch nicht die Richtigkeit und Unrichtigkeit der Antwort untersuchen, – da hat mich, gegenüber dem Umstande, dass die von der philosophischen Erkenntnis gegebenen Antworten der Frage nicht entsprechen, – da hat mich namentlich die Gradheit dieser Antwort auf meine und der ganzen Menschheit Frage frappirt.

Wie ich auch die Frage stellen mag: wie soll ich leben, – so ist die Antwort: nach dem Gesetze Gottes. Was wird Positives aus meinem Leben resultiren? – Ewige Pein oder ewige Glückseligkeit. Welches ist der Sinn, den der Tod nicht vernichtet? – Vereinigung mit dem unendlichen Gotte.

So war ich also unvermeidlich darauf hingewiesen, ausser der vernünftigen Erkenntnis, welche sich mir vormals als die alleinige dargestellt hatte, noch eine andre und zwar unvernünftige Erkenntnis anzunehmen; und ich war drauf hingewiesen, anzuerkennen, dass die vernünftige Erkenntnis auf die Frage des Lebens nicht zu antworten vermag, dass dagegen irgend eine andre, mir so missgestaltet erscheinende und daher von mir verworfene Erkenntnis allein auf meine Frage Antwort ertheilt.

Die ganze Unvernünftigkeit dieser Erkenntnis war für mich genau dieselbe geblieben wie vormals, aber ich konnte dieselbe jetzt nicht verwerfen, und ich ging nicht auf die Frage ein, wie nichtig, möglich und der Vernunft entsprechend ihre Sätze seien; verwerfen konnte ich sie darum nicht, weil es sich ergeben hatte, dass sie die einzige Erkenntnis sei, welche mir und der Menschheit die Fragen des Lebens beantwortet und in Folge dessen die Möglichkeit zu leben verleiht.

Die vernünftige Erkenntnis hatte dazu geführt, es anzuerkennen, dass das Leben eine Widersinnigkeit sei; mein Leben war stille gestanden und ich hatte mich vernichten wollen. Die Menschen betrachtend, hatte ich gesehen, dass sie leben und dass sie den Sinn des Lebens zu kennen behaupten. Wie anderen Menschen, so hat die unvernünftige Erkenntnis auch mir den Sinn des Lebens offenbart und mir die Möglichkeit zu leben verliehen. Also – nur allein in dieser unvernünftigen Erkenntnis kann man den Sinn des Lebens und die Möglichkeit zu leben finden.

Da ich mich weiter umsah bei den Menschen andrer Gegenden, bei meinen Zeitgenossen und bei denen, welche vormals gelebt haben, so habe ich immer ein und dasselbe gesehen. Wo es Leben giebt, da giebt es auch diese unvernünftige Erkenntnis und die Hauptzüge dieser Erkenntnis sind immer dieselben. Sie giebt Antwort über den vom Tode nicht vernichtbaren Sinn des menschlichen Lebens.

Sowohl aus eigner Erfahrung, wie auch durch die Beobachtung gelangte ich zu der Überzeugung, dass allein diese Erkenntnis die Frage des Lebens löst und direkte Antwort darauf ertheilt.

Ob diese Erkenntnis gut ist oder schlecht, ob sie aus einer Reihe von Erfindungen und Betrügereien besteht, das ist eine andre Frage; aber die vernünftige Erkenntnis vermag nicht, auf die Fragen des Lebens Antwort zu ertheilen; seit der Zeit, da die Menschheit lebt, verleiht jene allein die Möglichkeit zu leben, und darum hat man in ihr allein die Lösung der Fragen des Lebens zu suchen. Was aber ist diese unvernünftige Erkenntnis? Die Erkenntnis ist das, was man Religion, Glaube nennt.

Der Glaube ist nicht nur die Kunde von den unsichtbaren Dingen u.s.w. (das ist nur die Beschreibung eines von den Merkmalen des Glaubens); er ist nicht das Verhältnis des Menschen zu Gott (man muss den Glauben definiren und darauf Gott, nicht aber mittels Gottes den Glauben an Gott definiren); der Glaube ist nicht nur die Übereinstimmung mit dem, was man dem Menschen gesagt hat, wie der Glaube am häufigsten verstanden wird.

Der Glaube ist die Kenntnis des Sinnes des menschlichen Lebens – die Kraft, dank welcher der Mensch sich nicht vernichtet, sondern lebt.

Worin aber besteht diese Erkenntnis des Glaubens? Ohne darauf zu achten, wie sehr die Antworten des Glaubens mit der Vernunft übereinstimmen, giebt es in allen verschiedenen Antworten sämmtlicher Glaubenslehren einen gemeinschaftlichen Zug. Sie verleihen dem menschlichen Leben einen durch den Tod nicht vertilgbaren Sinn.

In welcher Form auch irgend ein Glaube seine Antwort ertheilen mag, antwortet er etwa nicht auf die Frage des Lebens, dass der Tod die Vereinigung mit dem ewigen Gotte ist; dass den Menschen nach dem Tode die Auferstehung erwartet; dass der Gestorbene zu seinen Vorfahren heimgeht; dass er ins Nirvana, ins Paradies eingeht, je nach seinem Leben? Jede Antwort des Glaubens beginnt damit, dem Menschen zu sagen, was aus seinem Leben resultiren wird; dem endlichen Dasein legt er den

Sinn des Unendlichen bei. Dieser Natur sind die Sätze jeden Glaubens; dieser Art sind die Sätze auch desjenigen Glaubens, welchen ich besessen und mit meinen vernünftigen Erkenntnissen zerstört hatte. Ich rief mir den ganzen Gang meiner inneren Arbeit ins Gedächtnis zurück und ich entsetzte mich. Jetzt war es mir klar geworden, dass der Mensch für den Menschen leben konnte; er bedarf einer solchen Erklärung des Sinnes des Lebens, durch welche das Endliche dem Unendlichen beigeordnet wird. Eine solche Erklärung hatte ich besessen. Diese Erklärung war mir sehr dumm erschienen – sie ist auch in der That sehr unvernünftig –, und ich hatte mich dran gemacht, sie mittels der Vernunft zu kontrolliren. Und es hatte sich erwiesen, dass das Endliche nur dem Endlichen beizuordnen sei, und umgekehrt, und vor dem Lichte der Vernunft war die ganze frühere Erklärung zu Staub zerflogen. Und darauf hatte ich mich dran gemacht, auf die vernünftigen Grundlagen Neues aufzubauen; aber von neuem Baue war nichts zu Stande gekommen. Gemeinschaftlich mit den besten Köpfen der Menschheit war ich darauf hinausgekommen, dass $0 = 0$, und ich war sehr verwundert gewesen, eine solche Lösung erhalten zu haben. Im wesentlichen aber hatte ich nichts anderes gethan, als die zur Lösung nothwendige Beiordnung des Endlichen zum Unendlichen zu zerstören, welche während ihres ganzen Lebens die Menschheit hervorgebracht hatte.

Als ich mit Kant und Schopenhauer über die Unendlichkeit diskutirt und aus diesem Begriffe irgend welche Schlüsse abgeleitet hatte, da haben wir lediglich, wie die kleinen Kinder, welche die Arbeit Erwachsener noch nicht begreifen, das zerstört, was diese Erwachsenen tausend Jahre vorher vollbracht hatten.

Was bin ich? – Ein Theil des Unendlichen.

Sollte die Menschheit wirklich erst seit gestern sich diese Frage vorgelegt haben? Sollte wirklich niemand vor mir, vor Kant, vor Platon, vor den Braminen diese Frage aufgestellt haben – diese so einfache Frage, welche jedem klugen Kinde auf der Zunge liegt? Nur irgend welche besondere unglückliche Umstände, sei es unsinniger Hochmuth, sei es völligste Rohheit, können den Menschen zu so sonderbarer Verirrung führen.

Der Verarbeitung dieser kindischen Frage zu dem Zwecke, um die Antwort: „ich weiss es nicht", zu erhalten, werden schreckliche Anstrengungen, viele Jahre gewidmet, ganze Berge von Büchern werden gedruckt.

Das aber, dass die Frage schon aufgestellt worden, seit es Menschen giebt, und dass die Antwort gefunden worden ist, und zwar eine solche Antwort, dass mittels ihrer das Leben möglich geworden ist, das kommt niemandem in den Sinn, und längst, längst schon ist es begreiflich, dass zur Lösung dieser Frage es ungenügend ist, gleichmässig Endliches mit Endlichem und Unendliches mit Unendlichem in Verbindung zu setzen, und längst, längst schon sind durch die grössten Geister der Menschheit, unter Zustimmung der ganzen Menschheit, die Beziehungen des Endlichen zum Unendlichen entdeckt worden, und es ward ausgesprochen:

Alles das ist so dumm, so wohlfeil sind die Begriffe gut, Seele, Gott! Alle diese Begriffe – sie sind der Gipfel der Anstrengung nicht eines einzigen Geistes, sondern der Seele der Menschheit; in ihnen wird das Endliche mit dem Unendlichen in Beziehung gesetzt, und sie geben dem Leben seinen Sinn. Das alles schleudern wir fort, als Unnützes. Alles das ist – roher Aberglaube. Wir befreien uns davon. Und wir sind stolz darauf. Geben wir zu, dass mit diesen Begriffen, welche den Triumph des Menschengeistes ausmachen, sich Vorstellungen verbinden, welche uns dermaassen widerwärtig sind, dass sie uns abstossen; aber wenn es nicht so entsetzlich wäre, so bliebe es immerhin lächerlich, mit welchem Hochmuthe und mit welcher Selbstzufriedenheit wir grossen Kinder die Uhr auseinandernehmen, die Triebfeder herausreissen, daraus ein Spielzeug machen und uns dann drüber wundern, dass die Uhr aufgehört hat zu gehen.

Es verlohnt sich, zurückzublicken. Die indische Geschichte, welche zufällig Denkmäler bewahrt hat, ist in dieser Beziehung besonders lehrreich. Alles das, worauf wir stolz sind, ist längst gedacht, umgedacht und entschieden worden. Alle unsre Raisonnements über die Materie, Kräfte, über den Geist, den Raum, die Ursächlichkeit, die Zeit, – alles das ist ein Spiel, welches niemandem was nützt, das Kinderspiel der Menschheit.

Das aber ist nothwendig und theuer: der Widerspruch zwischen dem Endlichen und dem Unendlichen ist gelöst worden und die Antwort auf die Frage des Lebens ist eine solche, dass man vermöge derselben zu leben vermag. Und es ist die allereinzigste Lösung, welche wir überall finden, immer und bei allen Völkern; die Lösung, welche aus der Zeit herstammt, in welcher für uns das Leben der Menschen sich verliert; eine so schwierige Lösung, dass wir nichts Ähnliches hervorzubringen vermögen. Und von dieser Lösung wollen wir nichts wissen, um wiederum jene Frage aufzuwerfen, welche jedem eigenthümlich ist und auf welche wir keine Antwort besitzen.

Der Begriff des unendlichen Gottes, der Göttlichkeit der Seele, der Beziehungen der menschlichen Thaten zu Gott, – das sind Begriffe, welche in der verborgenen Unendlichkeit des menschlichen Gedankens gezeitigt worden sind, es sind diejenigen Begriffe, ohne welche es kein Leben gäbe und ohne welche auch ich nicht existiren würde.

So stellte ich es mir nicht vor, aber die Ansätze zu diesen Gedanken waren in mir bereits vorhanden. Es war das ein negativer Gedankengang. Ich begriff 1), dass meine und Schopenhauers Stellung, unbeschadet unsrer Weisheit, eine dumme sei: wir begreifen, dass das Leben ein Übel ist und dennoch leben wir. Das ist ganz unstreitig dumm: zu behaupten, das Leben sei dumm. Ich liebe dermaassen alles Vernünftige, dass es nöthig ist, das Leben zu vernichten; dann wird niemand es zu verneinen haben. 2) Ich begriff, dass alle unsre Raisonnements wie verzaubert sich im Zirkel bewegt hatten, wie eine Scheibe, die auf der Achse lose läuft. Wie viel und wie gut wir auch raisonnirt hatten, wir hatten doch keine Antwort auf die Frage erhalten und es war geblieben 0 = 0. Es war also unser Weg wahrscheinlich ein falscher gewesen. 3) Ich hatte angefangen zu begreifen, dass die vom Glauben auf die Frage des Lebens gegebenen Antworten nicht so ganz, nicht so absolut dumm seien, wie sie mir anfangs erschienen waren. Dass sie unvernünftig waren und seltsam, das konnte ich nicht übersehen, aber sie besassen einen Vorzug vor den Antworten der vernünftigen Erkenntnis. Dumm waren sie, aber direkt antworteten sie auf die Frage; klug freilich waren die andern, aber garnichts antworteten sie.

Das war in meinem Kopfe vor sich gegangen. Nebenbei vermischten sich in meinem Herzen zwei starke Empfindungen. Neid, den Menschen gegenüber, welche zu leben vermochten, indem sie den Sinn des Lebens begriffen, und der Wunsch, zu leben wie sie; und das Zweite – das Suchen nach Gott, das Aufsuchen eines solchen Gedankenganges, vermöge dessen mein endliches Dasein einen Sinn im Unendlichen erhielte.

Ich sage, dass dieses Suchen nach Gott nicht auf einem Gedankengange beruhte, sondern auf dem Gefühle; denn diese Gedanken entsprangen nicht aus meiner Weltanschauung, sie waren derselben sogar direkt entgegengesetzt; – sondern sie entsprangen aus dem Herzen, aus dem Gefühle. Es war das ein Gefühl sowohl der Furcht, der Verwaistheit, der Vereinzelung inmitten alles des Fremden, als auch der Hoffnung auf irgend eine Hilfe. Von nirgend woher entsprang der Gottesbegriff.

Kant hatte es mir bewiesen und ich hatte es vollständig begriffen, dass ihn zu beweisen unmöglich sei; dennoch suchte ich Gott, ich hoffte, dass ich ihn finden würde, und ich bemühte mich drum. Die Ursache ist nicht eine solche Denkform, wie der Raum und wie die Zeit. Wenn ich bin, so giebt es dafür einen Grund und einen Grund des Grundes und einen letzten Grund. Das ist es eben, was man Gott nennt. Und sobald ich zu der Überzeugung gelangt war, dass es eine solche Ursache giebt, dass die Kraft, die Vernunft existirt, vermöge deren ich existire, da verschwanden sofort meine Furcht und meine Verwaistheit und ich empfand die Möglichkeit zu leben. Sobald ich aber mich fragte: was ist es denn, wie soll ich daran denken, wie habe ich mich ihm gegenüber zu verhalten? da wusste ich nichts zu antworten. Nur landläufige Antworten kamen mir in den Sinn. „Er ist der Schöpfer, die Vorsehung; Er ist gütig, du sollst zu Ihm beten." Und schon empfand ich, dass mein Glaube an seine Existenz abnahm. Ich begann zu beten, und der Glaube verschwand gänzlich. Ich fühlte es, dass Er mich nicht hörte. Nein, es giebt solch einen nicht, an den man sich wenden könnte mit: „Herr, erbarme Dich". Und wiederum verfiel ich in Furcht und Verzweiflung und ich empfand, dass mein Leben stille stand. Und immer wieder und wieder gelangte ich von verschiedenen Seiten her zu dem Bewusstsein, dass ich ein so verworfener Hund nicht sein könne, als welchen ich mich fühlte. Mag ich auch ein verworfener Hund sein, mag ich auch auf dem Rücken liegen und in den Nesseln winseln, – aber ich winsle nicht, und zwar deshalb nicht, weil ich weiss, dass meine Mutter mich unterm Herzen getragen, mich gesäubert und gepflegt hat … Wo ist sie, diese Mutter? Wenn ich verworfen worden, wer ist es denn, der mich verwarf? Ich kann es mir nicht verbergen, dass jemand mich in Liebe geborgen hat. Wer ist dieser jemand? – Wiederum Gott. Er kennt und sieht mein Suchen, meine Verzweiflung, mein Kämpfen. Er existirt, sagte ich mir: und wiederum wurde das Leben mir verständlich, möglich. Und wiederum ging ich von dem Bewusstsein der Existenz Gottes dazu über, Beziehungen zu Ihm zu suchen, und wiederum stellte sich mir jener Gott dar, unser Schöpfer in den drei Personen, der seinen Sohn gesandt hat – den Erlöser. Und wiederum ist dieser von der Welt und von mir gesonderte Gott zerflossen, wie eine Eisscholle schmilzt, er ist zerflossen vor meinen Augen, und wiederum verblieb nichts, und wiederum fühlte ich, dass ich nicht leben könne. Nicht zwei-, nicht drei-, – wohl zehnmal bin ich in diese Verfassungen gerathen: Freudigkeit, Belebung und wiederum Verzweiflung und Bewusstsein, nicht leben zu können. Ich erinnere mich, es war im zeitigen Frühlinge; ich war allein im Walde auf dem Anstande; ich horchte auf die Töne des Waldes in Erwartung des Lockrufes der Schnepfe. Ich horchte und wartete und dachte immer an das eine, wie ich beständig die letzten drei Jahre über an das eine gedacht hatte. Wiederum suchte ich Gott. Gut, es giebt keinen Gott – sagte ich mir –, es giebt solch einen nicht, welcher nicht nur als meine Vorstellung, sondern als eine solche Thatsächlichkeit existirte, wie mein ganzes Leben, – einen solchen giebt es nicht. Und nichts, keinerlei Wunder können mir seine Existenz beweisen; denn Wunder würden in meiner Vorstellung beruhen, und dazu in unvernünftiger. Aber mein Begriff von einem Gotte, von dem, welchen ich suche? – fragte ich mich. – Dieser Begriff, wo ist er hergekommen? Die Nothwendigkeit – woher stammt sie? – Sie ist Gott. Und wiederum empfand ich Freudigkeit. Alles rund um mich her belebte sich, gewann einen Sinn. Aber der Gottesbegriff – ist noch nicht Gott. Vielleicht ist das meine persönliche Verirrung – sagte ich mir. Und wiederum erstarb alles in mir und um mich her. Nicht Begriff – sagte ich mir weiter --, sondern Nothwendigkeit, das Bedürfnis nach Gotteserkenntnis, um leben zu können. Ich brauche nur Gott zu wissen, und ich lebe; ich brauche Ihn nur zu vergessen, an Ihn nicht zu glauben, und ich ersterbe. Das ist keine Vorstellung, das ist das Leben. Gott zu wissen und zu leben, das ist eines und dasselbe. Und nicht mir allein ergeht es so. Alle, die Gott wissen, sie alle leben; wissen sie ihn nicht, – giebt's auch kein Leben. Gott ist das Leben. Und wiederum und stärker als jemals wurde alles hell in mir und um mich her. – Wie aber ist mein Verhältnis zu Gott? fragte ich mich. Das Verhältnis zeigen dir sicher diejenigen, welche leben. Darum gerade, weil man von Gott redet, kannst du es nicht sagen, ob du ihn weisst oder nicht; sondern nur durchs Leben kannst du Gott begreifen und Ihm Ausdruck geben. Lebe darum, weil man dich für eine Offenbarung Gottes ausgiebt, und dann wird dein Leben, nicht aber deine Vernunft, die Existenz Gottes bekräftigen oder nicht bekräftigen. Und von diesem Augenblicke an ist das Bewusstsein von dem Dasein Gottes, dessen, wie wir ihn durchs Leben erkennen sollen, in mir verblieben.

X.

Ich war zum Schlusse gelangt, dass nur allein die Bedeutung des Glaubens Erklärung giebt für den Sinn des Lebens und zugleich die Möglichkeit, zu leben, und ich fing an, die Gläubigen aufzusuchen und mich ihnen zu nähern.

Natürlich fing ich damit an, gläubige Leute zuerst in dem Kreise wohlhabender und gebildeter Leute zu suchen, in welchem ich selbst lebte; aber in unserm Kreise bilden solche Leute, die sich gläubig nennen, eine sehr seltene Ausnahme. Und lange beschäftigte ich mich damit, alle Personen meines Kreises, Bekannte und Unbekannte, darüber zu befragen, ob sie gläubig seien oder nicht. Und es zeigte sich, dass von den unterrichteten Leuten meinesgleichen, mit ganz seltenen Ausnahmen, niemand sagte, er sei gläubig.

Gläubig nennen sich entweder die Popen, deren Stellung sie nöthigt, Glauben zu bekennen; oder Sonderlinge aus Eigensinn, welche nicht so sehr für ihre Nothdurft, als um des Streites willen, mit Bosheit behaupten, dass sie an Gott glauben; oder auch solche, die aus politischen oder eigennützigen, nicht eingestandenen Motiven sagten, dass sie gläubig seien, oder aber ganz dumme Leute, oder endlich gewisse unterrichtete Männer und Frauen, welche in neuerer Zeit aufgetaucht sind und von irgend einem besonderen Glauben reden.

Obwohl ich nun wusste, dass einzig und allein durch die Glaubenserkenntnis die Lebenserkenntnis erschlossen werden kann, sah ich nun, dass das, was die Leute für Glauben ausgaben, nicht diejenige Glaubenserkenntnis war, welche dem Leben einen Sinn verleiht.

Ich erinnere mich des peinigenden Gefühls des Entsetzens, zurück zu verfallen in die Verzweiflung, nach der Hoffnung, die ich in den Beziehungen zu diesen Leuten so viele, viele Male gehegt hatte. Je mehr und je genauer sie mir ihre Glaubenslehren erläuterten und je mehr ich Einblick in ihr Leben gewann, um so klarer wurde mir ihre Verirrung und das Zerrinnen meiner Hoffnung, irgend eine Erklärung für den Sinn des Lebens zu erhalten.

Sie alle, diese Leute, lebten im Überflusse, nicht minder die hohe Geistlichkeit, welche gesetzlich veranlasst ist, ihren Glauben zu betheuern; darum auch neigte man dazu, alles das Unverständliche, was sie redeten, wie auch jede Albernheit der Leute, welche im Überflusse leben und durch Feistheit Launen bekommen, so zu erklären, wie etwa: durch Magnetismus, Mesmerismus, Spiritismus u.s.w.

Nicht das war es, dass sie bei Erläuterung ihrer Glaubenslehre zu den vielen, mir immer erhaben scheinenden christlichen Wahrheiten noch viele unnöthige und sehr abenteuerliche Dummheiten beimengten, – nicht das stiess mich zurück. Für mich wurde jetzt die Glaubenswahrheit nicht durch ihre Vernünftigkeit bewiesen, sondern dadurch, dass sie denjenigen Sinn des Lebens bildete, vermöge dessen die Menschen imstande sind zu leben, und darum hätten die allerunvernünftigsten Dinge mich nicht zurückgestossen; mich stiess aber der Umstand zurück, dass das Leben dieser Leute dasselbe war, wie das meinige, jedoch mit dem Unterschiede, dass es den Prinzipien nicht entsprach, welche sie in ihren Glaubenslehren darlegten. Ich empfand es deutlich, dass sie sich betrogen, und dass sie, grade wie ich, keinen anderen Sinn des Lebens besassen, als zu leben, so lange es sich leben lässt, und alles zu raffen, was nur die Hand zu erreichen vermag. Denn besässen sie jenen Sinn, vermöge dessen die Furcht vor Entbehrungen und Leiden und vor dem Tode aufhört, so würden sie dieselben nicht gescheut haben. Sie aber, die Mehrzahl der Gläubigen meines Kreises, fürchteten, gerade wie auch ich, Entbehrungen, Leiden und den Tod, und da sie an irdischen Gütern sich ergötzten, so trachteten sie nach deren Erwerbung, und gerade so wie ich und wir Ungläubige alle, lebten sie für die Befriedigung ihrer Lüste, lebten ebenso schlecht, wenn nicht schlimmer noch, als die Ungläubigen.

Keinerlei Raisonnements, wie schön sie auch waren, vermochten mich von der Wahrhaftigkeit ihres Glaubens zu überzeugen. Nur solche Handlungen hätten mich überzeugen können, welche mir bewiesen hätten, der Sinn ihres Lebens sei ein solcher, dass alles, was mir das Schrecklichste – Armuth, Krankheit, Tod –, ihnen nicht schrecklich sei. Solche Handlungen aber habe ich an den sogenannten Gläubigen unseres Kreises nicht entdeckt. Solche Handlungen habe ich im Gegentheile an den allerungläubigsten Personen unsres Kreises beobachtet, niemals aber an den sogenannten Gläubigen unseres Kreises.

Ich empfand es, dass der Glaube der Leute, welche sich in den ausnahmsweisen Verhältnissen des Überflusses an irdischen Gütern befinden, ein epikureischer Glaube sein müsse, vielleicht tauglich für Leute, welche in ihren Verhältnissen sich befinden; dass es aber nicht die Glaubenserkenntnis des ganzen Menschengeschlechtes sei, wie dieselbe uns von dessen unergründlichen Anfängen her überliefert worden; dass dieser Glaube vielleicht tauglich sei zur Ergötzung eines auf seinem Todtenbette Reue empfindenden Salomo; dass er aber nicht taugen könne für zerquälte, leidende Sklaven, auf deren Antheil ein Leben voll Leid und Mühen gefallen; dass solcher Glaube diesen nicht die Möglichkeit verleihen könne, ein derartiges Leben zu ertragen und fortzuführen und diesem Leben einen Sinn beizulegen. Diese, diese Millionen von Menschen müssen …[11] Glaubenserkenntnis haben. Nicht die Thatsache, dass ich und Salomo und Schopenhauer existirt haben, ohne uns das Leben zu nehmen, hat mich von der Existenz des Glaubens überzeugt, sondern die Thatsache, dass diese Millionen von Menschen unter den allermühseligsten Lebensbedingungen gelebt haben und leben.

Und ich habe mich weiter noch umgesehen über den Kreis der gleich mir müssigen, wohlhabenden und unterrichteten Menschen hinaus; ich habe hineingeschaut ins Leben der armen, einfältigen Arbeiter, und dort habe ich erblickt und gefunden, was ich suchte.

Dort habe ich feste Erkenntnis eines gewissen anderen, mir unverständlichen Sinnes des Lebens gefunden, bestätigt durch das Leben der Generationen von Millionen Menschen. Die Glaubenslehre dieser Leute des Volkes war dieselbe, wie die Glaubenslehre der vermeintlich Gläubigen unseres Kreises. Zu den der Vernunft widerstrebenden Wahrheiten mengten jene noch mehr Unsinn hinzu als letztere;[12] der Unterschied aber bestand darin, dass das ganze Leben jener Leute ein anderes war; dass es zur Bestätigung desjenigen Sinnes des Lebens diente, welchen die Glaubenserkenntnis ihm beilegte. Ich sah, dass diese Menschen Krankheit und Kümmernisse ohne irgend ein Missverstehen noch Widerstreben ertragen, vielmehr mit der ruhigen und festen Überzeugung, dass alles das nicht anders sein könne, dass

---

[11] ? andersgeartete ? D. Übers.
[12] Im Originale irrthümlich „erstere". D. Übers.

alles das – gut sei. Ich sah, dass nicht nur ihr Leben ihnen begreiflich sei, sondern dass ihnen begreiflich auch der Tod; und im Tode erblicken sie nichts Sonderbares, Widerwärtiges oder Schreckliches. Ich sah unter ihnen Leute, welche gleich mir gealtert waren und ohne die geringste Furcht, ohne das mindeste Bedenken dem Tode entgegengingen. Ich sah das, was ich vergeblich unter den Gläubigen unseres Kreises gesucht hatte: solche, die zwanzigjähriges Leiden in fortwährender gerührter Dankbarkeit gegen Gott ertragen hatten; ich habe nicht nur einen solchen oder zwei – nein, tausende von Menschen habe ich gesehen, welche sich alles das, was uns und Salomo als das einzige Gut des Lebens erscheint, entzogen hatten und dabei die grösste Glückseligkeit empfanden. Ich habe Sterbende gesehen, die nicht mit Ruhe, sondern mit Freudigkeit schieden. Und solche, die den Sinn des Lebens verstanden hatten, die zu leben und zu sterben wussten, habe ich nicht zwei, oder drei oder zehn, sondern hunderte, tausende, Millionen gesehen. Und alle diese, nach ihren Sitten, ihrem Verstande und Geiste unendlich Verschiedenen, alle kannten sie in gleicher Weise und in vollständigem Gegensatze zu meiner Unkenntnis – sie alle kannten den Sinn des Lebens und des Todes, sie lebten und starben geruhig, darin nicht Eiteles, sondern Gutes erblickend.

Es gab solche, welche diese wunderbaren Thaten, Leiden, Entbehrungen und Tod, vollbrachten und dann ihr Heil erblickten; aber alle Gläubigen ohne Ausnahme, auch wenn sie jener, unserer Lebensanschauung sich unterwarfen (?), alle ohne Ausnahme erblickten Gutes in dem, was uns als Übel erscheint. Und daher wusste ich es nun ganz bestimmt, dass das die wahre Erkenntnis vom Sinne des Lebens ist, und alle Kräfte meiner Seele habe ich angespannt, um diesen Sinn zu begreifen.

Dunkel empfand ich es, dass vormals nicht sowohl die Verirrung meines Denkens mir die Wahrheit verdeckt hatte, als vielmehr mein Leben, mein unter jenen ausnahmsweisen Bedingungen des Epikureismus in Lüsten verbrachtes Leben. Ich verstand es dunkel, dass meine Verirrung wirklich diesen Grund haben könne; ich hatte mich gefragt: was ist mein Leben? und ich hatte zur Antwort erhalten: Übel und Widersinnigkeit. War nicht auch das möglich, dass mein Leben – ein Leben der Verzärtelung und der Lüste – widersinnig und schlimm gewesen war und dass daher die Antwort: „das Leben ist ein Übel und eine Widersinnigkeit", sich nur auf mein Leben bezogen hatte und keineswegs im allgemeinen auf das Menschenleben? Ich ahnte ferner, dass zum Verständnisse des Sinnes des Lebens zwei Dinge erforderlich seien: 1) dass das Leben nicht widersinnig und schlimm verbracht werde, und 2) dass Vernunft vorhanden sei, es zu begreifen. Ich ahnte, dass wenn ein Henker, der sein Leben mit Peinigungen und mit Köpfeabschneiden vollbracht hat, oder ein verlumpter Säufer, – wenn diese sich fragten: was ist das Leben? – dass diese sicher zur Antwort erhielten: das Leben ist etwas sehr Garstiges. Und wie stände es mit mir in solcher Stellung? Und ich bemühte mich, solche Leute aufzufinden und ihnen nahezutreten, – solche, die den Sinn des Lebens kennen und in Übereinstimmung mit dieser Erkenntnis leben. Und ich änderte mein Leben und begann so zu leben, wie sie leben.

Und je mehr ich in ihr Leben eingedrungen bin und in dasjenige, was demselben zur Grundlage diente, in jenen Sinn, welchen sie ihm beilegten, um so mehr habe ich mich davon überzeugt, dass dieser Sinn der einzige, der wahre sei. Dieser Sinn, wenn es möglich ist ihn auszudrücken, war folgender: Ich bin durch den Willen Gottes in diese Welt versetzt worden. Gott hat mir das Gesetz und die Gebote gegeben, nach denen ich zu leben habe, und dazu hat er mir eine noch klarere Anleitung zum Leben in der Lehre und dem Leben Jesu Christi gegeben. Der Sinn des Lebens erschliesst sich nur dann, wenn dieser Lehre gemäss gelebt wird. Und je mehr ich mich bemühte, das zu thun, um so deutlicher wurde mir der Sinn des Lebens. Ich wusste, dass es in der Glaubenslehre auch noch vieles andere giebt, was ich nicht verstehen konnte. Und daher bemühte ich mich allen jenen Diskussionen über die Glaubenslehre aus dem Wege zu gehen, um so mehr, als ich wusste, dass nach Maassgabe des Anhörens oder Lesens dieser unverständlichen Glaubenslehren ich den Sinn des Lebens verlor. Was hatte ich anderes zu thun? – Ich bemühte

mich, alles zu thun, was man thun soll: zu fasten, den Gottesdienst zu besuchen, den Beichtübungen mich zu unterziehen,
dabei der Verurtheilung dessen, was mir dumm erschien, mich
zu enthalten. Und so habe ich es gethan.

Das Raisonnement, welches mich in der Verfolgung der
äusserlichen Ritualvorschriften unterstützte, war folgendes: Die
Glaubenserkenntnis, wie auch die ganze Menschheit mit ihrer
Vernunft, entspringt aus einem geheimnisvollen Prinzipe. Dieses Prinzip ist Gott, das Prinzip sowohl des menschlichen Leibes
als auch der menschlichen Vernunft. Wie von Gott auf dem
Wege des Erbganges mir mein Körper zugekommen ist, so ist
mir in gleicher Weise auch meine Vernunft und meine Einsicht
ins Leben geworden. Diese Einsicht, wie sie durch Generationen
überliefert worden, ist eine solche, dass sie allen Menschen zugänglich sein muss, und sie wird durch die ganze Gesammtheit
der Menschen überliefert. Diese allgemeine Erkenntnis des Lebens wird im Glauben bewahrt. Der Glaube gelangt zum Ausdrucke in alle dem äusseren und inneren Thun, welches die
Gläubigen vollbringen. Ihnen muss man folgen. Zur Grundlage
für meine Unterwerfung unter die Ritualvorschriften des Glaubens diente die Auffassung der Kirche, die breiteste und allgemeinste.

Indem ich die Ritualvorschriften der Kirche befolgte, gab ich
meiner Vernunft den Frieden und ich unterwarf mich derjenigen
Tradition der Erkenntnis, in deren Besitze die ganze Menschheit
sich befunden hat. Ich war in Gemeinschaft getreten mit meinen
Vorfahren, mit meinen Lieben, mit Vater und Mutter, mit Gross-
vätern und Grossmüttern. Sie und alle ihre Vorfahren sind gläubig gewesen, sie haben gelebt und haben mich erzeugt. Da soll
ich plötzlich ungläubig sein und das verachten, was sie gethan
haben? Ich war auch in Gemeinschaft getreten mit allen den Millionen der von mir hochgeachteten Leute aus dem Volke. Zudem
hatten die Handlungen selbst nichts Schlechtes (als schlecht er-
achtete ich die Verzärtelung in Lüsten). Indem ich zum kirchlichen Gottesdienste früh aufstand, wusste ich, dass ich gut daran
that, schon allein um deswillen, weil ich zur Zähmung meines

geistigen Hochmuthes, zur Annäherung an meine Vorfahren und an meine Zeitgenossen, und im Suchen nach dem Sinne des Lebens, von meiner leiblichen Ruhe ein Opfer brachte. Ebenso war es hinsichtlich der Beichtübungen, des täglichen Hersagens der Gebete mit den Kniebeugungen; dasselbe hinsichtlich der Beobachtung aller Fasten. Wie geringfügig auch alle diese Opfer waren, es waren Opfer im Hinblicke auf Gutes. Ich machte die Beichtübungen durch, ich fastete, ich führte die Zeitgebete im Hause und in der Kirche aus, ich las die Legenden der Heiligen, ich näherte mich den Gläubigen, den Pilgern, den Mönchen, den Bauern. Und je weiter ich so fortlebte, um so klarer wurde es mir, dass im Leben ein Sinn steckt, den der Tod nicht vernichten kann, und dass dieser Sinn die Liebe sei, Vereinigung und Opfer im Namen der Liebe.

XIV.[13]

Die Kirche, als Vereinigung derjenigen Gläubigen, welche im Besitze der wahren Lebenserkenntnis sind, war jetzt die Grundlage meines Glaubens. Ich konnte nicht sagen, woran sie glauben, ich meinte, es sei auch unmöglich, es auszudrücken, aber ich glaubte, dass durch Verschmelzung mit dieser Kirche man dieser Erkenntnis theilhaftig werden könne. Im Abendmahle waren für mich nach dem Hinweise Khomjakows die wichtigsten Worte enthalten: „Liebt euch einer den andern bis zur Erlangung gleicher Denkungsart." Die weiteren Worte: „und einmüthig bekennen wir den Vater, den Sohn und den Heiligen Geist", liess ich aus, denn ich konnte sie nicht verstehen. Aber die Einigung in der Liebe erschien mir als die Grundlage des Ganzen. Beim Anhören des kirchlichen Gottesdienstes drang ich in alle einzelnen

---

[13] In den zur Übersetzung vorliegenden Korrekturbogen fehlen die Zeichen [Ziffern] XI, XII, XIII. Aus den von unbekannter Hand beigesetzten Marginalseitenzahlen geht hervor, dass das Exemplar lückenhaft sein dürfte, wiewohl der Gedankengang keine wesentliche Lücke zeigt. Vielleicht ist Fraktionirung des Kapitel X beabsichtigt gewesen. D. Übers.

Worte ein und legte ihnen einen Sinn bei, wenn ich konnte. Und viele Dinge, die mir anfangs widersinnig erschienen waren, haben für mich Sinn gewonnen. Aber dieses Ausdeuten der Ritualien hatte eine Grenze, die ich sehr lebhaft empfand. Wenn das Gesagte in seinen hauptsächlichen Worten mir immer klarer und klarer wurde; wenn ich mir, so gut es ging, die Worte erklärt hatte: „und unsrer Königin, der hochheiligen Gottesmutter, und aller Heiligen gedenkend", oder: „und uns selbst, und einander und unser ganzes Leben übergeben wir Gott Christo", – wenn ich mir die häufige Wiederkehr der Gebete für den Zar und sein Haus damit erklärt hatte, weil sie mehr als andere Versuchungen ausgesetzt sind und daher mehr der Gebete bedürfen, so hatte ich doch für die Gebete, dahin zielend, die Feinde und Widersacher mögen unterworfen und unter die Füsse gegeben werden, wenn ich sie auch damit zu erklären suchte, dass der Feind das Böse sei, – für diese und andere Gebete, wie das Cherubim-Gebet und das ganze Mysterium der Brodweihe oder das „Verwehrt dem Feldherrn" u.s.w., für fast zwei Drittel des ganzen Gottesdienstes, hatte ich entweder gar keine Erklärung, oder ich empfand, dass ich beim Unterschieben von Erklärungen lüge, indem ich Sophismen begehe, und dass ich dadurch meine Beziehung zu Gott gänzlich zerstöre und jede Möglichkeit des Glaubens gänzlich verliere.

Dasselbe habe ich durchgemacht beim Feiern der hauptsächlichsten Festtage. Des Sonntages zu gedenken, d. h. einen Tag dazu widmen, sich Gott zuzuwenden, schien mir begreiflich und leicht. Aber der Hauptfeiertag war das Gedächtnis von Ereignissen, die sich mir schlimmer als Unmöglichkeiten und Dummheiten darstellten: – als wissentliche Lüge. Und mit diesem Namen der Auferstehung wurde der Sabbath bezeichnet. Und an diesen Tagen ward die anstössigste und widersinnigste Handlung der Eucharistie vollzogen. Die übrigen zwölf Festtage, ausser Weihnachten, waren Gedächtnisse der alleranstössigsten Wunder: Himmelfahrt, Pfingsten. Epiphanias, Maria Fürbitte u.s.w. Indem ich beim Feiern dieser Feste es empfand, dass hier gerade dem Wichtigkeit zugeschrieben wird, was für mich im entgegengesetzten Sinne wichtig war, so erfand ich mir entweder beruhigende Erläuterungen, oder ich schloss die Augen, um das nicht zu sehen, was mir anstössig war.

Am stärksten habe ich das an mir erfahren, wenn ich an den gewöhnlichsten Mysterien Theil nahm, die für die wichtigsten gehalten werden: Taufe und Abendmahl. Dort stiess ich nicht auf etwas nur Unverständliches, sondern auf vollkommen Verständliches und vollkommen Dummes und war vor das Dilemma gestellt: entweder hinnehmen oder verwerfen.

Nie werde ich das peinliche Gefühl vergessen, das ich an jenem Tage empfunden habe, da ich nach vielen Jahren zum ersten Male zum Abendmahle ging. Der Gottesdienst, das Bekenntnis, die Vorschriften – alles das war mir verständlich und bewirkte in mir das freudige Bewusstsein, dass die wahre Lebenserkenntnis sich mir erschliesse. Das Abendmahl selbst, als Handlung, erklärte ich mir leicht als eine Handlung, die zum Andenken an Christus vollzogen wird und welche die Reinigung von Sünden und die volle Aufnahme der Christuslehre bedeutet. War diese Erklärung auch eine künstliche, so habe ich doch ihre Künstlichkeit nicht bemerkt. Mir war so freudig zu Muthe, mich zu erniedrigen und zu demüthigen vor dem Beichtvater, einem einfachen, schüchternen Priester; so freudig war mir ums Herz, den ganzen Unrath meiner Seele hervorzukehren, meine Sünden zu bereuen, mich zu verschmelzen mit dem Gedanken und mit der Demuth der Väter, welche die Gebetesregeln geschrieben hatten; so freudig vereinte ich mich mit allen, welche glauben und geglaubt haben, dass ich die Künstlichkeit meiner Erklärung gar nicht empfand. Als ich aber vor das Kaiserthor[14] herangekommen war und der Priester mich anhielt, das zu wiederholen, was ich glaube, dass nämlich das, was ich herabschlucken werde, wahrhaftiger Leib und wahrhaftiges Blut sei, da schnitt es mir ins Herz; nicht nur war es eine Dissonanz, es war eine grausame, eine freche Zumuthung jemandes, der offenbar es noch nie gewusst hatte, was Glaube sei.

---

[14] Das Mittelthor der Bilderwand, welche das der Gemeinde unzugängliche Allerheiligste der griechischen Kirche abscheidet. D. Übers.

Wenn ich aber jetzt es mir erlaube zu sagen, dass es eine freche, gottlose Zumuthung war, so habe ich damals keineswegs diesen Gedanken gehabt, – nur unsäglich schmerzlich war es mir. Ich befand mich nicht mehr in der Verfassung, in welcher ich in meiner Jugend mich befunden hatte, da ich meinte, im Leben sei alles klar; zum Glauben war ich daher gelangt, weil ich neben dem Glauben nichts, absolut nichts ausser Verderben gefunden hatte; daher war es unmöglich, von diesem Glauben sich loszusagen, und ich unterwarf mich. Ich fand in meiner Seele ein Gefühl, welches mir verhalf, es zu ertragen. Dieses Gefühl war die Erniedrigung meiner selbst und meiner Vernunft; es war die Demuth. Ich demüthigte mich, ich verschluckte dieses Blut und diesen Leib ohne lästerliche Empfindungen, mit dem Wunsche, daran glauben zu können; aber der Schlag war geführt worden. Und im voraus wissend, was meiner wartete, habe ich ein zweites Mal hinzugehen nicht vermocht.

Aber genau ebenso habe ich fortgefahren, die Ritual-Vorschriften der Kirche zu beobachten, und bei alledem war ich fest überzeugt, dass dort die Wahrheit sei, und in mir vollzog sich etwas, was mir jetzt klar ist, was mir damals jedoch sonderbar schien.

Ich hatte das Gespräch eines des Lesens unkundigen Bauern, eines Pilgers, angehört: über Gott, über den Glauben, über die Erlösung – und die Glaubenserkenntnis hatte sich mir erschlossen. Ich hatte mich dem Volke genähert und beim Anhören der Volksauffassung über das Leben, über den Glauben hatte ich immer mehr und mehr die Wahrheit erfasst. Dasselbe hatte ich erlebt bei Lesung der Heiligenlegenden, der Propheten; das war meine Lieblingslektüre geworden. Mit Ausnahme der Wunder, die ich für Fabeln hielt, welche einen Sinn ausdrücken, hatte mir diese Lektüre den Sinn des Lebens erschlossen. Da war der Königssohn Joseph; die Geschichte Buddhas: da war der Wandrer im Brunnen; dort die Geschichte der Märtyrer, welche alle bezeugt haben, dass der Tod das Leben nicht ausschliesst; dort die Erzählung von den des Lesens unkundigen Büssenden, die einfältig waren und nichts von den Kirchenlehren wussten.

Aber sobald ich nur mit den unterrichteten Gläubigen verkehrte, oder ihre Bücher in die Hand nahm, so sprossten in mir auf: eine Art Zweifel an mir selbst. Unzufriedenheit und verbitterte Streitsucht; und, ich empfand es wohl, je mehr ich in ihre Reden eindrang, um so mehr entfernte ich mich von der Wahrheit, um so mehr näherte ich mich dem Abgrunde.

XV.

So habe ich drei Jahre gelebt und in der ersten Zeit, da ich wie ein Katechet[15] nur allmählich mit der Wahrheit vertraut geworden war und nur durch Tasten geleitet dorthin mich gewandt hatte, wo es mir heller erschienen war, damals reizten mich diese Zusammenstösse weniger. Ich hatte noch nicht begriffen; ich hatte gesagt: „an mir liegt die Schuld, ich bin zu dumm". Je mehr aber ich von den Wahrheiten durchdrungen worden war, die ich lernte, um so mehr waren sie mir zur Lebensgrundlage geworden; um so schwerer betrafen mich diese Zusammenstösse; um so einschneidender wurde jene Linie, welche das, was ich nicht verstehe, weil ich es nicht zu verstehen vermag, von dem trennt, was man nicht anders verstehen kann, als indem man sich selbst belügt.

Wie oft habe ich die Bauern darob beneidet, dass sie des Lesens unkundig sind und keine Bildung besitzen! Aus den Glaubenssätzen, welche in meinen Augen offenbare Widersinnigkeiten repräsentirten, entnahmen sie nichts Falsches; sie vermochten dieselben zu akzeptiren und konnten an die Wahrheit glauben. Nur für mich war die Form des Ausdruckes eine falsche.

Die wichtigsten Zusammenstösse mit den Sätzen der Kirche bildeten die Erziehung meiner Kinder im Glauben, die Beziehungen der Kirche zu den Altgläubigen und der Krieg.

Zum Examen mussten meine Kinder in der Religion unterrichtet werden. Wir nahmen einen Priester an und er lehrte ihnen

---

[15] Oglaschonij.

den Katechismus. Das war derselbe Unterricht, den auch ich genossen hatte, den ich verworfen hatte und hatte verwerfen müssen. Ich wohnte diesem Unterrichte bei, und abgesehen von dem, was vorgetragen wurde, sah ich, dass Vergewaltigung in dieser Lehre liege und dass man, gleichsam wie absichtlich, durch diese Lehre jede Möglichkeit nehme, den Glauben zu verstehen: die Widersinnigkeit und die Frechheit der Sätze, deren Auswendiglernung verlangt wurde, standen in offenbarem Widerspruche zu dem Sinne, den ich im Glauben gefunden hatte. Aber auch hier hegte ich Zweifel gegen mich selbst und ich sagte mir, dass es mir vielleicht nur so scheine, dass ich es nicht verstehe.

Den zweiten Zusammenstoss bildete die Frage wegen der Altgläubigen. Im Samaraschen Gouvernement, wo ich lebte, gab es viel Molokanen. Ihrem Leben nach geben die Molokanen noch mehr als die orthodoxen Bauern jenem Sinne des Lebens Ausdruck, welchen die Glaubenserkenntnis ihm verliehen hat.

Dasselbe auch kann man von den Raskolniks sagen, von den Altgläubigen. Indessen bekämpfen die Raskolniks und die Orthodoxen einander und verhalten sich feindlich zu einander. Und diese Feindseligkeit verschärft sich nach Maassgabe grösserer Kenntnis der Glaubenslehre. Mir, der ich die Wahrheit in der Vereinigung in Liebe gefunden hatte, sprang es hier in die Augen, dass grade die Glaubenslehre das zerstört, was sie hervorbringen soll.

Ebenso wie in den früheren Missverständnissen habe ich zugegeben, dass der Schuldige ich sei, dass ich es nicht verstehe. Nach meiner Auffassung des Glaubens war es mir dunkel erschienen, dass dort eine Zerstörung der Wahrheit stattfinde; ich glaubte nicht daran, dass es möglich sei zu sagen, jener mir bekannte Molokanengreis, welcher sein ganzes Vermögen den Besitzlosen vertheilt hatte und von einem Reichen zu einem Armen geworden war, nur darum, um der Vorschrift zu folgen: „gieb den Bittenden", und der sein ganzes Leben hindurch absichtlich stammelnd gesprochen hatte, um überlegen zu können, was er sagen werde, und um nicht mit der Zunge zu sündigen, – ich glaubte nicht, dass man, sei es auch aus welchem Grunde es wolle, einen solchen Menschen und andre solche abweichende Konfessionen und viele, viele andre aus unsrer Kirchenbrüderschaft ausschliessen könne. Ich glaubte an die Kirche, in welcher sich alle Gläubigen vereinten, ich habe gesucht und gesucht eine solche höhere Auffassung. Ich habe mich an alle gewandt – sowohl an Popen, als an Bischöfe und Erzbischöfe –, ich erhielt negative Antwort: der, welcher den Glauben nicht so ausspricht, wie man meine Kinder im Katechismus unterrichtet, der ist nicht Glied der Kirche.

Und noch mehr. Zu der Zeit trat Krieg in Russland ein. Und die Russen machten sich dran, ihres gleichen zu tödten. Des Gedankens sich zu entschlagen, dass man unsre Brüder umbringe – das war unmöglich. Es zu übersehen, dass der Todtschlag etwas Böses sei, dass er im Gegensatze stehe zu den ersten Grundlagen jeden Glaubens – das war unmöglich. Statt dessen aber wurde in den Kirchen für den Erfolg unsrer Waffen gebetet, und die Lehrer des Glaubens erkannten diesen Todtschlag als eine aus dem Glauben entspringende Handlung an. Und nicht nur dieses Morden im Kriege; sondern zur Zeit jener Unruhen, welche nach dem Kriege erfolgten, habe ich die Betheiligung von Beamten der Kirche, ihrer Lehrer, erlebt, von Mönchen und Einsiedlern, welche das Erschlagen hilfloser Jünglinge billigten.

XVI.

Hier habe ich bereits nicht mehr gezweifelt, – mit einem Male habe ich es erkannt, dass in der Glaubenserkenntniss, welcher ich mich angeschlossen hatte, nicht alles Wahrheit sei. Wenn mir dieses Raisonnement früher gekommen wäre, so hätte ich gesagt, es sei alles Lüge[16]; jetzt aber konnte ich das nicht sagen. Im allgemeinen besass das ganze Volk die Erkenntnis der Wahrheit, das war unzweifelhaft; denn anders würde es nicht leben. Zudem war diese Erkenntnis der Wahrheit[17] mir bereits zugänglich, ich

---

[16] Sieh Anm. 3.
[17] Istina.

lebte bereits durch sie und ich empfand ihre ganze Wahrheit;[18] aber in dieser Erkenntnis steckte auch Lüge[19]. Und daran vermochte ich nicht zu zweifeln. Und alles was mich vormals abgestossen hatte, stand nun lebendig vor mir. Wiewohl ich es einsah, dass im ganzen Volke weniger von der Beimischung an für mich abstossender Lüge[20] vorhanden war, als in den Repräsentanten der Kirche, und dass, je weniger gelehrt, je einfältiger, je weniger überhaupt diese Wahrheiten zum Ausdrucke gelangten, sie um so unzweifelhafter seien und umgekehrt: so sah ich nichtsdestoweniger, dass in unvermeidlicher Weise Lüge[21] der Wahrheit beigemengt sei. Freilich gab es im Volke nicht jenes aufreizende Predigen widersinniger Katechismus-Redensarten, welche dem Menschen die lebendige Beziehung zu Gott abschneiden –, dafür aber gab es eine Reihe von Aberglauben: Heiligenbilder, Reliquien, Kreuze, welche in den Geschäften des Lebens hilfreich sind; es gab nicht jenes entschiedene Hinauswerfen der Raskolniks aus der kirchlichen Brüderschaft (selbst ein Verständnis für die Kirche fehlt im Volke) – im Gegentheil es giebt immer Zweifel und Einkehr ins eigne Innere.[22]

Auf meine an einen orthodoxen Greis gerichtete Frage, ob wohl seiner Meinung nach die Raskolniki werden erlöset werden, antwortete er: „Wir haben nur danach zu fragen, wie u n s r e Seele nicht zu Grunde geht, und nicht um Fremde uns zu kümmern."[23] Aber abgesehen davon misst das Volk der Fingerstellung Wichtigkeit bei und ist im Stande den zu erschlagen, der nicht glaubt, wie es selbst glaubt. Freilich, den Krieg sieht das Volk als ein Übel an, auch mit den Türken hat es Erbarmen, aber den Kampf mit den Ungläubigen erachtet es als eine gute Sache – derart ist die Lüge der Wahrheit beigemengt sowohl bei den

---

[18] Prawda.
[19] Wie Anm. 16.
[20] Wie Anm. 16.
[21] Wie Anm. 16. [Ebenso alle weiteren Nennungen von „Lüge" in der Schrift. IvH]
[22] Obraschténije k ssebjá.
[23] Nam kak by sswojú dúschú nje pogybítj, a nje o tschuschí sabótitjssjá.

Schriftkundigen, als bei den Schriftunkundigen. Und dort wie hier ist Quelle der Wahrheit sowohl als der Lüge: – die Lehre.

Und jenes Volk, dessen Leben mir die Wahrheit seiner Erkenntnis bestätigt hat, besitzt diese Erkenntnis nur vermöge der ihm überlieferten Lehre.

Und ob ich es wollte oder nicht, ich war zum Studium, zur Untersuchung dieser Lehre geführt worden, welche ich bisher so gefürchtet hatte – ich hatte sie gefürchtet zufolge eines dunklen Gefühles, ich möchte nicht im Stande sein, sie zu verstehen.

Und ich wandte mich nun dem Studium der Glaubenslehre zu, derselben, welche ich vormals mit solcher Verachtung als etwas Unnützes von mir geworfen hatte. Damals war mir die Glaubenslehre erschienen als eine Reihe unnützer Widersinnigkeiten; damals umringten mich von allen Seiten die Erscheinungen des Lebens, die mir klar erschienen und erfüllt von (tiefem) Sinne; jetzt wäre ich bereit fortzuwerfen, was in einen gesunden Kopf nicht herein will, aber nirgend wohin sich zu lassen! Auf diese Glaubenslehre gründet sich oder zum wenigsten ist damit unerschütterlich verbunden jene einzige Erkenntnis des Sinnes des Lebens, welche mir das dem Vormaligen Entgegengesetzte erschlossen hat, und da steht nun vor mir die Lehre, welche allein mir die Hoffnung verleiht, den Sinn des Lebens zu verstehen. Wie es auch meinem alten, harten Verstande fremdartig erscheint, – es ist die einzige Hoffnung auf Erlösung. Man muss sie vorsichtig und aufmerksam prüfen, um sie zu verstehen, und nicht nur um sie so zu verstehen, wie ich die Sätze einer Wissenschaft verstehe. Das suche ich nicht und kann ich nicht suchen wollen, da ich die Besonderheit der Glaubenserkenntnis kenne. Ich werde nicht für das Ganze Erklärung suchen. Ich weiss es, dass die Erklärung des Ganzen, als des Prinzipes des Alls in der Unendlichkeit, verschlossen bleiben muss. Aber ich will soweit verstehen, um zu dem unvermeidlich Unerklärlichen geführt zu werden, damit das, was unerklärlich ist, es nicht darum sei, weil die Forderungen meines Verstandes unkorrekt sind (sie sind korrekt und ausserhalb ihrer kann ich nichts verstehen), sondern weil ich die Grenzen meines Verstandes erkenne, damit jeder unerklärliche Satz sich mir als eine Nothwendigkeit der Vernunft darstelle und nicht als ein Trug. Dass in der Lehre Wahrheit enthalten ist, das ist für mich unzweifelhaft; aber auch das ist unzweifelhaft, dass sie Lüge enthält, und ich muss Wahrheit und Lüge auffinden und die eine von der andern scheiden. Und so habe ich mich daran gemacht.

Ich war unvermeidlich geführt zur Untersuchung der Glaubenslehre der orthodoxen Kirche. In der Vereinigung mit der orthodoxen Kirche hatte ich Rettung vor Verzweiflung gefunden. Ich war fest davon überzeugt, dass in dieser Lehre die alleinige Wahrheit enthalten sei. Aber gar sehr viele Erscheinungen dieser Lehre waren den Grundanschauungen entgegengesetzt, welche ich von Gott und seinem Gesetze besass; sie nöthigten mich, dem Studium dieser Lehre selbst mich zuzuwenden, um zu erfahren, ob diese Erscheinungen irrig seien, oder ob sie begründet seien im Missverstehen des Sinnes der Lehre, oder in Beimischungen von Lüge zur Wahrheit.

Ich setzte das nicht voraus, ich scheute mich es vorauszusetzen, denn eine Lüge in dieser Lehre zerstörte die ganze Lehre. Und dann verlor ich jenen Hauptstützpunkt, welchen ich an der Kirche, als an der Trägerin der Wahrheit besass, jener Quelle für die Erkenntnis des Sinnes des Lebens, den ich im Glauben gesucht hatte.

(Geschrieben 1879.)

Leo N. Tolstoj

Meine Beichte

Von dem Verfasser genehmigte Ausgabe
von Raphael Löwenfeld*

* Textquelle | Leo N. TOLSTOJ: Meine Beichte. Von dem Verfasser
genehmigte Ausgabe von Raphael Löwenfeld. (8.-10. Tausend.)
Jena: Eugen Diederichs 1922. [140 Seiten] – Löwenfelds Übersetzung ist erstmals 1901 erschienen.

Leo N. Tolstoj
Meine Beichte

Von dem Verfaffer genehmigte Ausgabe
von Raphael Löwenfeld / 8.–10. Taufend

Verlegt
bei Eugen Diederichs in Jena 1922

Hans Flaßbeck
San. Unteroffizier
und Schriftsteller

Buchausgabe des Jahres 1922;
mit Stempelaufdruck eines früheren Besitzers

An der Spitze der sozial-ethischen Werke Tolstojs steht der Zeit nach die wenig umfangreiche, für die Entwickelung des Seelenlebens des Verfassers überaus bedeutsame Schrift: Meine Beichte.

Wir fassen unter dem Begriff der sozial-ethischen Schriften alle diejenigen Werke Tolstojs zusammen, die mit bewußter Absicht und in methodischer Form seine Weltanschauung zum Ausdruck bringen – im Gegensatz zu der reichen dichterischen Produktion seiner Mannesjahre, in denen verwandte Anschauungen ihre poetische Gestaltung gefunden haben. Nicht immer können wir scharf zwischen dichterischen Erzeugnissen und Werken reiner Gedankenarbeit unterscheiden.

In den jüngeren Jahren legt Tolstoi in seine dichterischen Arbeiten ohne lehrhafte Absicht eine Fülle sittlicher Gedanken hinein und macht die Geschöpfe seiner Phantasie zu Trägern bestimmter Anschauungen, die seinen eigenen inneren Kämpfen entnommen sind. In späteren Jahren hüllt er bewußt seine Tendenz in das Gewand der Poesie, wie in der „Kreutzersonate", der „Macht der Finsternis", in der Erzählung „Wandelt im Lichte".

Eins geht bei ihm in das andere über. In den mittleren Jahren seines Schaffens gewinnt ganz und gar das Lehrhafte Macht über ihn. Er verwirft seine dichterischen Erzeugnisse als nichtig und eitel und giebt sich der Erforschung dessen hin, was er den Sinn des Lebens nennt. Die Antworten, die er nun auf diese Frage aller Fragen findet, sind, wenn auch offenbar ihm selbst neu, doch nicht unerwartet für den Kenner seiner früheren Werke.

Schon die poetischen Werke der ersten zwei Jahrzehnte von Tolstojs Schaffen sind voll von den Ideen, die in den später geschriebenen methodischen Arbeiten des Denkers gewissermaßen zu einem System verarbeitet werden. Ein Vergleich erweist einen förmlichen Parallelismus. Liest man die „Lebensstufen" neben der „Beichte", so empfindet man die nahen Beziehungen zwischen den beiden jugendlichen Helden der Erzählung und ihrem Dichter, der zwei Jahrzehnte später in einem großartigen freimütigen Bekenntnis die inneren Kämpfe seiner Seele darlegt. Aus dem „Morgen des Gutsherrn" spricht die ganze jugendliche Liebe des Besitzenden zu den Armen und Bedrückten – Turgenjew hat diese Neigung zum Volke spöttelnd einmal „hysterisch" genannt –, die den gereiften Denker Tugenden und Vorzüge bei dem Volke finden läßt, die er bei seinen Standesgenossen vergeblich sucht. Ljowin, eine der Hauptgestalten von „Anna Karenina", ist nichts anderes als der werdende Denker Tolstoi, und von den zahlreichen Hauptgestalten der weitausgesponnenen Erzählung in „Krieg und Frieden" sind einige ganz und gar das Widerspiel ihres Dichters: es sind dieselben Beobachtungen, die sie an Menschen und Dingen machen; es sind dieselben Gedanken, die sie quälen und peinigen; dieselben Probleme, die sie zu lösen sich abmühen. Und der Mensch der höheren Gesellschaftsklasse findet ihre Lösung nur mühsam oder garnicht, während der schlichte Bauersmann sie förmlich auf der flachen Hand darzubieten imstande ist.

Was in diesen und anderen Dichtungen vereinzelt als Empfindung der dichterischen Geschöpfe oder als Gedanke des Dichters auftaucht, was Tolstoj drei Jahrzehnte hindurch unablässig beschäftigt und in schwersten Seelenkämpfen ruhelos gemacht hat – findet eine geordnete Darstellung in der Schrift: „Meine Beichte".

Leo Tolstoi stand im 50. Lebensjahre, er war in seinem Vaterlande als der erste Dichter der Zeit gefeiert, man fing an, seine Werke in die Hauptsprachen Europas zu übersetzen. Diese Werke selbst, von den „Lebensstufen" bis zu „Krieg und Frieden" und „Anna Karenina", waren zwischen 1852-1876 entstanden. Das letzte Jahrzehnt dieser reichen Schaffensperiode und mehr noch die anschließenden Jahre ohne dichterische Produktion waren von ununterbrochenen inneren Kämpfen erfüllt, die endlich, endlich in der Niederschrift der „Beichte" ihren erlösenden Ausdruck fanden.

„Meine Beichte" ist nur eine Einleitung, ein Vorwort zur

„Kritik der dogmatischen Theologie". Sie schildert den Weg, den der suchende Denker durchzumachen hatte, bis er der Lösung der Lebensfragen, die auf ihn eindrangen, näher kam, bis er in einer neuen selbständigen Auslegung der Evangelien die Wahrheit gefunden zu haben glaubte – die Wahrheit, die darin besteht, daß die Lehre des erhabenen Umgestalters altjüdischer Überlieferung die Kraft habe, die Menschen zu adeln und zu beglücken, daß aber diejenigen, die die Rolle der Bekenner und berufenen Träger des Christentums spielen, die Reinheit dieser Lehre um selbstischer Zwecke willen getrübt, sie in ihr Gegenteil umgewandelt hätten.

„Meine Beichte" ist im Jahre 1879 verfaßt. Im Jahre 1882 wurde sie zum erstenmal in der Zeitschrift „Der russische Gedanke (Russkaja Myslj)" veröffentlicht. Das Werk machte Aufsehen um des Inhalts und des Verfassers willen. Das Heft der Zeitschrift aber wurde sofort eingezogen, die Bogen, die Tolstojs „Beichte" enthielten, herausgeschnitten, das Werk auf's strengste verboten. Die Feindschaft gegen den kühnen Bekämpfer der russischen Kirche und ihrer falschen Priester ging soweit, daß man geflissentlich in Umlauf setzte, der Dichter sei von Geisteskrankheit befallen.

Trotz aller Bemühungen der staatlichen und kirchlichen Behörden wurde das Werk der russischen Intelligenz durch Abschriften, Hektographien und Lithographien bekannt. Die erste Neuveröffentlichung durch den Druck geschah in deutscher Sprache. Diese deutsche Übersetzung von H. von Samson-Himmelstjerna erschien 1886 (in Leipzig bei Dunker & Humblot) unter dem Titel: „Bekenntnisse". Samson-Himmelstjerna lagen Korrekturbogen der Ausgabe im „Russischen Gedanken" vor, in denen noch mancherlei Lücken waren. Die Kapitel 11, 12 und 13 fehlten vollständig, auch sonst enthält der Text um etwa ein Fünftel weniger als der unsere; Himmelstjernas Übersetzung – in jeder Beziehung eine verdienstliche Arbeit – bietet aber auch mancherlei wertvolle Abweichungen von dem Wortlaut, den Tolstoi gegenwärtig als die endgültige Redaktion ansieht.

Ich habe deshalb meiner Übersetzung dieser endgültigen

Redaktion einige Auszüge aus der Übertragung des ursprünglichen Textes hinzugefügt. Nur ganz wenige von kennzeichnender Art. Diese der Übersetzung Samsons Himmelstjerna entnommenen Varianten werden den Leser in zweierlei Betracht interessieren: sie zeigen, wie sorgfältig Tolstoi seine Werke immer und immer wieder durcharbeitet, um die Gedankenfolge schärfer und den Ausdruck genauer zu gestalten; sie zeigen aber auch zweitens manche Änderung der Anschauung selber, wie dies bei einem so unermüdlich ringenden Wahrheitssucher selbstverständlich ist.

R[aphael]. L[öwenfeld].

Leo N. Tolstoj

Meine Beichte

1 |

Ich bin im orthodoxen christlichen Glauben getauft und erzogen
worden. In diesem Glauben wurde ich von Kindheit an und
während meiner Knaben- und Jünglingsjahre unterrichtet. Als
ich aber mit achtzehn Jahren nach dem zweiten Kursus die Universität verließ, glaubte ich an nichts mehr von alle dem, was
man mich gelehrt hatte.[1]

Wenn ich nach manchen Erinnerungen urteilen darf, war ich
auch nie ernsthaft gläubig gewesen, ich hatte nur Vertrauen zu
dem gehabt, was man mich gelehrt hatte, und zu dem, was die
Erwachsenen in meiner Gegenwart bekannten; dieses Vertrauen
war aber sehr schwankend gewesen.

Ich erinnere mich, als ich elf Jahre alt war, kam ein Knabe, der
nun längst gestorben ist, Wolodja M., ein Gymnasiast, eines
Sonntags zu uns und erzählte uns als größte Neuigkeit eine Ent-
deckung, die am Gymnasium gemacht worden war. Die Entde-
ckung bestand darin, daß es keinen Gott gebe und daß alles, was
man uns lehrt, nichts als leere Erfindung sei. (Das war im Jahre
1838.) Ich erinnere mich, wie meine älteren Brüder sich für die

---

[1] Erste Ausgabe: I. Ich bin als vierter Sohn reicher Eltern zur Welt gekommen.
Meine Mutter starb, als ich erst anderthalb Jahr alt war. Ich zählte neun Jahre, als
mein Vater starb. Von allen Seiten ist mir gesagt worden, daß mein Vater und
meine Mutter gut, gebildet, mildherzig und gottesfürchtig gewesen sind. Nach
dem Tode des Vaters blieben wir unter der Obhut unserer Tanten. Zwei Tanten,
denen wir zuerst anvertraut wurden, waren sehr gutherzige, gottesfürchtige
Damen. Die dritte Tante, welche die Fürsorge für uns übernahm, als ich elf Jahre
alt war, und welche uns nach Kasánj überführte, war gleichfalls ein gutmütiges
Wesen (so urteilen Alle, die sie gekannt haben), und sehr fromm, so sehr, daß sie
ihr Leben im Kloster beschlossen hat; dabei aber war sie leichtsinnig und hoffärtig. In Kasánj habe ich auf ihren Antrieb die Universität bezogen, habe dieselbe
während dreier Jahre besucht und dann verlassen; als ich unabhängig geworden
war, zog ich auf das Landgut, das mir zugefallen war.

Neuigkeit interessierten und auch mich zur Beratung zuzogen, und wir alle, erinnere ich mich, gerieten in lebhafte Erregung und nahmen diese Mitteilung als etwas höchst Interessantes und durchaus Mögliches auf.

Ich erinnere mich ferner, daß wir alle, auch die Älteren, als mein älterer Bruder Dmitrij während seiner Universitätsstudien plötzlich mit der ihm eigenen Leidenschaftlichkeit sich dem Glauben hingab, jeden Gottesdienst besuchte, fastete und ein reines und sittliches Leben führte, ihn unaufhörlich verspotteten und ihm den Beinamen „Noah" gaben. Ich erinnere mich, wie Mussin Puschkin, der damals Kurator der Universität von Kasánj war, uns zu einem Balle einlud und meinem Bruder, der absagte, in spöttischer Weise zuredete, da ja auch David vor der Bundeslade getanzt habe. Diese Späße der Älteren hatten damals meinen Beifall, und ich zog aus ihnen den Schluß, daß man den Katechismus lernen und in die Kirche gehen müsse, daß man das alles aber nicht allzu ernst zu nehmen brauche. Ich erinnere mich ferner, daß ich in sehr jungen Jahren Voltaire las und daß mich seine Spöttereien nicht nur nicht empörten, sondern sogar erheiterten.[2]

Mein Abfall vom Glauben vollzog sich ganz so,[3] wie er sich stets bei Leuten von unserer Bildungsschicht vollzogen hat und noch gegenwärtig vollzieht. Er vollzieht sich, wie ich glaube, in der Mehrzahl der Fälle so: man lebt, wie alle leben, und alle leben auf Grund von Prinzipien, die nicht nur nichts mit der Glaubenslehre gemein haben, sondern ihr meistens widersprechen; die Glaubenslehre hat keinen Anteil an unserem Leben; weder in unseren Beziehungen mit anderen Menschen stoßen wir auf sie, noch setzen wir uns selbst in unserem eigenen Leben mit ihr auseinander; zur Glaubenslehre bekennt man sich dort, irgendwo,

---

[2] Ferner erinnere ich mich, wie ich im Frühjahre am Tage jenes Examens (es ist nicht recht klar, worauf die beiden Worte „jenes Examens" Bezug nehmen. Offenbar hatte das von Samson-Himmelstjerna benutzte Manuskript Lücken. Anm. d. Herausgebers) am Schwarzsee promeniert bin und zu Gott gebetet habe, er möge mich das Examen bestehen lassen; und als ich die Katechismus-Texte auswendig lernte, sah ich es klar ein, daß dieser ganze Katechismus – Lüge sei.
[3] Jedenfalls in etwas komplizierterer Weise.

fern vom Leben und unabhängig von ihm. Stößt man einmal auf sie, so geschieht es nur wie auf eine äußere, mit dem Leben nicht innerlich verbundene Erscheinung.

An dem Leben des Menschen, an seinen Handlungen kann man jetzt so wenig wie in früheren Zeiten erkennen, ob jemand gläubig ist oder nicht. Giebt es überhaupt einen Unterschied zwischen einem Menschen, der sich offen zum orthodoxen Glauben bekennt, und einem, der ihn leugnet, so ist er nicht zu gunsten des ersteren. Wie in vergangener Zeit, begegnet man auch jetzt der offenen Anerkennung und Bekennung des orthodoxen Glaubens meist bei stumpfen, grausamen Menschen, die sich selbst für höchst bedeutend halten. Verstand aber, Ehrenhaftigkeit, Geradheit, Herzensgüte und Sittlichkeit trifft man meist bei Menschen, die sich selbst für ungläubig erklären.

In den Schulen lehrt man den Katechismus und führt die Schüler in die Kirche; von den Beamten fordert man Zeugnisse über den Besuch des Abendmahls. Aber der Mensch unserer Gesellschaftsklasse, der nicht mehr Schüler ist und kein Amt im Staatsdienst inne hat, kann in der Gegenwart, und konnte mehr noch in der Vergangenheit, Jahrzehnte durchleben, ohne auch nur ein einzigesmal daran zu denken, daß er unter Christen lebt und sich selbst als Bekenner des christlichen orthodoxen Glaubens ansieht.

So schmilzt jetzt und schmolz ehedem der vertrauensvoll überkommene und durch äußeren Zwang aufrechterhaltene Glaube allmählich unter dem Einfluß der Wissenschaften und der Lebenserfahrungen, die mit der Glaubenslehre im Widerspruch stehen, und der Mensch lebt häufig in der Vorstellung, es sei in ihm die Glaubenslehre, die ihm in der Kindheit übermittelt worden, unversehrt, während er sie längst bis auf die letzte Spur verloren hat.

Mir hat einmal S.[4], ein kluger und wahrhaftiger Mensch, erzählt, wie er aufgehört hat zu glauben. Er war schon sechsundzwanzig Jahre alt, als er einmal in einem Nachtquartier während

---

[4] Mein Bruder.

einer Jagd nach alter Kindheitsgewohnheit abends zum Gebete niederkniete. Sein älterer Bruder[5] der mit ihm auf der Jagd war, lag ausgestreckt auf dem Heu und sah ihm zu. Als S[6]. fertig war und sich niederlegen wollte, sagte sein Bruder zu ihm: „Du machst also immer noch die Sache?"

Weiter sprachen sie kein Wort miteinander. Und von diesem Tage an hörte S. auf zu beten und die Kirche zu besuchen. Und nun sind es dreißig Jahre her, daß er nicht betet, nicht das Abendmahl nimmt und nicht die Kirche besucht. Und nicht etwa, weil er die Überzeugung seines Bruders gekannt und sie sich zu eigen gemacht hatte, nicht etwa, weil er in seiner Seele zu einem bestimmten Entschluß gekommen war, sondern nur, weil das Wort, das der Bruder gesprochen, gleichsam wie ein Fingerstoß an eine Wand war, die durch die eigene Schwere zum Fallen geneigt war; das Wort war nur ein Hinweis darauf gewesen, daß dort, wo, nach seiner Meinung, der Glaube in ihm wohnte, schon längst ein leerer Raum gewesen war, und daß daher die Worte, die er flüstert, die Bekreuzigungen, die Kniebeugungen während des Gebets völlig sinnlose Handlungen seien.[7] Er hatte ihre Sinnlosigkeit erkannt und konnte sie nun nicht mehr ausüben.

So ging es, und so geht es, denke ich, der ungeheuren Mehrzahl der Menschen. Ich spreche von Menschen unserer Bildung, von Menschen, die gegen sich selbst aufrichtig sind, und nicht von denen, die aus dem Glauben ein Mittel zur Erreichung irdischer Zwecke machen. (Diese Menschen sind die echten Ungläubigen, denn ist der Glaube für sie ein Mittel zur Erreichung irgendwelcher weltlicher Zwecke, so ist er doch sicherlich kein Glaube.) Diese Menschen unserer Bildung befinden sich in solcher Lage: Das Licht des Wissens und des Lebens hat das künst-

---

[5] Nikolaj.

[6] Ssergej.

[7] Eben dies war auch der Fall bei jener Tante, die uns in Kasánj erzogen hatte. Ihr ganzes Leben war sie fromm gewesen. Aber als sie fast achtzig Jahre alt, zum Sterben kam, wollte sie nicht das Abendmahl nehmen. Den Tod fürchtend, ärgerte sie sich über Alle darum, weil sie leide und hinsterbe, und offenbar erst vor dem Tode hat sie es eingesehen, daß Alles, was sie im Leben gethan hatte, unnötig gewesen war.

liche Gebäude schmelzen lassen; die einen haben das schon bemerkt und haben den Platz abgeräumt, andere haben es noch nicht bemerkt.

Die Glaubenslehre, die mir von Kindheit an überliefert war, entschwand mir ebenso wie anderen, nur mit dem Unterschiede, daß mir die Lossagung von der Glaubenslehre sehr früh zum Bewußtsein kam, weil ich mit fünfzehn Jahren philosophische Schriften zu lesen begann. Ich hörte mit sechzehn Jahren auf, zu beten, und hörte aus eigenem Antriebe auf, die Kirche zu besuchen und mich zum Abendmahl vorzubereiten. Ich glaubte nicht an das, was man mir von Kindheit an überliefert hatte, aber ich glaubte an ein Etwas. An was ich glaubte, hätte ich unmöglich in Worten sagen können. Ich glaubte auch an Gott, oder richtiger, ich leugnete Gott nicht; aber an was für einen Gott ich glaubte, hätte ich nicht sagen können; ich leugnete auch Christus und seine Lehre nicht, aber worin seine Lehre bestand, hätte ich auch nicht sagen können.

Wenn ich jetzt an diese Zeit zurückdenke, sehe ich klar, daß mein Glaube – das, was neben den animalischen Instinkten mein Leben bewegte – mein einziger wahrer Glaube zu jener Zeit, der Glaube an die Vervollkommnung war. Worin aber die Vervollkommnung bestand und was ihr Ziel war, hätte ich nicht sagen können. Ich bemühte mich, mich geistig zu vervollkommnen – ich lernte alles, was ich konnte und was mir das Leben zuführte; ich bemühte mich, meinen Willen zu vervollkommnen; ich stellte mir Lebensregeln zusammen und bemühte mich, sie zu befolgen; ich vervollkommnete mich körperlich durch allerlei Übungen, indem ich meine Kraft und meine Geschicklichkeit förderte, und mich durch allerlei Entbehrungen zu der Fähigkeit des Ertragens und des Duldens erzog. Und all dies betrachtete ich als Vervollkommnung. Die Grundlage bildete selbstverständlich die sittliche Vervollkommnung. An ihre Stelle trat aber bald die Vervollkommnung im allgemeinen, d. h. der Wunsch, nicht vor mir selber oder vor Gott, sondern der Wunsch, vor anderen Menschen besser zu sein. Und sehr bald trat an die Stelle dieses Strebens, vor den Menschen besser zu sein, der Wunsch, stärker zu sein, als die anderen Menschen, d. h. berühmter, bedeutender, reicher zu sein, als die anderen.

2 |

Ich gedenke einmal die Geschichte meines Lebens zu erzählen, die in diesen zehn Jahren meiner Jugend rührend und lehrreich zugleich ist. Ich glaube, viele, sehr viele haben ganz dasselbe erlebt. Ich hatte in tiefster Seele den Wunsch gut zu sein, aber ich war jung, ich besaß Leidenschaften, und ich stand allein, ganz allein, als ich das Gute suchte. Immer, wenn ich versuchte, in Worten das auszudrücken, was meinen sehnlichsten Wunsch bildete, daß ich nämlich ein sittlich-guter Mensch sein wollte, begegnete ich der Verachtung und der Verspottung; und so oft ich mich häßlichen Leidenschaften ergab, wurde ich gelobt und angeeifert.

Ehrgeiz, Herrschsucht, Eigennutz, Wollust, Stolz, Zorn, Rachsucht, all das stand in Ansehen. Ergab ich mich diesen Leidenschaften, so wurde ich den Erwachsenen ähnlich und fühlte, daß man mit mir zufrieden war. Meine gute Tante, bei der ich wohnte, das reinste Geschöpf, pflegte mir immer zu sagen, sie wünschte für mich nichts so sehr, als ein Verhältnis mit einer verheirateten Frau: *„Rien ne forme un jeune homme, comme une liaison avec une femme comme il faut"*; auch noch ein zweites Glück wünschte sie für mich, daß ich nämlich Adjutant würde, und am liebsten beim Kaiser; und das allerhöchste Glück – daß ich ein sehr reiches Mädchen heiratete, und daß ich infolge dieser Heirat möglichst viel Leibeigene hätte.

Ich kann nicht ohne Entsetzen, ohne Abscheu, ohne tiefen Schmerz im Herzen an diese Jahre zurückdenken. Ich habe im Kriege Menschen getötet, ich habe zum Zweikampf gefordert, um zu töten; ich habe Geld im Kartenspiel vergeudet, habe die Arbeit der Bauern verschlemmt, ich habe sie gezüchtigt, habe ein ausschweifendes Leben geführt, habe betrogen. Lüge, Diebstahl, Wollust jeder Art, Völlerei, Vergewaltigung, Totschlag … kein

Verbrechen, das ich nicht begangen hätte. Und für all dies lobten mich meine Genossen, hielten sie mich und halten sie mich für einen verhältnismäßig sittlichen Menschen.

So habe ich zehn Jahre gelebt.

Um diese Zeit begann ich meine schriftstellerische Thätigkeit – aus Eitelkeit, Eigennutz und Stolz. In meinen Schriften that ich, was ich in meinem Leben that. Um Ruhm und Geld zu haben, um derentwillen ich schrieb, mußte das Gute unterdrückt, das Häßliche ausgesprochen werden. Und so that ich denn auch. Wie oft suchte ich künstlich in meinen Schriften unter dem Scheine der Gleichgültigkeit, ja des leichten Spottes, jenes Hinstreben zum Guten zu verschleiern, das den Sinn meines Lebens bildete. Und was erreichte ich damit? Daß man mich lobte.

Mit sechsundzwanzig Jahren kam ich nach dem Kriege nach Petersburg und wurde mit Schriftstellern bekannt. Man nahm mich als ebenbürtigen Genossen auf und schmeichelte mir. Und ich hatte noch nicht Zeit gehabt, mich umzusehen, als ich die zünftigen Lebensanschauungen dieser Menschen, mit denen ich verkehrte, mir zu eigen gemacht hatte, die alle meine früheren Versuche der Veredelung vollends[8] vernichteten. Diese Anschauungen boten meinem ausschweifenden Leben die Stütze einer Theorie, die es rechtfertigte.

Die Lebensanschauung dieser Menschen, meiner Kameraden im Schriftstellerberuf, bestand darin, daß das Leben im allgemeinen sich fortschreitend entwickele, daß an dieser Entwickelung wir, die Männer der Gedankenarbeit, den größten Anteil hätten, und unter den Männern der Gedankenarbeit den größten Einfluß wir – die Künstler, die Poeten. Unser Beruf sei es, die Menschen zu belehren. Damit sich uns aber nicht die natürliche Frage aufdrängte: Was weiß ich, und was kann ich also lehren? legte

---

[8] … wie sie an Stelle fast aller meiner früheren Bestrebungen nach Veredelung traten. Ich sage: „fast aller": denn wie wohl es in den von Leidenschaften freien Augenblicken nicht eigentlich früheres Streben nach Veredelung gab, so empfand ich doch dunkel in jener Periode, daß mein Leben kein echtes sei, und ich suchte nach irgend einem Etwas. Bereits schrieb·ich nicht mehr Franklin'sche Tagebücher, ich saß nicht mehr zu Gericht über meine Vergehen, ich empfand keine Reue – mein Leben erschien mir so übel nicht.

diese Theorie dar, daß man dies nicht zu wissen brauche, und daß der Künstler und der Poet unbewußt lehre. Ich hielt mich für einen wunderbaren Künstler und Poeten, und darum war es für mich selbstverständlich, daß ich mir diese Theorie aneignete. Ich, der Künstler, der Poet, schrieb und lehrte, ohne zu wissen was. Ich erhielt dafür Geld, ich hatte vortreffliches Essen, eine schöne Wohnung, Weiber, Verkehr; ich war berühmt. So mußte also das, was ich lehrte, sehr gut sein.

Dieser Glaube an die Bedeutung der Poesie und an die Fortentwickelung des Lebens war ein Glaube, und ich war einer seiner Priester. Es war höchst vorteilhaft und angenehm, sein Priester zu sein. Und so lebte ich recht lange in diesem Glauben, ohne je an seiner Wahrhaftigkeit zu zweifeln. Im zweiten, besonders aber im dritten Jahre dieses Lebens fing ich an, an der Unfehlbarkeit dieses Glaubens zu zweifeln, und begann ihn zu erforschen. Die erste Anregung zum Zweifel war die Wahrnehmung, daß die Priester dieses Glaubens untereinander nicht alle einig waren. Die einen sagten: Wir sind die besten und nützlichsten Lehrer, wir lehren, wie man muß, und die anderen lehren falsch. Die anderen sagten: Nein, wir sind die echten, und ihr lehret falsch. Und sie stritten, zankten, schimpften, betrogen und verspotteten einer den anderen. Zudem waren unter uns viele, die sich gar keine Sorge darum machten, wer Recht hatte, wer nicht, die mit dieser unserer Thätigkeit einfach ihre eigennützigen Zwecke verfolgten. All dies regte zum Zweifel an der Wahrhaftigkeit unseres Glaubens an.

Nachdem ich an der Wahrhaftigkeit dieses Schriftsteller-Glaubens selbst zu zweifeln begonnen, fing ich überdies an, aufmerksamer seine Priester zu beobachten und überzeugte mich, daß fast alle Priester dieses Glaubens, die Schriftsteller, unsittliche und zum größten Teil schlechte, charakterlose Menschen waren, daß sie weit tiefer standen, als die Menschen, denen ich in meinem früheren lockeren Leben und in meinen Soldatenjahren begegnet war, daß sie selbstbewußt und selbstgerecht waren, wie es nur ganz Heilige sein können oder solche Menschen, die gar nicht wissen, was Heiligkeit ist. Ich empfand Abscheu vor diesen Menschen und Abscheu vor mir selber, und ich begriff, daß dieser Glaube eine Täuschung war.

Und doch, seltsam! obgleich ich diese ganze Lüge früh erkannte und mich von ihr lossagte, sagte ich mich doch von dem Range, den mir diese Menschen verliehen hatten – dem Range eines Künstlers, eines Poeten, eines Lehrers – nicht los. Ich hatte die naive Vorstellung, ich sei ein Poet, ein Künstler, und könne alle belehren, ohne selbst zu wissen, was ich lehre. Und so handelte ich auch.

Aus dem Verkehr mit diesen Menschen nahm ich ein neues Laster an – einen bis zur Krankhaftigkeit gesteigerten Dünkel und die wahnwitzige Überzeugung, ich sei berufen, die Menschen zu lehren, ohne selbst zu wissen, was.

Wenn ich jetzt an diese Zeit zurückdenke, an meine Gemütsverfassung in jenen Tagen und an die Gemütsverfassung jener Menschen (auch jetzt giebt es solche übrigens zu Tausenden), so ist mir weh, schrecklich und lächerlich zu Mute – überkommt mich ein Gefühl, wie man es in einem Irrenhause empfindet.

Wir alle waren damals überzeugt, wir müßten immer nur so schnell als möglich, so viel als möglich reden, schreiben, drucken, und all dies sei für das Wohl der Menschheit notwendig. Und Tausende von uns druckten, schrieben, belehrten andere, obwohl sie sich gegenseitig widersprachen und beschimpften. Wir beachteten nicht, daß wir nichts wußten, daß wir die einfachste Frage des Lebens: was ist gut, was schlecht? nicht zu beantworten verstanden, und redeten alle auf einmal, ohne daß der eine dem anderen zuhörte. Bald stimmte einer dem anderen zu, lobte einer den anderen, damit auch ihm zugestimmt werde und auch er gelobt werde, bald wieder reizte einer den anderen – ganz wie in einem Irrenhaus.

Tausende von Arbeitern arbeiteten Tag und Nacht mit Erschöpfung ihrer Kräfte, setzten und druckten Millionen Wörter, und die Post verbreitete sie über ganz Rußland, wir aber lehrten immer mehr und mehr, und es wollte uns nimmer gelingen, alles zu lehren. Wir hörten nicht auf, uns zu ärgern, daß man uns zu wenig Gehör schenkte.

Zum Entsetzen sonderbar, jetzt aber ist alles begreiflich. Unser innigster Herzenswunsch war, möglichst viel Geld und Anerkennung zu erlangen. Um dieses Ziel zu erreichen, wußten wir nichts Besseres zu thun, als Bücher und Zeitungen zu schreiben. Das thaten wir denn auch. Um aber ein so wertloses Geschäft treiben zu können und zugleich die Überzeugung zu haben, wir seien höchst bedeutende Menschen, brauchten wir noch eine Theorie, die unsere Thätigkeit rechtfertigte. Und so legten wir uns die Sache folgendermaßen zurecht: Alles, was ist, ist vernünftig. Und alles was ist, entwickelt sich beständig. Es entwickelt sich aber das alles vermittelst der Bildung. Die Bildung wiederum wird bestimmt durch das Maß der Verbreitung von Büchern, Zeitungen. Uns aber zahlt man mit Geld und Ehren dafür, daß wir Bücher und Zeitungen schreiben. Demnach sind wir die nützlichsten und besten Menschen. Diese Theorie wäre sehr schön gewesen, wenn wir alle einig gewesen wären; daß aber auf jeden Gedanken, den der eine aussprach, stets ein diametral entgegengesetzter kam, den der andere aussprach, hätte uns stutzig machen müssen. Das bemerkten wir aber nicht; man zahlte uns Geld, und Leute unserer Partei lobten uns, und so wähnten wir uns, und jeder einzelne sich, im Recht.

Jetzt ist es mir klar, es war ganz und gar wie in einem Irrenhause; damals aber ahnte ich das nur dunkel und hielt, wie alle Irrsinnigen, alle außer mir für irrsinnig.

3 |

So lebte ich dahin, noch sechs Jahre dieser Unvernunft hingegeben, bis zu meiner Verheiratung. Um diese Zeit reiste ich in's Ausland. Der Aufenthalt in Europa und mein Verkehr mit hervorragenden und gelehrten Männern europäischer Bildung bestärkte mich noch mehr in meinem Glauben an die allgemeine Vervollkommnung, in dem ich gelebt hatte; denn ich fand denselben Glauben auch bei ihnen. Dieser Glaube nahm bei mir die gewohnte Form an, die er bei der Mehrzahl der Gebildeten unserer Zeit hat. Er wurde durchs das Wort „Fortschritt" bezeichnet. Damals meinte ich, es sei mit diesem Worte etwas gesagt. Ich hatte damals noch nicht begriffen, daß ich, der wie jeder lebendige Mensch, bedrängt von den Fragen, wie ich besser lebe, mit der Antwort: Lebe dem Fortschritt gemäß! – ganz so antworte, wie ein Mensch, der in einem Kahne sitzt und von Wellen und Wind getrieben wird, auf die wichtigste, für ihn einzige Frage: Wohin steuern? ohne auf die Frage zu antworten, sagen würde: Es führt uns irgendwohin.

Damals merkte ich das nicht. Von Zeit zu Zeit empörte sich – nicht die Vernunft, sondern die Empfindung gegen diesen in unserer Zeit allgemein verbreiteten Aberglauben, durch den die Menschen die mangelnde Kenntnis des Lebens sich selbst verschleiern. So enthüllte mir, während meines Aufenthaltes in Paris, der Anblick einer Hinrichtung die Hinfälligkeit meines Fortschritt-Aberglaubens. Als ich sah, wie das Haupt sich vom Rumpfe trennte, und wie eines nach dem anderen auf den Boden der Kiste aufschlug, begriff ich, nicht mit dem Verstand, sondern mit meinem ganzen Wesen, daß keinerlei Theorie von der Vernünftigkeit des Seienden und des Fortschritts dieses Verbrechen rechtfertigen könne, und daß ich, wenn auch alle Menschen in der Welt, gleichviel nach welchen Theorien, von Erschaffung der Welt an gerechnet, je gefunden hätten: Dies sei notwendig – daß ich weiß: Es ist nicht notwendig, es ist schlecht. Und der Richter über das, was gut und notwendig ist, sind nicht die Worte und die Thaten der Menschen, auch nicht der Fortschritt, sondern ich mit meinem Herzen. Ein zweiter Fall, der mir die Unzulänglichkeit des Fortschritt-Aberglaubens für unser Leben zum Bewußtsein brachte, war der Tod meines Bruders. Er war ein guter, kluger, ernst strebender Mensch. Er erkrankte in jungen Jahren, litt über ein Jahr und starb in Qualen, ohne je begriffen zu haben, warum er gelebt, und noch weniger, warum er sterbe. Keine Theorie konnte ihm oder mir während seines langsamen und qualvollen Siechtums auf diese Frage eine Antwort geben. Aber das waren nur zerstreute Fälle von Zweifeln. Im Grunde setzte ich das alte Leben fort und bekannte mich stets zu dem Glauben an den Fortschritt „Alles entwickelt sich und auch ich entwickele mich, wozu ich mich mit allen zusammen entwickele, das wird sich schon zeigen." So hätte ich damals meinen Glauben formulieren müssen.

Als ich aus dem Ausland in die Heimat zurückkam, ließ ich mich auf dem Lande nieder und kam auf den Gedanken, mich mit Schulen für die Bauern zu beschäftigen. Diese Beschäftigung entsprach ganz besonders meiner Neigung, denn ihr wohnte nicht die mir offenbar gewordene Lüge inne, die mir schon während der Thätigkeit des litterarischen Belehrens in die Augen gestochen hatte. Hier wirkte ich auch im Namen des Fortschritts, aber ich verhielt mich schon kritisch zu dem Fortschritt selber. Ich sagte mir, der Fortschritt vollziehe sich in einigen seiner Erscheinungen ungesetzmäßig, und man müsse sich zu den Naturmenschen, den Bauernkindern, völlig frei verhalten, indem man sie den Weg des Fortschritts wählen läßt, den sie zu gehen wünschen. Im Grunde aber bewegte ich mich beständig im Kreise herum um eine und dieselbe ungelöste Aufgabe, die darin bestand, daß ich lehren wollte, ohne zu wissen was. In den höheren Sphären litterarischer Thätigkeit – das hatte ich begriffen – könne man nicht lehren, wenn man nicht wisse was; denn ich hatte gesehen, daß ein jeder etwas anderes lehrte und daß die Schriftsteller durch die Meinungsverschiedenheiten untereinander nur ihre eigene Unwissenheit verbargen; hier bei den Bauernkindern aber, glaubte ich, könne man dieser Schwierigkeit dadurch aus dem Wege gehen, daß man den Kindern überlasse zu lernen, was sie wollen. Jetzt kann ich nur mit Lächeln daran zurückdenken, wie ich mich unaufhörlich abquälte, um meine Lust am Lehren zu befriedigen, obwohl ich in innerster Seele sehr wohl wußte, daß ich nicht vermöchte, irgend etwas zu lehren, was nötig war, weil ich selbst nicht wußte, was nötig war. Nachdem ich mich ein Jahr lang der Schulthätigkeit gewidmet hatte, ging ich zum zweiten Male in's Ausland; dort gedachte ich zu erfahren, wie man es machen könnte, um die Fähigkeit zu gewinnen, andere zu belehren, wenn man selbst nichts weiß.

Und ich glaubte das im Ausland gelernt zu haben und kam,

ausgerüstet mit dieser Allweisheit, im Jahre der Aufhebung der Leibeigenschaft nach Rußland zurück; ich bekam die Stelle eines Friedensrichters und fing an zu lehren: das ungebildete Volk in Schulen und die Gebildeten in der Zeitschrift, die ich nun herausgab.[9] Es schien sich alles gut anzulassen; aber ich hatte das Gefühl, daß ich geistig nicht ganz gesund war, und daß es nicht lange so fortgehen könne. Und ich wäre vielleicht damals zu der Verzweiflung gekommen, zu der ich fünfzehn Jahre später kam, wenn mir nicht noch eine Seite des Lebens geblieben wäre, die ich noch nicht erforscht hatte und die mir Rettung verhieß: das Familienleben.

Ein Jahr lang beschäftigte ich mich in dem Amt des Friedensvermittlers, mit den Schulen und der Zeitschrift; und der Gedanke, daß ich keinen Ausweg fand, peinigte mich so sehr, der Kampf im Vermittleramt wurde mir so schwer, meine Thätigkeit in den Schulen schien mir so verworren, mein unsicheres Hin- und Herschwanken in der Zeitschrift, das immer und immer nur darin bestand, daß ich den Wunsch hatte, alle zu belehren und zu verschleiern, daß ich nicht weiß, was ich zu lehren hätte, wurde mir so widerwärtig – daß ich erkrankte, und zwar mehr geistig als körperlich, und daß ich alles aufgab und in die Steppe zu den Baschkiren ging, um in freier Luft zu atmen, Stutenmilch zu trinken und ein rein animalisches Leben zu führen.

Als ich von dort heimkehrte, heiratete ich. Die neuen Verhältnisse eines glücklichen Familienlebens zogen mich vollständig von jedem Forschen nach einem allgemeinen Sinne des Lebens ab. Mein ganzes Leben fand in dieser Zeit seinen Mittelpunkt in der Familie, der Frau, den Kindern, und, um ihretwillen, in der Sorge um die Vergrößerung der Mittel zum Haushalt. An die Stelle des Strebens nach Vervollkommnung – an dessen Stelle

---

[9] T. spricht von der pädagogischen Zeitschrift, der er den Titel seines Gutes gab, auf dem er auch die Schulen hielt: Jasnaja Poljana. Die Zeitschrift und die kleinen Heftchen, die Schülerarbeiten enthielten und ihr beigelegt waren, sind heute schon eine große Seltenheit geworden. Die wichtigeren Aufsätze der Zeitschrift sind aber im 4. Bande der russischen Ausgabe der Werke Tolstojs wieder gedruckt worden. Anm. d. Herausgebers.

schon früher unmerklich ein Streben nach Vervollkommnung im allgemeinen, nach dem Fortschritt getreten war – trat jetzt geradezu ein Streben nach möglichst großem Wohlbefinden meiner Person und meiner Familie.

So vergingen weitere fünfzehn Jahre.

Obgleich ich die schriftstellerische Thätigkeit während dieser fünfzehn Jahre für etwas Unnützes ansah, hörte ich doch nicht auf, schriftstellerisch thätig zu sein. Ich hatte eben die Verlockungen der schriftstellerischen Thätigkeit, die Verlockungen außerordentlich großer Geldentschädigung und Beifalls für meine geringfügige Leistung gekostet und ergab mich ihr als einem Mittel zur Verbesserung meiner äußeren Lage und zur Betäubung aller Fragen über den Sinn meines Lebens und des Lebens im allgemeinen, die in meiner Seele auftauchten.

Nun lehrte ich in meinen Schriften, was für mich die einzige Wahrheit war: daß man nämlich so leben müsse, daß man es selber mit seiner Familie so gut als möglich habe. So lebte ich dahin. Aber vor fünf Jahren ging mit mir etwas höchst Seltsames vor: es überkamen mich Augenblicke des Zweifels, förmlichen Stillstands des Lebens; mir war, als wüßte ich nicht, wie ich leben sollte, was ich thun sollte – ich verlor das Gleichgewicht und verfiel in Schwermut.[10] Aber das ging vorüber, und ich lebte wieder wie vorher. Dann wiederholten sich diese Augenblicke des Zweifels immer häufiger und häufiger und stets in der gleichen Weise. Diese Augenblicke des Stillstands meines Lebens drückten sich immer in denselben Fragen aus: Wozu? Und was dann?

Anfangs glaubte ich, es seien dies zwecklose, thörichte Fragen. Ich glaubte, all das sei bekannt; und wollte ich mich erst einmal mit ihrer Lösung beschäftigen, so würde mir das keine Mühe machen – jetzt aber hätte ich keine Zeit, mich damit zu beschäftigen; wenn ich aber einmal Lust habe, finde ich auch die Ant-

---

[10] Anfangs kam sie nur vorübergehend – im Leben gab ich mich den früheren Gewohnheiten hin, ich lehrte auch –, dann aber immer häufiger und darauf, zur Zeit, da ich schrieb und mein Buch „Anna Karenina" geendet hatte, stieg meine Verzweiflung so weit, daß ich nichts anderes thun konnte als nur denken, nur denken an die entsetzliche Lage, in der ich mich befand.

worten. Aber immer häufiger, immer häufiger tauchten die Fragen von neuem auf, heischten immer dringlicher eine Antwort; wie Punkte, die unaufhörlich auf eine Stelle niederfallen, ballten sich diese Fragen ohne Antworten zu einem schwarzen Fleck zusammen.

Es ging mir, wie es jedem ergeht, der an einem inneren Leiden erkrankt. Erst erscheinen geringfügige Anzeichen einer Unpäßlichkeit, der der Kranke keine Aufmerksamkeit schenkt, dann wiederholen sich diese Anzeichen immer häufiger und häufiger und fließen zu einem zeitlich unteilbaren Leiden zusammen. Das Leiden wächst, und der Kranke hat kaum Zeit, sich zu besinnen, da erkennt er schon, daß das, was er für eine Unpäßlichkeit gehalten hat, das ist, was ihm das Bedeutungsvollste in der Welt ist – der Tod.

Ganz so erging es auch mir. Ich begriff, es handle sich nicht um eine zufällige Unpäßlichkeit, sondern um etwas sehr Gewichtiges, und man müsse, wenn dieselben Fragen immer wieder auftauchen, Antworten für sie haben. Und ich gab mir Mühe, die Antwort zu finden. Die Fragen schienen so thöricht, so einfältig, so kindisch zu sein. Aber kaum war ich ihnen nähergetreten und hatte versucht, sie zu lösen, als ich mich auch gleich davon überzeugte, daß es erstens nicht kindische und thörichte, sondern die wichtigsten und tiefsten Fragen im Leben seien, und zweitens, daß ich sie durchaus und durchaus nicht lösen könne, so viel ich auch darüber nachdachte. Bevor ich mich mit meinem Besitztum im Ssamaragebiet, mit der Erziehung meines Sohnes, mit der Abfassung von Büchern beschäftigte, müßte ich wissen, wozu ich das thue. Bevor ich nicht weiß – wozu, kann ich nichts thun, kann ich nicht leben. Mitten in meinen Gedanken an die Wirtschaft, die mich um diese Zeit sehr beschäftigten, schoß mir plötzlich die Frage durch den Kopf: „Schön, du wirst sechstausend Morgen besitzen in der Provinz Ssamara und dreihundert Pferde, und was weiter? …" Und ich stand regungslos da und wußte nicht, was ich weiter denken sollte. Oder wenn ich darüber nachdachte, wie ich die Kinder erziehe, sagte ich mir: „Wozu?" Oder wenn ich Erwägungen darüber anstellte, wie das

Volk den höchsten Wohlstand erreichen könnte, sagte ich plötzlich zu mir selber: „Was beschäftigt das dich?" Oder wenn ich an den Ruhm dachte, den mir meine Werke eintragen werden, sagte ich mir: „Nun gut, du wirst berühmter sein als Gogol, als Puschkin, als Shakespeare, als Molière, als alle Schriftsteller der Welt – nun, und dann!" … Und ich konnte nichts, gar nichts antworten. Die Fragen warten nicht, sie heischen auf der Stelle eine Antwort; hat man die Antwort nicht, so kann man nicht leben. Und eine Antwort giebt es nicht.

4 |

Mein Leben stand still. Ich konnte atmen, essen, trinken, schlafen, und war nicht im stande, nicht zu atmen, nicht zu essen, nicht zu trinken, nicht zu schlafen ; aber Leben war das nicht, denn es fehlten die Wünsche, deren Befriedigung ich für vernünftig gehalten hätte. Wenn ich einen Wunsch hatte, so wußte ich vorher: ob ich ihn befriedige oder nicht befriedige, es kommt doch nichts dabei heraus. Wäre mir eine Fee erschienen, bereit, meine Wünsche zu erfüllen, ich hätte nicht gewußt, was ich ihr sagen sollte. Habe ich auch in trunkenen Augenblicken nicht Wünsche, aber doch die Gewohnheit früherer Wünsche, so weiß ich in Augenblicken der Nüchternheit, daß dies nur eine Täuschung ist, daß es nichts zu wünschen giebt. Ich konnte nicht einmal wünschen, die Wahrheit zu erkennen, da ich doch zu wissen glaubte, worin sie besteht. Die Wahrheit war: das Leben ist eine Sinnlosigkeit. Ich lebte gleichsam so dahin, ging und ging meinen Weg, war an einen Abgrund gekommen und sah deutlich, daß nichts vor mir lag, als das Verderben. Ein Stillstehen war unmöglich, ein Zurück war unmöglich. Es war auch unmöglich, die Augen zu schließen, um nicht zu sehen, daß nichts als Leiden und der leibhaftige Tod vor mir lag – die völlige Vernichtung.

Und so kam es, daß ich – ein gesunder, glücklicher Mensch – die Empfindung hatte, ich könne nicht mehr leben; eine unüberwindliche Macht trieb mich, auf irgend eine Art mich vom Leben zu befreien. Ich kann nicht sagen, daß ich mich habe töten wollen. Die Macht, die mich trieb, das Leben zu lassen, war stärker, wuchtiger, umfassender, als das Wollen. Es war eine Kraft, dem früheren Triebe zum Leben ähnlich, nur in umgekehrter Richtung. Ich strebte mit allen Kräften fort vom Leben. Der Gedanke an Selbstmord kam mir ebenso natürlich, wie mir früher die Gedanken an die Verbesserung meines Lebens gekommen waren. Dieser Gedanke war so verlockend, daß ich allerlei Kunstgriffe gegen mich selbst anwenden mußte, um ihn nicht voreilig zur Ausführung zu bringen. Ich wollte nur deshalb nicht eilen, weil ich nichts unversucht lassen wollte, um Klarheit in diese Wirrnis zu bringen. Würde mir das nicht gelingen, konnte ich es ja immer noch thun. Ja, ich, ein glücklicher Mensch, verbarg damals jede Schnur, damit ich mich nicht an der Querleiste zwischen den Schranken in meinem eigenen Zimmer erhängte, in dem ich jeden Abend mich auskleidete, damit ich mich durch die allzu leichte Art nicht verführen ließ, mich vom Leben zu befreien. Ich wußte selbst nicht, was ich wollte: ich fürchtete das Leben, strebte von ihm fort und erhoffte bei alledem immer noch etwas von ihm.

Und das geschah mir zu einer Zeit, in der mir von allen Seiten das geworden war, was man ein vollkommenes Glück nennt: es war damals, als ich noch nicht 50 Jahre alt war. Ich hatte eine gute Frau, die mich liebte und die ich liebte, liebe Kinder, ein großes Besitztum, das ohne Mühe meinerseits wuchs und sich vergrößerte. Ich war geachtet von nahen Freunden und Bekannten, mehr als je zuvor, wurde von Fremden mit Lob überschüttet und konnte ohne besondere Selbsttäuschung sagen, mein Name sei berühmt. Zudem war ich nicht nur nicht gestört oder geistig krank – im Gegenteil, ich erfreute mich einer geistigen und körperlichen Kraft, wie ich sie selten bei meinen Altersgenossen gefunden habe: körperlich konnte ich beim Mähen mit den Bauern um die Wette arbeiten; geistig konnte ich 8–10 Stunden ununterbrochen thätig sein, ohne die geringsten Folgen solcher Anstrengung zu spüren. Und in solcher Lage kam ich soweit, daß ich nicht leben konnte, und daß ich bei aller Todesfurcht allerlei

Kunstgriffe gegen mich selbst anwenden mußte, um mich nicht des Lebens zu entledigen.

Dieser Seelenzustand drückte sich für mich so aus: Dieses Leben ist nichts als ein dummer, böser Spaß, den sich jemand mit mir erlaubt hat. Obgleich ich einen „Jemand", der mich erschaffen hätte, nicht anerkannte, war doch diese Form der Vorstellung, daß jemand sich mit mir einen bösen und dummen Spaß gemacht hätte, als er mich in die Welt setzte, mir die allernatürlichste Form der Vorstellung.

Unwillkürlich stellte ich mir vor, daß dort, irgend wo, irgend jemand ist, der jetzt spöttisch lacht, wenn er zusieht, wie ich volle 30–40 Jahre gelebt habe, lernend, mich entwickelnd, an Körper und Geist wachsend, und wie ich jetzt, wo mein Verstand seine volle Reife erlangt hat und ich zu der Höhe des Lebens emporgestiegen bin, von der man es ganz überschaut, wie ich, ein Narr der Narren, auf diesem Gipfel stehe mit der klaren Erkenntnis, daß im Leben nichts ist, nichts war und nichts sein wird. „Und er lacht."

Ob nun aber dieser Jemand ist oder nicht, der über mich lacht – das macht mir's nicht leichter. Ich konnte nicht einer einzigen Handlung in meinem ganzen Leben irgend einen vernünftigen Sinn beimessen. Ich war nur darüber erstaunt, daß ich das nicht von Anfang an hatte begreifen können. All dies ist uns allen schon lange bekannt. Heute, morgen kommen Krankheit, Tod über die Menschen, die ich liebe, über mich (und sie waren auch schon gekommen) und nichts bleibt von ihnen übrig als Gestank und Gewürm. Meine Thaten, sie mögen sein wie sie wollen, werden früher oder später vergessen sein und auch ich werde nicht sein. Wozu also all die Mühsal? Wie der Mensch dies nicht sehen kann und leben – das ist das Erstaunliche! Leben kann man nur, so lange man vom Leben berauscht ist; sobald man ernüchtert ist, muß man sehen, daß all dies nur Täuschung ist, und eine dumme Täuschung! Da liegt's. Es ist nicht einmal etwas Komisches oder Witziges darin; es ist einfach grausam und dumm.

Wer kennt nicht das morgenländische Märchen von dem Reisenden und dem reißenden Tiere, das ihm in der Wüste begegnet. Um sich vor dem Raubtier zu retten, springt der Reisende in einen wasserlosen Brunnen. Da sieht er auf dem Grunde des Brunnens einen Drachen, der seinen Rachen aufthut, um ihn zu verschlingen. Der Unglückliche, der es nicht wagt hinaufzuklettern, um nicht von dem reißenden Tiere zerrissen zu werden, der aber auch nicht wagt, auf den Grund des Brunnens hinabzuspringen, um nicht von dem Drachen verschlungen zu werden, ergreift die Zweige eines Strauches, der in einer Felsspalte des Brunnens wächst, und hält sich daran fest. Seine Hände erschlaffen und er fühlt, er würde in kurzer Zeit dem Verderben preisgegeben sein, das von beiden Seiten seiner wartet; aber er hält sich immer noch fest. Da sieht er, wie zwei Mäuse, eine schwarze und eine weiße, in gleichem Takt um den Stamm des Strauches, an dem er hängt, herumlaufen und ihn benagen. Einen Augenblick noch, und der Strauch muß sich losreißen und in den Rachen des Ungeheuers stürzen. Der Reisende sieht das und weiß, daß er unrettbar verloren ist; aber so lange er noch in der Luft schwebt, schaut er suchend umher. Er findet an den Blättern des Strauches Honigtropfen, er streckt die Zunge nach ihnen und leckt sie auf. – Ganz so halte ich mich an den Zweigen des Lebens, obwohl ich weiß, daß der Drachen des Todes unvermeidlich meiner harrt, bereit, mich zu zerfleischen, und ich kann es nicht begreifen, warum ich auf diese Qual verfallen bin. Und ich versuche, den Honig aufzusaugen, der mir bisher Trost gegeben; der Honig aber gewährt mir keine Freude mehr; die weiße und die schwarze Maus benagen Tag und Nacht den Zweig, an dem ich mich halte. Ich sehe deutlich den Drachen, und der Honig dünkt mich nicht mehr süß. Ich sehe nur das – den unvermeidlichen Drachen und die Mäuse – und ich kann den Blick nicht von ihnen wenden. Und das ist kein Märchen, das ist echte, unwiderlegliche und für jedermann faßliche Wahrheit.

Die frühere Täuschung durch die Freuden des Lebens, die das Entsetzen vor dem Drachen betäubt hatte, täuscht mich nicht mehr. So oft man mir auch sagt: „Du kannst den Sinn des Lebens nicht erfassen, denke nicht, lebe" – ich kann das nicht, weil ich es nur allzulange bis dahin gethan habe. Jetzt kann ich nicht anders, als den Tag und die Nacht sehen, die vorübereilen und mich dem Tode entgegenführen. Ich sehe nur dieses Eine, denn dieses Eine ist – die Wahrheit. Alles übrige ist Lüge.

Die beiden Tropfen Honig, die länger als die andern meine Augen von der grausamen Wahrheit abgelenkt hatten, die Liebe zu meiner Familie und zu dem Schriftsteller-Beruf, den ich eine Kunst nannte, schienen mir nicht mehr süß.

„Die Familie – sagte ich mir – ja, die Familie, meine Frau, meine Kinder, sie sind auch Menschen; sie stehen unter den gleichen Lebensbedingungen wie ich: sie müssen entweder in der Lüge leben oder die entsetzliche Wahrheit sehen. Wozu also sollen sie leben? Wozu soll ich sie lieben, schützen, erziehen, versorgen? Zu derselben Verzweiflung, die mich erfaßt hat, oder zu stumpfem Dahinleben? Da ich sie liebe, kann ich ihnen die Wahrheit nicht verbergen, denn jeder Schritt in der Erkenntnis führt sie dieser Wahrheit näher. Die Wahrheit aber ist – der Tod."

„Die Kunst, die Poesie" … Lange habe ich unter dem Einfluß des Erfolges und der Anerkennung der Menschen mich zu überreden gesucht, das sei eine Sache, der man sich widmen müsse, unbekümmert darum, daß einst der Tod kommt, der alles vernichtet – meine Werke und die Erinnerung an sie; bald aber sah ich, daß auch dies eine Täuschung war. Mir wurde klar, die Kunst ist eine Verschönerung des Lebens, eine Anlockung zum Leben. Das Leben aber hatte für mich seine Verlockung verloren, wie kann ich andere verlocken? So lange ich nicht durch eigenes Leben lebte, sondern fremdes Leben mich auf seinen Wellen trug, so lange ich glaubte, das Leben habe einen Sinn, wenn ich ihn auch nicht in Worte fassen kann, gewährte mir jede Widerspiegelung des Lebens in Dichtung und Künsten Genuß. Mit Freuden sah ich das Leben in diesem Spiegel der Kunst; nachdem ich aber begonnen hatte, den Sinn des Lebens auszuforschen, nachdem ich die Notwendigkeit des eigenen Lebens empfunden hatte, wurde für mich dieser Spiegel entweder unnötig, überflüssig und lächerlich, oder qualvoll. Ich konnte nicht mehr Trost darin finden, daß ich im Spiegel sah, wie dumm und verzweifelt meine Lage war. Ich konnte wohl noch einen Genuß haben, als ich im Innersten der Seele davon überzeugt war, daß mein Leben einen Sinn habe. Da hatte das Spiel der Lichter – des Komischen, Tragischen, Rührenden, Schönen, Entsetzlichen im Leben – Freude für mich; nun aber, da ich wußte, daß das Leben sinnlos und entsetzlich sei, konnte mich das Spiel im Spiegel nicht mehr unterhalten. Keine Süßigkeit des Honigs konnte mir süß sein, nachdem ich den Drachen gesehen und die Mäuse, die an meinem Stützpunkt beständig nagten.

Aber nicht genug an dem. Wenn ich einfach begriffen hätte, daß das Leben keinen Sinn habe, so hätte ich das ruhig wissen können, ich hätte wissen können, daß dies mein Schicksal sei. Ich konnte mich aber dabei nicht beruhigen. Wäre ich gewesen, wie ein Mensch, der in einem Walde lebt, aus dem es, wie er weiß, keinen Ausweg giebt, so hätte ich leben können; ich war aber wie ein Mensch, der sich im Walde verirrt hat und den ein Entsetzen überfallen hat, weil er verirrt ist, und der nun alle Anstrengungen macht, um wieder auf den richtigen Weg zu gelangen, – er weiß, daß jeder Schritt ihn tiefer in die Wirrnis hineinführt, aber er kann es nicht lassen, seine Anstrengungen fortzusetzen.

Das war das Entsetzliche. Um mich von diesem Entsetzen zu befreien, wollte ich mich töten. Ich empfand Entsetzen vor dem, was meiner wartet; ich wußte, daß dieses Entsetzen entsetzlicher war, als die Lage selber, aber ich war nicht im stande, das Ende geduldig abzuwarten. So überzeugend auch der Gedanke war, daß, ob nun ein Gefäß im Herzen zerreißt oder sonst etwas zerspringt, alles einmal endet – ich konnte nicht geduldig das Ende abwarten. Das Entsetzen vor der Finsternis war zu groß, und ich wollte mich, je schneller, je besser, durch eine Schlinge oder eine Kugel von ihm befreien. Dieses Gefühl trieb mich übermächtig zum Selbstmord.[11]

---

[11] Die erste Ausgabe hat einen ganz anderen Text, bietet jedoch im Inhalt ungefähr das Gleiche. Das Bild von dem im Walde verirrten Menschen ist dort ganz breit ausgeführt; während umgekehrt das Gleichnis vom Drachen und den Mäusen in ganz knapper Form gegeben ist. – Was bei uns in Kapitel IV steht, bildet in der ersten Ausgabe den größeren Teil von Kapitel V. Jedoch enthalten IV und V im Allgemeinen das Gleiche.

5

„Vielleicht aber habe ich etwas übersehen, etwas nicht verstanden?", sagte ich mir ein und das andere Mal. – „Es ist doch unmöglich, daß dieser Zustand der Verzweiflung den Menschen eigentümlich sein soll." Und ich suchte eine Aufklärung über meine Fragen in dem gesamten Wissen, das die Menschen errungen haben. Und ich suchte qualvoll und lange und nicht aus leerer Neugier, ich suchte nicht lässig, ich suchte qualvoll, hartnäckig, Tag und Nacht – ich suchte, wie ein untergehender Mensch nach Rettung sucht – und ich fand nichts.

Ich suchte in allen Wissenschaften. Nicht nur, daß ich nichts fand, ich kam sogar zu der Überzeugung, daß alle diejenigen, die, so wie ich, im Wissen gesucht hatten, ebenso nichts gefunden haben, sie haben sogar anerkannt, daß eben das, was mich zur Verzweiflung geführt hatte – die Sinnlosigkeit des Lebens – die einzige, dem Menschen erreichbare sichere Erkenntnis sei.

Ich suchte überall; und dank einem Leben, das ich im Studium zugebracht hatte, dank auch dem Umstand, daß mir durch meine Beziehungen zu der Gelehrtenwelt die größten Gelehrten in den verschiedensten Wissensgebieten zugänglich waren und auch bereit, mir all ihr Wissen durch Bücher sowohl, wie durch mündliche Unterredungen zu offenbaren, lernte ich all das kennen, was auf die Frage des Lebens die Wissenschaft zu antworten weiß. Lange Zeit vermochte ich nicht zu glauben, daß die Wissenschaft nichts anderes auf die Fragen des Lebens zu antworten weiß, als das, was sie antwortet. Lange Zeit wollte es mir scheinen, wenn ich die Würde und den Ernst des Tons beobachtete, mit dem die Wissenschaft ihre Behauptungen begründet, die nichts gemein haben mit den Fragen des menschlichen Lebens, lange wollte es mir scheinen, daß ich irgend etwas nicht verstehe. Lange fühlte ich eine Scheu der Wissenschaft gegenüber und meinte, nicht die Wissenschaft, sondern meine Unwissenheit sei schuld daran, daß ihre Antworten meinen Fragen nicht entsprachen. Das war für mich kein Scherz, kein Spiel, mein ganzes Leben hing daran. Und so kam ich unwillkürlich zu der Überzeugung, daß meine Fragen die einzigen rechtmäßigen Fragen seien, die die Grundlage jeglichen Wissens bilden, und daß die Schuld nicht an mir und meinen Fragen liege, sondern an der Wissenschaft, wenn sie sich anmaßt, diese Fragen zu beantworten.

Meine Frage – die Frage, die mich im fünfzigsten Lebensjahre zu Selbstmordgedanken brachte, war die allereinfachste Frage, die in der Seele eines jeden Menschen ruht, vom dümmsten Kinde bis zum weisesten Greise, die Frage, ohne die das Leben unmöglich ist, wie ich es thatsächlich an mir selbst erfuhr. Die Frage besteht in folgendem: „Was wird das Ergebnis sein von dem, was ich heute thue, was ich morgen thun werde – was wird das Ergebnis meines ganzen Lebens sein?"

Anders ausgedrückt wird die Frage so lauten: „Wozu lebe ich? Wozu begehre ich? Wozu handle ich?" Noch anders kann man die Frage so ausdrücken: „Ist in meinem Leben ein Sinn, der nicht zu nichte würde durch den unvermeidlichen, meiner harrenden Tod?"

Auf diese eine einzige, verschieden ausgedrückte Frage suchte ich die Antwort im menschlichen Wissen, und ich fand, daß alle menschlichen Wissenschaften in Bezug auf diese Frage gewissermaßen in zwei einander gegenüberstehende Halbkugeln zerfallen, an deren entgegengesetzten beiden Enden sich zwei Pole befinden: der eine, der negative, der andere, der positive; daß es aber weder an dem einen, noch an dem anderen Pole Antworten auf die Fragen des Lebens giebt.

Die eine Gruppe von Wissenschaften scheint die Frage nicht anzuerkennen, antwortet aber dafür klar und bestimmt auf ihre eigenen, unabhängig davon gestellten Fragen: das ist die Gruppe der Erfahrungswissenschaften; an ihrem äußersten Punkte steht die Mathematik. Die andere Gruppe der Wissenschaften erkennt die Frage an, beantwortet sie aber nicht: das ist die Gruppe der spekulativen Wissenschaften; an ihrem äußersten Punkte steht die Metaphysik.

Von frühester Jugend an hatten mich die spekulativen Wissenschaften beschäftigt, später zogen mich die mathematischen und naturwissenschaftlichen Disziplinen an, und so lange ich mir nicht selbst deutlich meine Frage gestellt hatte, so lange diese

Frage nicht selbst in mir emporgewachsen war und eine endgültige Lösung heischte, so lange gab ich mich mit den Surrogaten der Fragebeantwortung zufrieden, die die Wissenschaft bietet.

In dem Gebiet der Erfahrungswissenschaften sagte ich mir: „Alles entwickelt sich, differenziert, kompliziert sich und schreitet zur Vervollkommnung fort, und es giebt Gesetze, nach denen dieser Entwickelungsgang sich vollzieht. Du bist der Teil eines Ganzen; hast du, soweit das möglich ist, das Ganze erkannt und hast du das Gesetz der Entwickelung erkannt, so wirst du auch deine Stellung in diesem·Ganzen und·dich selbst erkennen." So sehr ich mich auch schäme, es einzugestehen – es gab eine Zeit, wo ich mich damit zufrieden gab. Es war dieselbe Zeit, in der mein Wesen sich komplizierte und entwickelte. Meine Muskeln wuchsen und erstarkten, mein Gedächtnis bereicherte sich, die Fähigkeit zu denken und zu begreifen wurde größer, ich wuchs und entwickelte mich; und da ich dieses Wachstum fühlte, war es für mich natürlich, zu denken, dies sei das Gesetz der ganzen Welt, in dem ich auch die Lösung der Fragen meines Lebens finden werde. Aber es kam eine Zeit, wo mein Wachstum aufhörte – ich fühlte, daß ich mich nicht entwickele, daß ich zusammenschrumpfe, daß meine Muskeln schwach werden, meine Zähne ausfallen, und ich erkannte, daß dieses Gesetz mir nicht nur nichts erklärt, sondern daß es ein solches Gesetz nie gegeben hat und auch nicht hat geben können; daß ich vielmehr für ein Gesetz gehalten habe, was ich in einer bestimmten Zeit meines Lebens in mir selber gefunden hatte. Ich wurde kritischer in der Erklärung dieses Gesetzes; da wurde mir klar, daß es Gesetze einer unendlichen Entwickelung nicht geben könne; es wurde mir klar, daß Sätze, wie: Im unendlichen Raum und in der unendlichen Zeit entwickelt sich alles, vervollkommnet sich alles, kompliziert und differenziert sich alles – daß solche Sätze gar nichts sagen. Es sind Worte ohne Bedeutung; denn im Unendlichen giebt es weder Kompliziertes, noch Einfaches, weder ein Vorn, noch ein Hinten, weder ein Gut, noch ein Schlecht.

Die Hauptsache aber war, daß meine persönliche Frage: Was bin ich mit meinen Wünschen? nun erst gar unbeantwortet blieb.

Und ich begriff, daß diese Wissenschaften zwar sehr interessant, sehr anziehend sind, daß sie aber, was Genauigkeit und Klarheit anbetrifft, im umgekehrten Verhältnis zu ihrer Anwendbarkeit auf die Fragen des Lebens stehen: Je weniger sie auf die Fragen des Lebens anwendbar sind, desto genauer und klarer sind sie; je mehr sie versuchen, Lösungen der Fragen des Lebens zu geben, desto weniger klar und anziehend werden sie. Wendet man sich an die Gruppe der Wissenschaften, die die Fragen des Lebens zu lösen versuchen – an die Physiologie, Psychologie, Biologie, Soziologie, so stößt man auf eine überraschende Armut an Gedanken, auf die größte Unklarheit, auf die gänzlich unberechtigte Anmaßung, Fragen zu lösen, die nicht hierher gehören, und auf fortwährende Widersprüche eines Denkers mit dem andern, ja mit sich selber. Wendet man sich an die Gruppe der Wissenschaften, die sich nicht mit der Lösung der Fragen des Lebens beschäftigen, die nur auf die besonderen, ihrer Wissenschaft eigenen Fragen antworten, so bewundert man wohl voll Entzücken die Kraft des menschlichen Geistes, weiß aber im vorhinein, daß sie auf die Fragen des Lebens keine Antwort haben. Diese Wissenschaften ignorieren geradezu die Frage des Lebens; sie sagen: „Auf die Fragen, was du bist und wozu du lebst, haben wir keine Antworten, damit beschäftigen wir uns nicht; willst du aber die Gesetze des Lichts, der chemischen Verbindungen kennen lernen, die Gesetze der Entwickelung der Organismen, willst du die Gesetze der Körper, ihrer Formen, das Verhältnis der Zahlen und Maße, willst du die Gesetze des eigenen Geistes erkennen, auf all dies haben wir klare, bestimmte, unzweifelhafte Antworten."

Allgemein läßt sich das Verhältnis der Erfahrungswissenschaften zu der Frage des Lebens so ausdrücken: Frage: Wozu lebe ich? – Antwort: In dem unendlich großen Raume, in der unendlich langen Zeit verändern sich unendlich kleine Teilchen in unendlich mannigfaltigen Verbindungen, und hast du die Gesetze dieser Veränderungen begriffen, dann hast du begriffen, wozu du lebst auf Erden.

Ebenso sagte ich mir im Gebiet der Spekulation : „Die ganze

Menschheit lebt und entwickelt sich auf Grund geistiger Prinzipien, Ideale, die sie leiten. Diese Ideale haben ihren Ausdruck in Religionen, in Wissenschaften, in Künsten, in Staatsformen. Diese Ideale werden immer höhere und höhere, die Menschheit steigt zu immer höherem Glücke empor. Ich bin ein Teil der Menschheit, darum besteht mein Beruf darin, an der Erkenntnis und Verwirklichung der Ideale der Menschheit mitzuwirken." In der Zeit meiner Geistesschwachheit gab ich mich damit zufrieden; sobald aber in mir die Frage des Lebens in voller Klarheit erstanden war, stürzte diese ganze Theorie augenblicks zusammen. Abgesehen von der gewissenlosen Ungenauigkeit, mit welcher die Wissenschaften diese Art Schlüsse, die aus der Erforschung eines kleinen Bruchteils der Menschheit gezogen sind, als allgemein gültige Schlüsse ausgeben, abgesehen von der Fülle der Widersprüche der verschiedenen Anhänger dieser Anschauungen über die Frage, worin die Ideale der Menschheit bestehen – liegt das Wunderliche, um nicht zu sagen das Dumme dieser Anschauungen darin, daß wir, wenn wir die Frage, die jedem Menschen entgegentritt: „Was bin ich?" oder „Wozu lebe ich?" oder „Was habe ich zu thun?" beantworten wollen, vorher die andere Frage lösen müssen: „Was ist das Leben der ganzen uns unbekannten Menschheit, von dem uns nur ein winziges Bruchteilchen in einem winzigen Zeitabschnitt bekannt ist?" Um zu begreifen, was er ist, muß der Mensch vorher begriffen haben, was diese ganze geheimnisvolle Menschheit ist, die aus ebensolchen Menschen besteht, wie er, die sich selbst nicht begreifen.

Ich muß bekennen, es gab eine Zeit, wo ich so glaubte. Es war die Zeit, in der ich meine eigenen Lieblingsideale hatte, die meine Begierden rechtfertigten, und ich mir Mühe gab, eine Theorie zu ersinnen, nach der ich meine Begierden für ein Gesetz der Menschheit ansehen konnte. Aber sobald in meiner Seele die Frage des Lebens in voller Klarheit erstanden war, zerfiel diese Antwort sofort in Staub. Und ich begriff: wie es in den Erfahrungswissenschaften echte Wissenschaften und Halbwissenschaften giebt, die Antworten zu geben versuchen auf Fragen, die außerhalb ihres Bereichs liegen, so giebt es auch in diesem

Gebiet eine ganze Reihe weitverbreiteter Wissenschaften, die Fragen außerhalb ihres Bereichs zu beantworten suchen. Die Halbwissenschaften dieses Gebiets – die juristischen, die sozialgeschichtlichen Wissenschaften – versuchen die Fragen des Menschen dadurch zu lösen, daß sie, jede angeblich auf ihre eigene Art, die Frage des Lebens der gesamten Menschheit lösen.

Wie aber im Gebiet der Erfahrungswissenschaften der Mensch, der sich aufrichtig die Frage stellt, wie habe ich zu leben, nicht zufrieden sein kann mit der Antwort: Erforsche im unendlichen Raum die nach Zeit und Verbindungsmöglichleiten unendlichen Veränderungen der unendlichen Teilchen, dann wirst du dein eigenes Leben begreifen – so kann auch der aufrichtige Mensch nicht befriedigt sein durch die Antwort: Erforsche das Leben der gesamten Menschheit, von deren Anfang und Ende wir nichts wissen können und deren kleinsten Teil wir kaum kennen, dann wirst du dein eigenes Leben begreifen. Und ganz so, wie in den Erfahrungshalbwissenschaften, so sind auch diese Halbwissenschaften um so reicher an Unklarheit, Ungenauigkeit, Dummheit und Widersprüchen, je mehr sie sich von ihren Aufgaben entfernen. Die Aufgabe der Erfahrungswissenschaften ist die ursächliche Folgerichtigkeit der materiellen Erscheinungen. Man braucht nur in die Erfahrungswissenschaften die Frage der Endursache einzuführen, und es entsteht Unsinn. Die Aufgabe der spekulativen Wissenschaft ist die Erkenntnis des ursachlosen Wesens des Lebens. Man braucht nur die Erforschung ursächlicher Erscheinungen einzuführen, wie soziale, historische Erscheinungen, und es entsteht Unsinn.

Die Erfahrungswissenschaft giebt nur dann positive Erkenntnis und offenbart nur dann die Größe des menschlichen Geistes, wenn sie in ihre Forschungen die Endursache nicht einführt; und umgekehrt, die spekulative Wissenschaft ist nur dann eine Wissenschaft und offenbart nur dann die Größe des menschlichen Geistes, wenn sie die Fragen von der Folgerichtigkeit der ursächlichen Erscheinungen vollständig nachweist und den Menschen nur im Verhältnis zur Endursache betrachtet. Eine solche Wissenschaft in diesem Gebiet, zugleich der Pol des Gebietes, ist die

Metaphysik oder Philosophie. Diese Wissenschaft stellt klar die Frage: was bin ich und was ist die ganze Welt? Und wozu bin ich, und wozu ist die ganze Welt? Und so lange sie besteht, giebt sie immer die gleiche Antwort. Ob der Philosoph·die Ideen, die Substanz, den Geist, den Willen – das Wesen des Lebens nennt, das in mir und in allem Seienden ist, er sagt immer das eine, daß dies Wesen ist und daß ich eben dies Wesen bin; wozu es aber ist, das weiß er nicht und beantwortet er nicht, wenn er ein wahrhafter Denker ist. Ich frage: Wozu ist dieses Wesen? Was ergiebt sich daraus, daß es ist und sein wird? … Und die Philosophie beantwortet dies nicht, ja, sie fragt sogar eben dies. Und ist sie wahre Philosophie, so besteht ihre ganze Arbeit eben nur darin, klar diese Frage zu stellen. Und hält sie sich streng an ihre Aufgabe, so kann sie auf die Frage: was bin ich und was ist die ganze Welt? nicht anders antworten als: alles und nichts, und auf die Frage: wozu? … ich weiß nicht.[12]

Ich mag demnach diese spekulativen Antworten der Philosophie drehen und wenden, wie ich will, ich erhalte nichts, was einer Antwort ähnlich sähe und nicht etwa deshalb, weil die Antwort, wie in dem klaren Gebiet der Erfahrungswissenschaften, sich nicht auf meine Frage bezieht, sondern weil es hier, trotzdem meine ganze geistige Arbeit nur auf meine Frage gerichtet ist, eine Antwort nicht giebt, und weil man statt der Antwort die Frage zurückerhält, nur noch in komplizierterer Form.

---

[12] … nicht anders antworten, als Sokrates, als Plato: „ich weiß es nicht", oder wie Schopenhauer auf die Frage, „was resultiert aus meinem Leben?" antwortet: „Übel und nur Übel, es ist besser, nicht zu sein." In ihrer ethischen Abteilung, wenn sie ihrer Aufgabe treu bleibt, erklärt die Philosophie – wenn sie überhaupt erklärt – nur die sittlichen Erscheinungen, welche an den Menschen zu Tage treten; aber durchaus außer Stande ist sie zu sehen, was für den Menschen daraus entsteht, wenn er sittlich oder wenn er lasterhaft ist. Der geniale Kant nennt ganz naiv die sittlichen Erscheinungen k a t e g o r i s c h e n I m p e r a t i v; aber als strenger Denker sagt er nicht ein Wort darüber, was dabei herauskomme und wozu so zu handeln sei. Schopenhauer erklärt diese Erscheinungen durch das M i t l e i d; aber gerade das, was allein ich zu wissen brauche, kann er mir nicht sagen, was nämlich für mich dabei herauskommt, wenn ich mich dem Mitleide hingebe, oder aber der Bejahung meines Willens zum Nachteile der übrigen Menschen. Also, wie ich auch diese spekulativen … drehen mag …

6

Bei meinen Nachforschungen nach den Antworten auf die Frage des Lebens hatte ich ganz dasselbe Gefühl, das ein Mensch empfindet, der sich im Walde verirrt hat.

Er ist in eine Lichtung eingetreten, auf einen Baum geklettert und hat deutlich über einen grenzenlosen Raum hingesehen. Er hat aber auch gesehen, daß es nirgends dort ein Haus giebt und nicht geben kann ; dann ist er in's Dickicht gegangen und hat die Dunkelheit gesehen, aber auch hier nirgend und nirgend ein Haus.

So irrte ich umher im Walde der menschlichen Wissenschaften zwischen den lichten Stellen der mathematischen und der Erfahrungswissenschaften, die mir helle Fernblicke eröffneten, in deren Richtung jedoch kein Haus sein konnte, und zwischen der Dunkelheit der spekulativen Wissenschaften, bei denen ich in immer tiefere Dunkelheit versank, je weiter ich fortschritt und je mehr ich mich überzeugte, daß es einen Ausweg nicht giebt und nicht geben kann.

Gab ich mich der lichten Seite der Wissenschaften hin, so begriff ich, daß ich meinen Blick nur von der Frage ablenke. So verlockend, so klar auch die Fernblicke waren, die sich mir aufthaten, so verlockend es auch war, sich in die Unendlichkeit dieser Wissenschaften zu versenken, ich hatte schon begriffen, daß diese Wissenschaften um so klarer sind, je weniger sie mir notwendig waren, je weniger sie Antworten geben auf die Frage.

Gut, sagte ich mir, ich weiß alles das, was die Wissenschaft mit solcher Beharrlichkeit zu erkennen strebt, aber eine Antwort auf die Frage über den Sinn meines Lebens liegt auf diesem Wege nicht. In dem spekulativen Gebiete aber hatte ich begriffen, daß es, trotzdem oder gerade weil das Ziel des Wissens schnurstracks auf die Beantwortung meiner Frage gerichtet ist, eine andere Antwort nicht giebt als die, die ich mir selbst gegeben hatte: „Was ist der Sinn meines Lebens?" – „Es hat keinen." Oder: „Was kommt heraus aus meinem Leben?" – „Nichts." Oder: „Wozu ist all das, was ist, und wozu bin ich?" – „Dazu, daß es ist."

Befragte ich die eine Gruppe menschlicher Wissenschaften, so bekam ich eine zahllose Menge bestimmter Antworten über etwas, wonach ich gar nicht gefragt hatte: über die chemische Zusammensetzung der Sterne, über die Bewegung der Sonne zum Sternbild des Herkules, über die Entstehung der Arten und des Menschen, über die Formen der unendlich kleinen, unwägbaren Teilchen des Äthers; aber eine Antwort auf meine Frage: „Worin besteht der Sinn meines Lebens?" war in diesem Gebiet der Wissenschaft einzig die: „Du bist das, was du dein Leben nennst; du bist eine zeitliche, zufällige Verkettung von Molekülen. Die gegenseitige Einwirkung, die Veränderung dieser Moleküle erzeugt in dir das, was du dein Leben nennst. Diese Verkettung dauert eine Zeit lang; dann hört die gegenseitige Einwirkung dieser Moleküle auf, und es hört das auf, was du dein Leben nennst; es hören auch alle deine Fragen auf. Du bist ein zufällig zusammengeballter Klumpen von irgend etwas. Das Klümpchen zersetzt sich. Diesen Zersetzungsprozess nennt das Klümpchen sein Leben. Das Klümpchen zerspringt – die Zersetzung hört auf und mit ihr alle Fragen." So antwortet die klare Gruppe der Wissenschaften, und sie kann nichts anderes sagen, wenn sie streng ihren Prinzipien folgt.

Eine solche Antwort, das leuchtet ein, antwortet nicht auf die Frage. Ich habe das Bedürfnis, den Sinn meines Lebens zu erkennen. Daß ich weiß, es ist ein Teilchen des Unendlichen, giebt ihm nicht nur nicht einen Sinn, sondern vernichtet vielmehr jeden möglichen Sinn.

Die unklaren Kompromisse aber, welche diese Gruppe der exakten, der Erfahrungswissenschaften zu schließen pflegt mit der Spekulation, bei der es heißt: „Der Sinn des Lebens besteht in der Entwickelung und in der Förderung dieser Entwickelung", können bei ihrer Ungenauigkeit und Unklarheit nicht als Antworten gelten.

Die andere Gruppe der Wissenschaften, die spekulative, antwortet, wenn sie sich streng an ihre Prinzipien hält und schnurstracks auf die Frage antwortet, überall und zu allen Zeiten ein und dasselbe: Die Welt ist ein Unendliches und Unbegreifliches;

das menschliche Leben ist ein unfaßbarer Teil dieses unfaßbaren „Alls". Wiederum schließe ich all die Kompromisse zwischen den spekulativen und den Erfahrungswissenschaften aus, die den ganzen Ballast der sogenannten juristischen, politischen, historischen Halbwissenschaften bilden. In diese Wissenschaften werden wieder ebenso fälschlich die Begriffe der Entwickelung, der Vervollkommnung eingeführt mit dem einzigen Unterschiede, daß dort von der Entwickelung des Alls die Rede ist und hier von der Entwickelung des menschlichen Lebens. Der Irrtum ist ganz derselbe. Eine Entwickelung, eine Vervollkommnung kann im Unendlichen weder Ziel noch Richtung haben und bietet auf meine Frage keinerlei Antwort.

Da, wo die spekulative Wissenschaft exakt ist, in der echten Philosophie – nicht in der, die Schopenhauer die Professorenphilosophie nennt, die nur dazu dient, alle Erscheinungen nach neuen Klassifikationen zu teilen und ihnen neue Namen zu geben – da, wo der Philosoph den Kern der Frage nicht aus den Augen verliert, ist die Antwort immer ein und dieselbe – die Antwort, die Sokrates, Schopenhauer, Salomo und Buddha gegeben haben.

„Wir nähern uns der Wahrheit nur so weit, als wir uns vom Leben entfernen", sagt Sokrates, da er sich zum Tode bereitet– „Wohin streben wir, die wir die Wahrheit lieben, im Leben? – Wir streben dahin, uns vom Körper und von jeglichem Übel zu befreien, das dem Leben des Körpers entspringt. Ist es aber so, wie sollen wir uns nicht freuen, wenn der Tod zu uns kommt?"

„Der Weise sucht sein ganzes Leben den Tod, darum ist ihm der Tod nicht fürchterlich."

Und was sagt Schopenhauer?

„Haben wir also das Wesen an sich der Welt als Wille, und in allen ihren Erscheinungen nun seine Objektivität erkannt und diese verfolgt, vom erkenntnislosen Drange dunkler Naturkräfte bis zum bewußten Handeln des Menschen, so weichen wir keineswegs der Konsequenz aus, daß mit der freien Verneinung, dem Aufgeben des Willens nun auch alle jene Erscheinungen aufgehoben sind, jenes beständige Drängen und Treiben ohne

Ziel und ohne Rast auf allen Stufen der Objektivität, in welchem und durch welches die Welt besteht; aufgehoben die Mannigfaltigkeit stufenweise folgender Formen, aufgehoben mit dem Willen seine ganzen Erscheinungen, endlich auch die allgemeinen Formen dieser, Zeit und Raum, und endlich auch die letzte Grundform derselben: Subjekt und Objekt. Kein Wille, keine Vorstellung, keine Welt. – Vor uns bleibt allerdings das Nichts. Aber das, was sich gegen dieses Zerfließen in Nichts sträubt, unsere Natur, ist ja eben nur der Wille zum Leben, der wir selbst sind, wie er unsere Welt ist. Daß wir so sehr das Nichts verabscheuen, ist nichts weiter als ein anderer Ausdruck davon, daß wir sehr das Leben wollen und nichts sind als dieser Wille und nichts kennen als eben ihn. Was nach gänzlicher Aufhebung des Willens übrig bleibt, ist für alle die, welche noch des Willens voll sind, allerdings nichts. Aber auch umgekehrt ist denen, in welchen der Wille sich gewendet und verneint hat, diese unsere so sehr reale Welt mit allen ihren Sonnen- und Milchstraßen – Nichts."

„Es ist alles ganz eitel", sagt Salomo, „es ist alles ganz eitel. Was hat der Mensch mehr von aller seiner Mühe, die er hat unter der Sonne? Ein Geschlecht vergeht, das andere kommt; die Erde aber bleibt ewiglich. Was ist es, das geschehen ist? „ Eben das hernach geschehen wird. Was ist es, das man gethan hat? Eben das man hernach wieder thun wird; und geschiehet nichts Neues unter der Sonne. Geschiehet auch etwas, davon man sagen möchte: Siehe, das ist neu? Denn es ist zuvor auch geschehen in vorigen Zeiten, die vor uns gewesen sind. Man gedenket nicht, wie es zuvor geraten ist; also auch deß, das hernach kommt, wird man nicht gedenken bei denen, die hernach sein werden. Ich, Prediger, war König über Israel zu Jerusalem. Und begab mein Herz zu suchen und zu forschen weislich Alles, was man unter dem Himmel thut. Solche unselige Mühe hat Gott den Menschenkindern gegeben, daß sie sich darinnen müssen quälen. Ich sahe an alles Thun, das unter der Sonne geschieht; und siehe, es war alles eitel und Jammer … Ich sprach in meinem Herzen: Siehe, ich bin herrlich geworden, und habe mehr Weisheit, denn alle, die vor mir gewesen sind zu Jerusalem; und mein Herz hat viel gelernet und erfahren. Und gab auch mein Herz darauf, daß ich lernete Weisheit, und Thorheit, und Klugheit. Ich ward aber gewahr, daß solches auch Mühe ist. Denn wo viel Weisheit ist, da ist viel Grämens; und wer viel lehren muß, der muß viel leiden."

„Ich sprach in meinem Herzen: Wohlan, ich will wohl leben, und gute Tage haben; aber siehe, das war auch eitel. Ich sprach zum Lachen: Du bist toll; und zur Freude: Was machst du? Da dachte ich in meinem Herzen, meinen Leib vom Wein zu ziehen, und mein Herz zur Weisheit zu ziehen, daß ich begriffe, was Thorheit ist, bis ich lernete, was den Menschen gut wäre, das sie thun sollten, so lange sie unter dem Himmel leben. Ich that große Dinge: ich, bauete Häuser, pflanzte Weinberge. Ich machte mir Gärten und Lustgärten, und pflanzte allerlei fruchtbare Bäume darein. Ich machte mir Teiche, daraus zu wässern den Wald der grünenden Bäume. Ich hatte Knechte und Mägde, und Gesinde; ich hatte eine größere Habe an Rindern und Schafen, denn alle, die vor mir zu Jerusalem gewesen waren. Ich sammelte mir auch Silber und Gold und von den Königen und Ländern einen Schatz; ich schaffte mir Sänger und Sängerinnen, und Wollust der Menschen, allerlei Saitenspiel. Und nahm zu über alle, die vor mir zu Jerusalem gewesen waren; auch blieb Weisheit bei mir. Da ich aber ansahe alle meine Werke, die meine Hand gethan hatte, und Mühe, die ich gehabt hatte, siehe, da war es alles eitel und Jammer und nichts mehr unter der Sonne. Da wandte ich mich, zu sehen die Weisheit und Klugheit und Thorheit. Da sahe ich, daß die Weisheit die Thorheit übertraf, wie das Licht die Finsternis, daß dem Weisen seine Augen im Haupt stehen, aber die Narren in Finsternis gehen; und merkte doch, daß es einem gehet, wie dem anderen … Da dachte ich in meinem Herzen: Weil es dem Narren geht wie mir, warum habe ich denn nach Weisheit gestanden? Da dachte ich in meinem Herzen, daß solches auch eitel sei. Denn man gedenket des Weisen nicht immerdar, ebenso wenig als des Narren; und die künftigen Tage vergessen alles; und wie der Weise stirbt, also auch der Narr.

Darum verdroß mich zu leben; denn es gefiel mir übel, was unter der Sonne geschiehet, daß es so gar eitel und Mühe ist. Und mich verdroß alle meine Arbeit, die ich unter der Sonne hatte, daß ich dieselbe einem Menschen lassen müßte, der nach mir sein sollte. Denn was kriegt der Mensch von aller seiner Arbeit und Mühe seines Herzens, die er hat unter der Sonne, denn alle seine Lebtage Schmerzen, mit Grämen und Leid, daß auch sein Herz des Nachts nicht ruhet! Das ist auch eitel. Ist es nun nicht besser dem Menschen essen und trinken, und seine Seele guter Dinge sein in seiner Arbeit?"

„Es begegnet einem wie dem andern, dem Gerechten wie dem Gottlosen, dem Guten und Reinen wie dem Unreinen, dem, der opfert, wie dem, der nicht opfert. Wie es dem Guten geht, so geht es auch dem Sünder. Wie es dem Meineidigen geht, so geht es auch dem, der den Eid fürchtet. Das ist ein böses Ding unter allem, das unter der Sonne geschiehet, daß es einem gehet wie dem anderen; daher auch das Herz der Menschen voll Arges wird, und Thorheit ist in ihrem Herzen, dieweil sie leben; danach müssen sie sterben. Denn bei allen Lebendigen ist, das man wünschet, nämlich Hoffnung; denn ein lebendiger Hund ist besser, weder [sic!] ein toter Löwe. Denn die Lebendigen wissen, daß sie sterben werden; die Toten aber wissen nichts, sie verdienen auch nichts mehr, denn ihr Gedächtnis ist vergessen, daß man sie nicht mehr liebet, noch hasset, noch neidet; und haben kein Teil mehr auf der Welt in allem, das unter der Sonne geschiehet."

So spricht Salomo oder wer immer diese Worte geschrieben hat.

Und was sagt die Weisheit der Inder?

Sakja-Muni, der junge, glückliche Königssohn, dem Krankheit, Alter, Tod unbekannt waren, begegnet auf einer Lustfahrt einem entsetzlich aussehenden, zahnlosen, speichelflüssigen Greise. Der Königssohn, dem das Alter bisher unbekannt war, ist verwundert und fragt seinen Wagenlenker, was das sei und wodurch dieser Mann in einen so kläglichen, abstoßenden Zustand geraten sei. Und da er erfährt, daß dies das allen Menschen gemeinsame Schicksal sei, daß ihm, dem jungen .Königssohn, unvermeidlich einst das gleiche Schicksal bevorstehe, ist er nicht mehr im stande, seine Lustfahrt fortzusetzen und befiehlt, heimzukehren, um darüber nachzudenken. Und er verschließt sich ganz allein und denkt und denkt. Und offenbar findet er eine Beruhigung, denn er unternimmt wieder heiter und glücklich eine Lustfahrt. Dieses Mal begegnet ihm ein Kranker. Er sieht einen kraftlosen, geschwollenen, zitternden Mann mit trüben Augen. Der Königssohn, dem Krankheit bisher unbekannt geblieben war, hält an und fragt, was das ist. Und da er erfährt, daß es Krankheit ist, der alle Menschen unterworfen sind, und daß er selbst, der gesunde und glückliche Königssohn, morgen von gleicher Krankheit befallen werden könne, verliert er wieder den Mut zur Heiterkeit, befiehlt heimzukehren und sucht wieder Beruhigung. Er findet sie auch offenbar, denn er geht zum dritten Male auf die Lustfahrt. Bei diesem dritten Male sieht er ein neues Schauspiel: Er sieht, es wird etwas getragen. „Was ist das?" – „Ein toter Mensch." – „Was ist das: ein Toter", fragt der Königssohn. Man sagt ihm: „Tot sein heißt das sein, was dieser Mensch ist." – Der Königssohn tritt an den Toten heran, enthüllt ihn und blickt ihn an. – „Und was wird nun mit ihm sein?" fragt der Königssohn. „Man wird ihn in die Erde einscharren", sagt man ihm. – „Warum?" – „Weil er bestimmt nie mehr lebendig sein wird und weil in Zukunft nichts von ihm bleiben wird als Gestank und Gewürm." „Und das ist das Schicksal aller Menschen? Auch das meine? Auch mich wird man einscharren, und auch von mir wird nichts übrig bleiben als Gestank? Auch mich werden die Würmer fressen?" – „Ja." – „Kehr um, ich will die Lustfahrt nicht, ich mache nie wieder eine." Und Sakja-Muni konnte keinen Trost im Leben finden und kam zu dem Schluß, das Leben ist das größte Übel, und wandte alle Seelenkräfte dazu an, sich von ihm zu befreien und andere zu befreien. So zu befreien, daß auch nach dem Tode das Leben sich in keiner Form erneuere, daß das Leben von Grund aus vernichtet sei. – Das ist das letzte Wort der Weisheit der Inder.

So lauten die unmittelbaren Antworten, die die menschliche Weisheit giebt, wenn sie auf die Frage des Lebens antwortet.

„Das leibliche Leben ist ein Übel und eine Lüge. Darum ist die Vernichtung dieses leiblichen Lebens ein Glück, und wir müssen es wünschen", sagt Sokrates.

„Das Leben ist, was es nicht sein sollte, ein Übel, und der Übergang ins Nichts ist das einzige Glück im Leben", sagt Schopenhauer.

„Alles in der Welt, Thorheit und Weisheit, Reichtum und Armut, Freude und Schmerz, alles ist eitel, alles ist nichtig. Der Mensch stirbt dahin und es bleibt nichts von ihm übrig; und das ist dumm", sagt Salomo.

„Leben mit dem Bewußtsein der Unvermeidlichkeit der Leiden, der Entkräftung, des Alters und des Todes kann man nicht – man muß sich befreien vom Leben, von jeder Möglichkeit des Lebens", sagt Buddha.

Und was diese mächtigen Geister gesagt haben, haben Millionen und Abermillionen Menschen ausgesprochen, gedacht und empfunden. Und ebenso denke, ebenso empfinde auch ich.

So hat denn mein Umherirren in den Wissenschaften mich nicht nur aus meiner Verzweiflung nicht herausgeführt, es hat sie nur noch verstärkt. Die eine Wissenschaft hat auf die Frage des Lebens nicht geantwortet, die andere Wissenschaft hat direkt geantwortet, hat meine Verzweiflung bestätigt und mir gezeigt, daß das Ergebnis, zu dem ich gekommen bin, nicht die Frucht meiner Verirrung, eines krankhaften geistigen Zustandes sei – sie hat vielmehr bestätigt, daß ich richtig gedacht habe und zu den gleichen Schlüssen gekommen bin, wie die mächtigsten Geister der Menschheit.

Es giebt keine Täuschung. Alles ist eitel. Glücklich, wer nicht geboren ist. Der Tod ist besser als Leben; man muß sich von diesem befreien.

7

In der Wissenschaft hatte ich die Lösung nicht gefunden; ich begann nun diese Lösung im Leben zu suchen, in der Hoffnung, sie bei den Menschen zu finden, die mich umgaben. Und so fing ich an, die Menschen zu beobachten – Menschen meiner Art, wie sie in meiner Umgebung leben, wie die sich zu der Frage verhalten, die mich zur Verzweiflung gebracht hatte.

Und was fand ich bei den Menschen, die in Bildung und Lebensweise mir gleichen?

Ich fand, daß die Menschen meines Kreises vier Auswege aus der entsetzlichen Lage haben, in der wir uns alle befinden.

Der erste Ausweg ist der Ausweg der Unwissenheit. Er besteht darin, nicht zu wissen, nicht zu begreifen, daß das Leben ein Übel und eine Sinnlosigkeit ist. Die Menschen dieser Gruppe – meist Frauen, oder sehr junge, oder sehr stumpfsinnige Männer – haben die Frage des Lebens, die sich Schopenhauer, Salomo, Buddha aufgedrängt hat, noch nicht begriffen. Sie sehen weder den Drachen, der ihrer harrt, noch die Mäuse, die die Sträucher benagen, an denen sie sich festhalten, und sie lecken an den Honigtropfen. Aber nur eine gewisse Zeit lecken sie an diesen Honigtropfen: in dem Augenblick, da irgend etwas ihre Aufmerksamkeit auf das Untier und die Mäuse lenkt, hat auch ihr Lecken ein Ende. Von diesen Menschen kann ich nichts lernen; man kann nicht aufhören zu wissen, was man weiß.

Der zweite Ausweg ist der Ausweg des Epikuräismus. Er besteht darin, daß man einstweilen, obwohl man die Hoffnungslosigkeit des Lebens kennt, die Güter genießt, die es bietet, daß man weder den Drachen noch die Mäuse beachtet und den Honig auf möglichst gute Art aufleckt, besonders wenn er sich reichlich angesammelt hat. Salomo drückt diesen Ausweg so aus:

„Darum lobete ich die Freude, daß der Mensch nichts Besseres hat unter der Sonne, denn Essen und Trinken und Fröhlichsein, und solches werde ihm von der Arbeit sein Leben lang, das ihm Gott giebt unter der Sonne."

„So gehe hin und iß dein Brot mit Freuden, trink deinen Wein mit gutem Mut … brauche des Lebens mit deinem Weibe, das du lieb hast, so lange du das eitle Leben hast, das dir Gott unter der Sonne gegeben hat, so lange dein eitles Leben währet, denn das ist dein Teil im Leben und in deiner Arbeit, die du thust unter der Sonne … Alles, was dir vorhanden kommt zu thun, das thue frisch; denn in der Hölle, da du hinfährest, ist weder Werk, Kunst, Vernunft noch Weisheit."

So erhält sich die Mehrheit unseres Kreises die Möglichkeit des Lebens. Die Verhältnisse, in denen sie sich befinden, bewirken, daß sie mehr Güter als Übel haben, und ihre moralische Stumpfheit giebt ihnen die Möglichkeit zu vergessen, daß die Gunst ihrer Lage eine zufällige ist, daß nicht alle Menschen tausend Weiber und Schlösser haben können, wie Salomo, daß auf jeden Menschen mit tausend Weibern tausend Menschen ohne Weib kommen, und auf jedes Schloß tausend Menschen, die es im Schweiße ihres Angesichts erbaut haben, und daß der Zufall, der mich heute zu einem Salomo gemacht hat, mich morgen zu Salomos Sklaven machen kann. Die Lahmheit ihrer Einbildungskraft aber giebt diesen Menschen die Möglichkeit, das zu vergessen, was Buddha die Ruhe genommen hat – die Unvermeidlichkeit der Krankheit, des Alters und des Todes, die heute oder morgen alle diese Genüsse zerstören kann.

So denkt und fühlt die Mehrzahl der Menschen unserer Zeit und unserer Lebensweise. Daß einige von diesen Menschen behaupten, die Lahmheit ihrer Denk- und Einbildungskraft sei Philosophie, das scheidet nach meiner Ansicht diese Menschen nicht aus der Gruppe derjenigen aus, die den Honig lecken, um die Frage nicht zu sehen. Auch diesen Menschen konnte ich es nicht nachthun: da ich nicht die Stumpfheit ihrer Phantasie besaß, konnte ich sie nicht künstlich in mir hervorrufen. Ich konnte ebenso wenig meine Augen von den Mäusen und dem Drachen ablenken, wie irgend ein anderer lebendiger Mensch, wenn er sie erst einmal gesehen hat.

Der dritte Ausweg ist der Ausweg der Kraft und Energie. Er besteht darin, daß man das Leben vernichtet, wenn man begriffen hat, daß es ein Übel und eine Sinnlosigkeit ist. So handeln die seltenen starken und konsequenten Menschen. Wenn sie die ganze Dummheit des Scherzes begriffen haben, der mit ihnen getrieben wird, wenn sie begriffen haben, daß die Güter der Gestorbenen wertvoller sind, als die Güter der Lebenden, und daß das Beste ist, nicht sein, so handeln sie danach und machen mit einem Male diesem dummen Scherz ein Ende. Der Mittel dazu giebt es viele: Eine Schlinge um den Hals, das Wasser, ein Messer, das man in's Herz stößt, Eisenbahnzüge. Und die Zahl der Menschen unseres Kreises, die so handeln, wird immer größer und größer. Und die Menschen handeln so größtenteils in der Blütezeit ihres Lebens, wenn die Seelenkräfte in vollster Entwickelung stehen und sie sich noch nicht zu viel von den menschlichen Gewohnheiten angeeignet haben, die den Verstand zerstören. Ich hatte erkannt, daß dies der würdigste Ausweg sei und wollte so handeln.

Der vierte Ausweg ist der Ausweg der Schwäche. Er besteht darin, daß man, obgleich man das Übel und die Sinnlosigkeit des Lebens begriffen hat, nicht aufhört, es fortzusetzen, mit dem Bewußtsein, daß nichts dabei herauskommen kann. Die Menschen dieser Kategorie wissen, daß der Tod besser ist als das Leben; weil sie aber nicht die Kraft haben, vernünftig zu handeln, sobald als möglich der Täuschung ein Ende zu machen und sich zu töten, thun sie, als erwarteten sie noch etwas. Das ist der Ausweg der Schwäche; denn wenn ich das Bessere kenne, wenn es in meiner Macht steht, warum gebe ich mich nicht diesem Besseren hin? … Ich befand mich in dieser Gruppe.

So retten sich die Menschen meiner Kategorie auf vielerlei Weise vor dem entsetzlichen Widerspruch. So sehr ich meinen Geist anstrengte – einen fünften Ausweg neben diesen vieren sah ich nicht. Der eine Ausweg ist: Nicht begreifen, daß das Leben eine Sinnlosigkeit, eitel Werk und Übel sei, und daß es besser sei, nicht leben. Es war mir nicht möglich, das nicht zu wissen; und nachdem ich es einmal erkannt hatte, konnte ich meine Augen nicht davor verschließen. Der zweite Ausweg ist: das Leben so hinnehmen, wie es ist, und nicht an die Zukunft denken. Auch das konnte ich nicht thun. Ich konnte nicht wie Sakja-Muni zur Jagd fahren, während ich doch wußte, daß es Alter, Leiden, Tod giebt. Meine Phantasie war zu lebhaft; überdies konnte ich keine Freude haben an dem augenblicklichen Zufall, der für eine kurze Weile mir Lust geschenkt hat.

Der dritte Ausweg ist: seinem Leben, nachdem man erkannt hat, daß es ein Übel und eine Thorheit ist, ein Ende zu machen, sich zu töten. Ich hatte das begriffen, aber ich machte aus irgend einem Grunde noch immer nicht den Versuch, mich zu töten. Der vierte Ausweg ist: zu leben in der Lage Salomos, Schopenhauers, zu wissen, daß das Leben ein thörichter Scherz ist, der mit mir getrieben wird, und trotz alledem leben, sich waschen, kleiden, speisen, reden, ja selbst Bücher schreiben. Das war mir widerwärtig und qualvoll, und doch blieb ich in dieser Lage.

Jetzt sehe ich: wenn ich mich damals nicht tötete, so hatte das seinen Grund in einer dunklen Ahnung von der Unrichtigkeit meiner Gedanken. So überzeugend und unwiderleglich mir der Gang meiner Gedanken und der Gedanken der Weisen war, der uns zur Anerkennung der Sinnlosigkeit des Lebens geführt hat, so war doch in mir ein leiser Zweifel an der Richtigkeit meiner Anschauung zurückgeblieben.

Sie war etwa die: Ich, meine Vernunft, hatte anerkannt, daß das Leben unvernünftig sei. Wenn es eine höhere Vernunft nicht giebt (und es giebt keine und sie kann durch nichts bewiesen werden), so ist die Vernunft für mich der Schöpfer des Lebens. Gäbe es keine Vernunft, so gäbe es für mich auch kein Leben. Wie aber kann diese Vernunft das Leben verleugnen, wenn sie doch selbst der Schöpfer des Lebens ist? Oder umgekehrt: Wenn kein Leben wäre, wäre auch meine Vernunft nicht; mithin ist die Vernunft das Geschöpf des Lebens. Das Leben ist alles. Die Vernunft ist die Frucht des Lebens, und diese Vernunft leugnet dieses Leben. Ich fühlte, hier müsse etwas nicht richtig sein.

Das Leben ist ein sinnloses Übel; das ist unzweifelhaft – sagte ich mir. – Aber ich lebte, ich lebe noch, und die ganze Menschheit hat gelebt und lebt noch. Wie ist das möglich? Wozu lebt sie, wenn es doch in ihrer Macht liegt, nicht zu leben? Ist's möglich, sind nur ich und Schopenhauer so gescheit, die Sinnlosigkeit und das Übel des Lebens begriffen zu haben?

Die Betrachtung von der Eitelkeit des Lebens ist keine so übergroße Klugheit. Seit den ältesten Zeiten wird sie angestellt und von den einfachsten Menschen sogar. Und doch haben sie gelebt und leben sie noch. Wie leben sie alle und denken nicht einen Augenblick daran, an der Vernünftigkeit des Lebens zu zweifeln?

Meine Erkenntnis, die von der Weisheit der Weisen bestätigt war, hatte mir enthüllt, daß alles in der Welt, Organisches und Unorganisches, daß alles außerordentlich weise eingerichtet ist, daß meine Lage allein eine Dummheit ist. Und diese Dummköpfe – die ungeheuren Massen der Menschen wissen nicht das Geringste von der Einrichtung alles Organischen und Unorganischen in der Welt, aber sie leben, und glauben, ihr Leben sei höchst vernünftig eingerichtet! …

Da fiel mir ein: wie aber, wenn ich etwas noch nicht wüßte? Ganz so verfährt ja die Unwissenheit. Die Unwissenheit sagt ja wohl immer dasselbe. Wenn sie etwas nicht weiß, sagt sie, das, was sie nicht weiß, sei dumm. In der That stellt es sich so: Die Menschheit ist ein Ganzes, die gelebt hat und lebt, als ob sie den Sinn ihres Lebens begriffen hätte; denn hätte sie ihn nicht begriffen, so hätte sie auch nicht leben können. Ich aber sage: dieses ganze Leben ist eine Sinnlosigkeit und ich kann nicht leben.

Niemand hindert uns, das Leben durch Selbstmord zu verneinen. Nun denn, so töte dich, und du hast aufgehört zu spekulieren. Gefällt dir das Leben nicht, töte dich. Lebst du aber und kannst den Sinn des Lebens nicht begreifen, so mache ihm ein Ende und placke dich nicht so ab mit diesem Leben und höre auf zu sagen und zu schreiben, daß du das Leben nicht begreifst. Bist du in eine lustige Gesellschaft gekommen, wo sich alle sehr wohl fühlen, alle wissen, was sie thun, du aber fühlst dich unbehaglich und angewidert, so mache, daß du fortkommst.

In der That. Was sind wir, die wir überzeugt sind von der Notwendigkeit des Selbstmords und uns nicht entschließen, ihn auszuführen? Was sind wir anders, als die schwächsten, inkonsequentesten und, gerade heraus gesagt, dümmsten Menschen, die sich mit ihrer Dummheit herumschleppen wie der Narr mit seinem bunten Bettelsack?

Hat uns doch unsere Weisheit, so unzweifelhaft wahr sie ist, die Erkenntnis des Sinnes unseres Lebens nicht gegeben. Die ganze Menschheit aber, die das Leben lebt, Millionen, sie zweifeln nicht an dem Sinn des Lebens.

In Wirklichkeit haben seit grauester Vorzeit, seitdem es Leben giebt, von dem ich irgend etwas weiß, Menschen gelebt, die diese Betrachtungen über die Eitelkeit des Lebens kannten, die mir seine Sinnlosigkeit bewiesen haben, und sie haben dennoch gelebt und dem Leben irgend einen Sinn beigemessen.

Von der Zeit an, da ein Leben der Menschen begonnen hat, waren sie im Besitze des Sinnes des Lebens; und sie haben dieses Leben gelebt, das bis zu mir herab führt. Alles was in mir und um mich her ist, alles Körperliche und Nichtkörperliche, all dies ist die Frucht ihrer Erkenntnis des Lebens. Die Werkzeuge meines Geistes selbst, mit denen ich dieses Leben beurteile und verurteile, all dies ist nicht von mir, sondern von ihnen hervorgebracht. Ich selbst bin geboren, erzogen, erwachsen – dank ihnen. Sie haben das Eisen ausgegraben; sie haben den Wald auszuroden gelehrt; sie haben Kühe und Pferde gezähmt; sie haben säen gelehrt; sie haben zusammenzuleben gelehrt; sie haben unser Leben in feste Formen gebracht; sie haben mich denken, sprechen gelehrt. Und ich, ihr Erzeugnis, von ihnen genährt und getränkt, von ihnen belehrt, mit ihren Gedanken und Worten denkend – beweise ihnen, daß sie eine Sinnlosigkeit sind! Hier ist irgend etwas nicht wie es sein soll – sagte ich mir. – Irgendwo habe ich einen Irrtum begangen. Worin dieser Irrtum bestand, das vermochte ich nicht zu finden.

Alle diese Zweifel, die ich jetzt mehr oder weniger zusammenhängend in Worte fassen kann, hätte ich damals nicht auszudrücken vermocht. Damals hatte ich nur die Empfindung, daß in
meinem Gedankengange, in meinen von den größten Denkern
bestätigten Schlüssen von der Eitelkeit des Lebens, so logisch
zwingend sie auch waren, irgend etwas Unrichtiges stecke. Ob
in der Betrachtung selber oder in der Stellung der Frage, das
wußte ich nicht – ich fühlte nur, daß die Überzeugungskraft der
Vernunft zwar vollkommen war, daß sie aber doch nicht ge-
nügte. Alle diese Schlußfolgerungen vermochten mich nicht so
zu überzeugen, daß ich das gethan hätte, was sich aus meinen
Betrachtungen ergab, d. h. daß ich mich getötet hätte. Und ich
würde die Unwahrheit sagen, wenn ich behaupten wollte, daß
ich auf dem Wege der Vernunft dahin gelangt wäre, wohin ich
gelangt war, und mich doch nicht tötete. Die Vernunft hatte ihre
Arbeit gethan; aber es hatte auch noch ein anderes gearbeitet, das
ich nicht anders nennen kann, als den Lebenstrieb. Es hatte auch
noch die Kraft gearbeitet, die mich hieß, die Aufmerksamkeit auf
jenes und nicht auf dieses zu richten, und diese Kraft war es, die
mich aus meiner verzweifelten Lage herausführte und meiner
Vernunft eine völlig andere Richtung wies. Diese Kraft lenkte
meine Aufmerksamkeit darauf, daß ich und die Hunderte von
Menschen meines Gleichen nicht die ganze Menschheit aus-
machten, daß ich das Leben der Menschheit noch nicht kannte.
Wenn ich den engen Kreis der mir nahestehenden Menschen
überschaute, hatte ich viele gesehen, die die Frage nicht verstanden; viele, die die Frage verstanden hatten und sie durch den
Rausch des Lebens zum Schweigen brachten; wieder andere, die
sie verstanden hatten und ihrem Leben ein Ende machten; und
schließlich solche, die sie verstanden hatten und in ihrer Schwäche ihr verzweiflungsvolles Leben fortlebten. Andere hatte ich
nicht gesehen. Ich hatte in dem Irrtum gelebt, dieser enge Kreis
unterrichteter, reicher und mäßiger Menschen, zu dem ich gehörte, bildet die ganze Menschheit. Und jene Milliarden, die

einst gelebt und die noch leben, seien gewissermaßen Vieh, nicht Menschen.

Wie sonderbar auch, wie bis zur Unwahrscheinlichkeit unbegreiflich mir das jetzt erscheint, daß ich bei meinen Betrachtungen über das Leben alle die, die mich doch von allen Seiten umgaben, das Leben der Menschheit, habe übersehen können, daß ich mich so bis zur äußersten Lächerlichkeit habe verirren können, zu denken, mein Leben, das Leben Salomos und Schopenhauers sei das wahre, normale Leben, und das Leben der Milliarden sei ein Ding, das nicht die geringste Aufmerksamkeit verdient – wie sonderbar mir das auch jetzt erscheint, ich sehe, daß es so war. In der hochmütigen Verblendung meines Geistes schien es mir so unzweifelhaft, daß ich, Salomo und Schopenhauer die Frage so klar und richtig gestellt haben, daß es anders gar nicht sein könne – schien es mir unzweifelhaft, daß alle diese Milliarden zu denjenigen gehören, die noch nicht zur Erfassung der ganzen Tiefe der Frage gelangt waren, daß ich nach dem Sinn meines Lebens suchte, ohne auch nur ein einziges Mal zu denken: „Welchen Sinn mögen wohl alle die Milliarden dem Leben gegeben haben und geben, die auf Erden waren und noch sind?" –

Lange habe ich in diesem Wahne gelebt, der uns, den liberalsten und unterrichtetsten Menschen, wenn auch nicht in Worten, so doch in der That eigen ist. Aber verdanke ich es meiner geradezu sonderbaren physischen Liebe zu dem echten arbeitenden Volke, die mich lehrte, es zu verstehen und einzusehen, daß es nicht so dumm ist, wie wir meinen; oder der Aufrichtigkeit meiner Überzeugung, daß ich nichts wissen könne, als das eine, daß das beste, was ich thun kann, ist: mich zu erhängen – ich fühlte in meinem ganzen Wesen, wenn ich leben will und den Sinn des Lebens begreifen, müßte ich diesen Sinn des Lebens nicht bei denen suchen, die den Sinn des Lebens verloren haben und sich töten wollen, sondern bei den Milliarden, die einst gelebt und die heute leben, und die ihr und unser Leben schaffen und auf ihren Schultern tragen. Und ich beobachtete die ungeheuren Massen der verstorbenen und der lebenden einfachen, nicht unterrichteten und nicht reichen Leute und fand etwas völlig anderes. Ich fand, daß alle diese Milliarden verstorbener und lebender Menschen, alle, mit geringen Ausnahmen, in meine Einteilung nicht passen. Als solche, die die Frage nicht verstehen, konnte ich sie nicht ansehen, da sie selbst sie stellen und mit außerordentlicher Klarheit beantworten. Als Epikuräer konnte ich sie auch nicht ansehen, da ihr Leben mehr aus Entbehrungen und Leiden, als aus Genüssen besteht. Noch weniger konnte ich sie als solche ansehen, die unvernünftig ein sinnloses Leben weiterleben, da jede Handlung ihres Lebens und selbst der Tod eine Erklärung haben. Sich zu töten aber halten sie für das größte Übel. Daraus ging hervor, daß die ganze Menschheit eine Erkenntnis des Sinnes des Lebens besitzt, die ich bisher nicht anerkannt und gering geschätzt habe. Das Ergebnis? Die Erkenntnis durch die Vernunft giebt keinen Sinn des Lebens, schließt das Leben aus; der Sinn aber, der dem Leben von Milliarden Menschen, von der ganzen Menschheit gegeben wird, gründet sich auf eine wertlose Scheinerkenntnis.

Die Erkenntnis durch die Vernunft, wie sie die Unterrichteten und Weisen vertreten, leugnet den Sinn des Lebens. Die ungeheuren Massen der Menschen aber, die gesamte Menschheit erkennt diesen Sinn an in einer nicht auf Vernunft gegründeten Erkenntnis. Und diese nicht auf Vernunft gegründete Erkenntnis ist der Glaube, eben der Glaube, den ich durchaus ablehnen mußte. Es ist der Glaube an den einigen und dreieinigen Gott, an die Erschaffung der Welt in sechs Tagen, an Teufel und Engel und all das, was ich nicht anerkennen kann, so lange ich nicht meinen Verstand verloren habe.

Meine Lage war entsetzlich. Ich wußte, daß ich auf dem Wege der vernünftigen Erkenntnis nichts anderes finden würde, als die Verleugnung des Lebens und im Glauben andererseits nichts als die Verleugnung der Vernunft, die noch weniger möglich ist, als die Verleugnung des Lebens. Aus der vernünftigen Erkenntnis folgte: Das Leben ist ein Übel, und die Menschen wissen das. Von den Menschen hängt es ab, nicht zu leben, und doch haben sie gelebt und leben. Ich selbst lebte, obwohl ich schon lange wußte, daß das Leben etwas Sinnloses, daß es ein Übel ist. Aus dem Glauben folgte: Um den Sinn des Lebens zu begreifen, müßte ich mich von der Vernunft lossagen, von eben der, die ohne diesen Sinn nicht sein kann.

9 |

So ergab sich ein Widerspruch, aus dem zwei Auswege waren: entweder war das, was ich vernünftig nannte, nicht so vernünftig, wie ich meinte, oder das, was mir unvernünftig schien, war nicht so unvernünftig, wie ich meinte. Und so begann ich denn den Gang der Betrachtungen meiner vernünftigen Erkenntnis nachzuprüfen.

Da ich nun den Gang der Betrachtungen der vernünftigen Erkenntnis nachprüfte, fand ich ihn vollkommen richtig. Der Schluß, daß das Leben ein Nichts sei, war unvermeidlich; aber ich fand den Fehler. Der Fehler bestand darin, daß ich in einer Richtung gedacht hatte, die der von mir gestellten Frage nicht entsprach. Die Frage war: Wozu soll ich leben? Das heißt: Was kommt aus meinem schattenhaften, vergänglichen Leben heraus an Wirklichem, Unvergänglichem – welchen Sinn hat mein endliches Dasein in dieser unendlichen Welt? Und um diese Frage zu beantworten, suchte ich das Leben zu erforschen.

Die Lösung aller möglichen Fragen des Lebens konnten mich, wie man begreifen wird, nicht befriedigen; denn meine Frage, so einfach sie auf den ersten Blick erscheint, schließt die Forderung in sich, Endliches durch Unendliches zu erklären und umgekehrt.

Ich fragte: Welche außerzeitliche, außerursächliche, außerräumliche Bedeutung hat mein Leben? – Und geantwortet hatte ich auf die Frage: Welche zeitliche, ursächliche und räumliche Bedeutung hat mein Leben? ... So war es gekommen, daß nach langer mühevoller Denkarbeit meine Antwort gelautet hatte: Keine.

In meinen Betrachtungen hatte ich beständig Endliches mit

Endlichem und Unendliches mit Unendlichem verglichen und hatte ja auch nicht anders verfahren können. Daher war auch mein Ergebnis ganz wie es sein mußte: Kraft ist Kraft, Stoff ist Stoff, Wille ist Wille, Unendlichkeit ist Unendlichkeit, Nichts ist Nichts – etwas anderes hätte sich auch nicht ergeben können.

Es war ähnlich wie in der Mathematik, wenn man eine Identität löst, während man eine Gleichung zu lösen glaubt. Der Gang der Erörterung ist richtig; aber als Ergebnis erhält man die Antwort: $a = a$ oder $x = x$ oder $0 = 0$. Ganz so war es mit meiner Betrachtung der Frage über die Bedeutung meines Lebens gegangen. Die Antworten, die die gesamte Wissenschaft auf diese Frage giebt, sind nichts als Identitäten.

Und in der That, eine streng wissenschaftliche Forschung, die, wie Descartes that, mit dem äußersten Zweifel an allem beginnt, verwirft jegliches auf Glauben angenommenes Wissen und errichtet einen ganz neuen Bau auf dem Gesetz der Vernunft und der Erfahrung – sie kann keine andere Antwort geben auf die Frage des Lebens, als eben die, die ich auch erhielt – eine unbestimmte Antwort. Ich hatte nur anfänglich geglaubt, die Wissenschaft hätte eine positive Antwort gegeben – die Antwort Schopenhauers: Das Leben hat keinen Sinn, ist ein Übel; als ich aber der Sache näher trat, sah ich ein, daß die Antwort keine positive war, daß nur meine Empfindung sie so ausgedrückt hatte. Giebt man dieser Antwort aber einen schärferen Ausdruck, wie dies bei den Brahminen, bei Salomo und bei Schopenhauer geschehen ist, so ist es nur eine unbestimmte Antwort oder die Identität: $0 = 0$, das Leben ist Nichts. Demnach negiert die philosophische Erkenntnis nichts, sie antwortet nur, sie könne die Frage nicht lösen – die Lösung bleibt für sie eine unbestimmte.

Da ich das begriffen hatte, begriff ich auch, daß man in der vernünftigen Erkenntnis die Antwort auf meine Frage nicht suchen dürfe, und daß die Antwort, die von der vernünftigen Erkenntnis gegeben wird, nur darauf hinweist, daß man eine Antwort nur erhalten kann, wenn man die Frage anders stellt; nur dann, wenn man in die Betrachtung die Frage der Beziehung des Endlichen zum Unendlichen einführt. Ich begriff auch, daß die

Antworten, die der Glaube giebt, so unvernünftig und ungeheuerlich sie sein mögen, den Vorzug haben, daß sie in jede Antwort das Verhältnis des Endlichen zum Unendlichen einführen, ohne das es eine Antwort nicht geben kann.

Wie ich auch die Frage: „Wie habe ich zu leben?" stellen mag, die Antwort lautet: „Nach dem Gesetze Gottes." „Was wird aus meinem gegenwärtigen Leben herauskommen?" – „Ewige Qual oder ewige Seligkeit." „Welches ist sein Sinn, den der Tod nicht vernichtet?" – „Die Vereinigung mit dem unendlichen Gott, das Paradies."

So wurde ich zwingend dahin gebracht, anzuerkennen, daß neben der vernünftigen Erkenntnis, die mir bis dahin als die einzige galt, die ganze lebende Menschheit noch eine andere vernunftlose Erkenntnis hat – den Glauben, der die Möglichkeit giebt, zu leben.

Die ganze Vernunftlosigkeit des Glaubens blieb für mich dieselbe wie bisher; aber ich war gezwungen anzuerkennen, daß sie allein der Menschheit auf die Fragen des Lebens antwortet und infolgedessen die Möglichkeit zu leben giebt.

Die vernünftige Erkenntnis hatte mich dahin geführt, das Leben als etwas Sinnloses anzuerkennen – mein Leben hatte stillgestanden, und ich hatte den Wunsch, es zu vernichten. Ich betrachtete die Menschen, die ganze Menschheit, und sah, die Menschen leben und behaupten, sie kennen den Sinn des Lebens. Ich betrachtete mich: Ich lebte, so lange ich den Sinn des Lebens kannte; wie den andern Menschen, hatte auch mir den Sinn des Lebens und die Möglichkeit des Lebens der Glaube gegeben.

Als ich dann die Menschen in anderen Ländern, Zeitgenossen und Verstorbene, betrachtete, sah ich ganz dasselbe. Wo Leben ist, da giebt der Glaube von Anbeginn der Menschheit an die Möglichkeit zu leben, und die Hauptzüge des Glaubens sind zu allen Zeiten und an allen Orten ein und dieselben.

Welche Antworten auch der Glaube geben mag, wem er sie geben mag, und welcher Glaube es sei: jede Antwort des Glaubens verleiht dem endlichen Dasein des Menschen den Sinn des Unendlichen – einen Sinn, der nicht durch Leiden, nicht durch

Entbehrungen, nicht durch den Tod vernichtet wird. Das will sagen – im Glauben allein kann man den Sinn und die Möglichkeit des Lebens finden. Was ist aber dieser Glaube? Und ich begriff: der Glaube ist nicht nur die Enthüllung der unsichtbaren Dinge u.s.w., ist nicht die Offenbarung (das ist nur die Schilderung eines der Merkmale des Glaubens), ist nicht das Verhältnis des Menschen zu Gott (man muß erst den Glauben definieren und dann Gott, und nicht durch Gott den Glauben definieren), ist nicht nur die Zustimmung zu dem, was dem Menschen gesagt worden, wie der Glaube meist aufgefaßt wird – der Glaube ist die Erkenntnis des Sinnes des menschlichen Lebens, kraft dessen der Mensch sich nicht vernichtet, sondern lebt. Der Glaube ist die Kraft des Lebens. Wenn der Mensch lebt, so glaubt er auch an irgend etwas. Würde er nicht glauben, daß etwas ihm zu leben gebietet, so würde er nicht leben. Wenn er die Schattenhaftigkeit des Endlichen nicht sieht und nicht begreift, so glaubt er an dieses Endliche; wenn er die Schattenhaftigkeit des Endlichen begreift, muß er glauben an das Unendliche. Ohne Glauben kann man nicht leben.

Und ich rief mir den ganzen Gang meiner inneren Arbeit in's Gedächtnis zurück, und ein Schauder erfaßte mich. Jetzt war es mir klar: damit der Mensch leben könne, muß er entweder das Unendliche nicht sehen, oder eine solche Erklärung des Sinnes des Lebens besitzen, bei der das Endliche gleichwertig wird dem Unendlichen. Eine solche Erklärung hatte ich, aber ich brauchte sie nicht, so lange ich an das Endliche glaubte; und ich begann mit der Vernunft sie nachzuprüfen. Und vor dem Lichte der Vernunft zerflatterte die ganze bisherige Erklärung zu Staub. Aber es kam eine Zeit, wo ich aufhörte, an das Endliche zu glauben. Und da begann ich auf vernünftigen Grundlagen aus dem, was ich wußte, eine Erklärung aufzubauen, die mir den Sinn des Lebens geben sollte; aber der Bau wollte nicht werden. In Gemeinschaft mit den vorzüglichsten Geistern der Menschheit kam ich zu dem Ergebnis: $0 = 0$, und war sehr verwundert, eine solche Lösung erhalten zu haben, während doch nichts anderes herauskommen konnte.

Was hatte ich gethan, als ich die Antwort in den Erfahrungswissenschaften gesucht hatte? – Ich hatte wissen wollen, wozu ich lebe und hatte zu diesem Zweck alles durchforscht, was außer mir war. Es ist klar, ich konnte viel erfahren, aber nichts von dem, was ich brauchte.

Was hatte ich gethan, als ich die Antwort in den philosophischen Wissenschaften suchte? Ich hatte das Denken der Wesen erforscht, die mit mir in gleicher Lage waren, die keine Antwort hatten auf die Frage: wozu lebe ich? Es ist klar, ich konnte nichts anderes erfahren als das, was ich selbst wußte: daß man nichts wissen kann.

Was bin ich? – Ein Teil des Unendlichen. Siehe da, in diesen beiden Worten schon liegt die ganze Aufgabe.

Hat denn erst seit gestern die Menschheit sich diese Frage gestellt? Und hat denn niemand vor mir sich diese Frage vorgelegt – diese einfache Frage, die sich jedem klugen Kinde von selbst auf die Lippen drängt.

Diese Frage ist ja doch von der ersten Stunde an gestellt worden, da Menschen waren. Und von der Stunde an, da Menschen waren, ist es klar gewesen, daß zur Lösung dieser Frage es immer gleich ungenügend war, Endliches an Endlichem und Unendliches an Unendlichem zu messen. Und von der Stunde an, da Menschen waren, hat man das Verhältnis des Endlichen zum Unendlichen gesucht und in Worte gefaßt.

Alle die Begriffe, durch welche man das Endliche mit dem Unendlichen vergleicht und den Sinn des Lebens erhält, die Begriffe: Gott, Freiheit, Gut, unterziehen wir einer logischen Erforschung. Und diese Begriffe vertragen die Kritik der Vernunft nicht. Wäre es nicht so entsetzlich, es wäre lächerlich, mit welchem Hochmut und welcher Selbstbefriedigung wir wie die Kinder die Uhr auseinander nehmen, die Feder herauslösen, sie als Spielzeug benutzen und uns dann wundern, daß die Uhr nicht mehr geht.

Unentbehrlich und wertvoll ist die Lösung des Widerspruchs zwischen dem Endlichen und dem Unendlichen und eine solche Antwort auf die Frage des Lebens, bei der das Leben möglich ist.

Und diese einzige Lösung, die wir überall, zu allen Zeiten und bei allen Völkern finden – eine Lösung, die das Ergebnis einer Zeit ist, in der sich für uns das Leben der Menschen verliert, eine Lösung, so schwer, daß wir nichts Ähnliches schaffen können – eben diese Lösung zerstören wir leichtfertig, um wieder jene Frage zu stellen, die jedem eigentümlich ist und auf die wir keine Antwort haben.

Der Begriff des unendlichen Gottes, der Göttlichkeit der Seele, des Zusammenhangs der menschlichen Dinge mit Gott, der Einheit, des Wesens der Seele, der menschlichen Vorstellung des sittlich Guten und Bösen – all das sind Begriffe, die in der entschwindenden Unendlichkeit des menschlichen Denkens gezeitigt wurden, sind die Begriffe, ohne die das Leben nicht wäre, und ich nicht wäre. Und ich verwerfe diese Denkarbeit der ganzen Menschheit, und will allein alles von neuem und auf meine eigene Weise schaffen.

So dachte ich damals nicht, aber die Ansätze dieser Gedanken waren schon in mir vorhanden. Ich hatte begriffen 1. daß meine, Schopenhauers und Salomos Stellung trotz unserer Weisheit dumm war: wir begreifen, daß das Leben ein Übel ist und leben dennoch. Das ist offenbar dumm, denn ist das Leben dumm – und ich habe das Vernünftige so gern – so müssen wir das Leben vernichten, dann wird niemand da sein, es zu leugnen. 2. hatte ich begriffen, daß sich alle unsere Betrachtungen in einem verzauberten Kreise bewegen, wie ein Rad, das sich aus dem Getriebe gelöst hat. Soviel wir auch denken, so gut wir auch denken, wir können keine Antwort bekommen auf die Frage, und stets wird 0 = 0 sein. Darum ist der Weg, den wir gehen, wahrscheinlich ein falscher. 3. Fing ich an zu begreifen, daß in den Antworten, die der Glaube giebt, die tiefste Weisheit der Menschen verborgen liegt, und daß ich kein Recht hatte, sie auf Grund der Vernunft zu leugnen, und daß diese Antworten einzig und allein auf die Frage des Lebens antworten.

Das hatte ich nun begriffen, aber es gewährte mir keine Erleichterung.

Ich war bereit, jetzt jeden Glauben anzunehmen, wenn er von mir nur nicht die ausdrückliche Verleugnung der Vernunft verlangte, die eine Lüge gewesen wäre. Und ich ging an die Erforschung des Buddhismus und der mohammedanischen Lehre nach ihren Büchern, vor allem aber ergab ich mich dem Studium des Christentums nach seinen Schriften und seinen lebenden Anhängern, die in meiner Umgebung lebten.

Ich wandte mich natürlich[13] vor allem anderen an die gläubigen Menschen meines Kreises, an die Gelehrten, die orthodoxen Theologen, an Mönche, Greise, an orthodoxe Theologen neuerer Richtung, ja sogar an die sogenannten Neuchristen, welche die Seligkeit durch den Glauben an die Erlösung predigen, und ich heftete mich an diese Gläubigen und fragte sie aus, worin ihr Glaube bestehe, und worin sie den Sinn des Lebens sähen.

Obgleich ich alle möglichen Zugeständnisse machte und jeden Meinungsstreit vermied, konnte ich den Glauben dieser Leute nicht annehmen, – ich sah, was sie für Glauben ausgaben, war nicht eine Erklärung, sondern eine Verdunkelung des Sinnes des Lebens, und sie selbst hielten an ihrem Glauben fest, nicht

---

[13] Natürlich fing ich damit an, gläubige Leute zuerst in dem Kreise wohlhabender und gebildeter Leute zu suchen, in welchem ich selbst lebte; aber in unserem Kreise bilden solche Leute, die sich gläubig nennen, eine sehr seltene Ausnahme. Und lange beschäftigte ich mich damit, alle Personen meines Kreises, Bekannte und Unbekannte, darüber zu befragen, ob sie gläubig seien, oder nicht. Und es zeigte sich, daß von den unterrichteten Leuten meines Gleichen mit ganz seltenen Ausnahmen niemand sagte, er sei gläubig. Gläubig nennen sich entweder die Popen, deren Stellung sie nötigt, Glauben zu bekennen, oder Sonderlinge aus Eigensinn, welche nicht so sehr für ihre Notdurft, als um des Streites willen, mit Bosheit behaupten, daß sie an Gott glauben; oder auch solche, die aus politischen oder eigennützigen, nicht eingestandenen Motiven sagten, daß sie gläubig seien, oder aber ganz dumme Leute, oder endlich gewisse unterrichtete Männer und Frauen, welche in neuerer Zeit aufgetaucht sind, und von irgend einem besonderen Glauben reden. Obwohl ich nun wußte, daß einzig und allein durch die Glaubenserkenntnis die Lebenserkenntnis erschlossen werden kann, sah ich nun, daß das, was die Leute für Glauben ausgaben, nicht diejenige Glaubenserkenntnis war, welche dem Leben einen Sinn verleiht. Ich erinnere mich …

um die Frage des Lebens zu beantworten, die mich zu dem Glauben hingeführt hatte, sondern um anderer mir fremder Zwecke willen.

Ich erinnere mich des quälenden Gefühls des Entsetzens, der Rückkehr zu der früheren Verzweiflung, nach der Hoffnung, die mich immer wieder und immer wieder bei meinem Verkehr mit diesen Menschen erfüllt hatte.

Je öfter, je ausführlicher sie mir ihre Glaubenslehren vortrugen, desto mehr erkannte ich ihre Verirrung und verlor ganz die Hoffnung, in ihrem Glauben eine Erklärung des Sinnes des Lebens zu finden.

Nicht daß sie in der Erläuterung ihrer Glaubenslehre den mir stets nahen christlichen Wahrheiten noch viel unnütze und unvernünftige Dinge beimengten – nicht das stieß mich ab; mich stieß der Umstand ab, daß das Leben dieser Menschen ganz so war, wie das meinige, mit dem einzigen Unterschiede, daß es eben den Grundsätzen nicht entsprach, die sie in ihrer Glaubenslehre vortrugen. Ich fühlte deutlich, daß sie sich selbst täuschten, und daß sie, ganz wie ich, keinen anderen Sinn des Lebens hatten, als den: zu leben, solange das Leben währt, und zu nehmen, was irgend die Hand erreichen kann. Ich erkannte das, denn hätten sie den Sinn gehabt, dessen Besitz die Furcht vor Entbehrungen, Leiden und Tod vernichtet, so hätten sie diese nicht gefürchtet. Und sie lebten doch, die Gläubigen unserer Kreise, ganz wie ich, in Wohlstand und Überfluss, suchten sie zu vergrößern oder zu erhalten, fürchteten sich vor Entbehrungen, Leiden und Tod und lebten ganz wie ich und wir alle, die Nichtgläubigen – indem sie ihre Lüste befriedigten, sie lebten gerade so schlecht, wenn nicht schlechter, als die Ungläubigen.

Keinerlei Betrachtungen konnten mich von der Wahrhaftigkeit ihres Glaubens überzeugen. Nur solche Handlungen, die es deutlich machten, daß sie einen solchen Sinn des Lebens besitzen, der die Schrecken aufhebt, die mir Armut, Krankheit, Tod bereiteten, hätten mich überzeugen können. Solche Handlungen aber sah ich nicht bei den verschiedensten Gläubigen unseres Kreises; dagegen sah ich solche Handlungen bei den allerun-

gläubigsten Menschen unseres Kreises, nie aber bei den sogenannten Gläubigen unseres Kreises.

Und so ward mir klar: der Glaube dieser Menschen ist nicht
der Glaube, den ich suchte. Ihr Glaube ist kein Glaube, sondern
nur eine von den epikuräischen Freuden des Lebens. Mir ward
klar: dieser Glaube taugt vielleicht, wenn auch nicht zur Trö-
stung, so doch zu einer gewissen Zerstreuung für einen auf dem
Totenbett Reue empfindenden Salomo; er taugt aber keineswegs
für die ungeheure Mehrheit der Menschen, die berufen ist, nicht
zu genießen, indem sie die Arbeit der anderen ausnützt, sondern
das Leben zu schaffen, damit die gesamte Menschheit leben
könne, damit sie ihr Leben fortsetze. Indem sie ihm einen Sinn
geben, müssen sie, diese Milliarden, eine andere, eine wirkliche
Glaubenserkenntnis haben. Mich hatte ja doch nicht der Umstand, daß ich, Salomo und Schopenhauer uns nicht getötet hatten, von dem Vorhandensein eines Glaubens überzeugt, sondern
die Beobachtung, daß diese Milliarden gelebt haben und leben,
und uns alle, mich und die Salomos auf ihren Lebenswellen em-
porgetragen hatten.

Und ich begann, mich den Gläubigen unter den armen, einfachen, ungelehrten Leuten zu nähern, den Pilgern, Mönchen, Sektierern, Bauern. Die Glaubenslehre dieser Leute aus dem Volke
war dieselbe christliche wie die Glaubenslehre der vermeintlich
Gläubigen aus unserem Kreise. Den christlichen Wahrheiten war
ebenfalls sehr viel Aberglaube beigemengt, aber ein Unterschied
bestand darin, daß der Aberglaube der Gläubigen unseres Kreises ihnen durchaus entbehrlich war, daß er nicht mit ihrem Leben zusammenhing, daß er nur eine Art epikuräischer Lebens-
freude war; der Aberglaube der Gläubigen aber aus dem arbeitenden Volke war in so hohem Grade mit ihrem Leben verknüpft, daß man sich ihr Leben ohne diesen Aberglauben nicht
vorstellen konnte – er war eine notwendige Vorbedingung dieses Lebens. Das ganze Leben der Gläubigen unseres Kreises
stand im Widerspruch zu ihrem Glauben; das ganze Leben der
Gläubigen unter den Arbeitenden war eine Bestätigung des Sinnes des Lebens, den die Glaubenserkenntnis gab. Und ich blickte

immer tiefer und tiefer in das Leben und den Glauben dieser Leute hinein, und je tieferen Einblick ich hatte, desto mehr kam ich zu der Überzeugung, daß sie einen wirklichen Glauben hatten, daß ihr Glaube für sie unentbehrlich sei, daß er allein ihnen den Sinn des Lebens und die Möglichkeit des Lebens giebt. Im Gegensatz zu dem, was ich in unserem Kreise gesehen hatte, wo ein Leben ohne Glauben möglich ist, und wo von Tausenden kaum einer sich für gläubig hielt, ist in ihrem Kreise kaum ein Nichtgläubiger auf Tausende. Im Gegensatz zu dem, was ich in unserem Kreise gesehen hatte, wo das ganze Leben in Müßiggang, Genüssen und Lebensüberdruß hingeht, sah ich, daß das ganze Leben dieser Menschen in schwerer Arbeit hingeht, und sie mit dem Leben zufrieden sind. Im Gegensatz zu den Menschen unseres Kreises, die um der Entbehrungen und Leiden willen gegen das Schicksal grollen und sich dagegen auflehnen, nahmen diese Menschen Krankheit und Kummer ohne jede Regung des Zweifels, ohne Widerstreben hin, in der ruhigen, festen Überzeugung, daß all dies – gut sei.· Im Gegensatz zu der Thatsache, daß wir, je klüger wir sind, desto weniger den Sinn des Lebens begreifen und in Leiden und Tod nur eine häßliche Ironie sehen, können diese Menschen ruhig leben, leiden und sich dem Tode nähern, ja, leiden mit Ruhe, sehr häufig sogar mit Freudigkeit. Im Gegensatz dazu, daß ein ruhiger Tod, ein Tod ohne Schrecken und Verzweiflung in unserem Kreise die seltenste Ausnahme ist, ist ein nicht ruhiger, nicht demütiger, nicht freudiger Tod die größte Ausnahme beim Volk. Und solche Menschen, denen all das fehlt, was für mich und Salomo das einzige Heil des Lebens ist, und die trotzdem das größte Glück empfinden, giebt es eine ungeheure Menge. Und ich sah weiter um mich her. Ich that einen Blick in das Leben der ungeheuren Massen der Menschen in Vergangenheit und Gegenwart, und siehe da, solche Menschen, die den Sinn des Lebens begriffen hatten, die zu leben und zu sterben wußten, zählten nicht nach zweien, nicht nach dreien, nicht nach zehnen, sondern nach Hunderten, Tausenden, Millionen. Sie alle, die nach Sitte, Verstand, Bildung, Verhältnissen unendlich verschieden waren, sie alle kannten gleichmäßig und im vollsten Gegensatz zu meiner Unkenntnis den Sinn des Lebens und des Todes, verrichteten still ihr Tagewerk, trugen Entbehrungen und Leiden, lebten und starben, und sahen darin nicht ein eitles Nichts, sondern ein Gut.

Und ich gewann diese Menschen lieb. Je tiefer ich in ihr Leben eindrang, in das der Lebenden und der Verstorbenen, von denen ich gelesen und gehört hatte, desto mehr gewann ich sie lieb, und desto leichter wurde es mir selber, zu leben. Zwei Jahre etwa lebte ich so. Dann vollzog sich in mir eine Umwälzung, die sich schon lange in mir vorbereitet hatte und deren Keime stets in mir gelegen hatten. Das Leben unseres Kreises, der Reichen, Besitzenden und Gebildeten ward mir nicht nur widerwärtig, sondern verlor für mich jeglichen Sinn. Alle unsere Handlungen, unsere Anschauungen, unsere Wissenschaft, unsere Künste – alles bekam für mich eine neue Bedeutung: mir war klar geworden, daß all dies nichts als Spielerei sei, daß man einen Sinn darin nicht suchen könne. Das Leben des gesamten arbeitenden Volkes aber, der ganzen Menschheit, die das Leben schafft, stand klar vor mir in seiner wahren Bedeutung. Ich hatte erkannt, das ist das Leben selbst. Der Sinn, der diesem Leben beigelegt wird, ist die Wahrheit, und so nahm auch ich ihn an.

11 |

Und als ich mir vergegenwärtigte, wie eben dieselben Glaubensanschauungen mich abgestoßen hatten und mir sinnlos erschienen waren, da sie Leute bekannten, deren Leben im Widerspruch mit diesen Glaubensanschauungen stand, und wie dieselben Glaubensanschauungen mich anzogen und mir vernünftig erschienen, da ich sah, wie die Menschen durch sie lebten – ward mir klar, weshalb ich damals diese Glaubensanschauungen verworfen, warum ich sie sinnlos gefunden hatte, während ich sie jetzt annahm und voll Sinnes fand. Mir ward klar, daß ich mich verirrt, und wie ich mich verirrt hatte. Ich hatte mich verirrt, nicht so sehr, weil ich nicht folgerichtig gedacht hatte, als vielmehr, weil ich schlecht gelebt hatte. Mir ward klar, daß weniger die Verirrung meines Denkens mir die Wahrheit verhüllt hatte, als vielmehr mein in den Ausnahmebedingungen des Epikuräismus hingebrachtes Leben selbst, das allen Lüsten Befriedigung gewährt. Mir ward klar, daß meine Frage: „Was ist mein Leben?" und die Antwort: „Ein Übel" vollkommen richtig waren. Unrichtig war nur, daß ich die Antwort, die sich nur auf mich bezog, auf das Leben im allgemeinen übertrug. Ich hatte mich gefragt: „Was ist mein Leben?" und hatte die Antwort bekommen: „Ein Übel und eine Sinnlosigkeit." Gewiß, mein Leben – ein Leben der Verwöhnung, der Wollust – war sinnlos und schlecht; und darum bezog sich die Antwort: „Das Leben ist schlecht und sinnlos" nur auf mein Leben und nicht auf das menschliche Leben im allgemeinen. Mir ward die Wahrheit klar, die ich später im Evangelium fand, daß die Menschen die Finsternis mehr liebten als das Licht, weil ihre Thaten schlecht waren, dieweil jeder, der schlechte Thaten vollbringt, das Licht haßt und nicht zum Lichte schreitet, damit seine Thaten nicht enthüllt werden. Mir war klar geworden: Um den Sinn des Lebens zu begreifen, ist es vor allem anderen nötig, daß das Leben nicht sinnlos und schlecht sei; dann ist uns schon die Vernunft verliehen, es zu begreifen. Mir ward klar, warum ich so lange um eine solche offenkundige Wahrheit herumgegangen war, und daß man, will man über das Leben der Menschheit denken und sprechen, über das Leben der Menschheit denken und sprechen muß, nicht über das Leben einiger Parasiten des Lebens. Diese Wahrheit war stets eine Wahrheit, wie 2 x 2 = 4. Ich hatte sie nur nicht anerkannt; denn hätte ich anerkannt, daß 2 x 2 = 4 ist, so hätte ich auch zugleich anerkennen müssen, daß ich nicht gut sei, und mich gut zu fühlen, war für mich wichtiger und zwingender, als 2 x 2 = 4. Nun, da ich die guten Menschen lieb gewonnen, mich selbst hassenswürdig gefunden hatte, erkannte ich die Wahrheit an. Nun ward mir alles klar.

Wie, wenn ein Henker, der sein Leben mit Foltern und Kopfabschlagen hinbringt, oder ein gänzlich verkommener Trunkenbold, oder ein Wahnsinniger, der für das ganze Leben in ein dunkles Zimmer gesperrt ist, der dieses Zimmer beschmutzt und in dem Wahne lebt, er müsse zu Grunde gehen, wenn er es verlasse – wie, wenn ein solcher sich die Frage vorlegte: „Was ist das Leben ?" – Es ist klar, er könnte auf diese Frage keine andere Antwort bekommen, als die: „Das Leben ist das größte Übel", und die Antwort des Wahnsinnigen wäre vollkommen richtig, aber nur für ihn allein. Wie, wenn ich ein solcher Wahnsinniger wäre, wie, wenn wir alle, wir besitzenden, unthätigen Menschen solche Wahnsinnige wären? ...

Und mir ward klar, daß wir wirklich solche Wahnsinnige sind. Ich war sicherlich ein solcher Wahnsinniger. Und in der That, der Vogel steht unter solchen Lebensbedingungen, daß er fliegen, Nahrung sammeln, ein Nest bauen muß; und wenn ich sehe, daß der Vogel dies thut, freue ich mich an seiner Freude. Die Ziege, der Hase, der Wolf stehen unter solchen Lebensbedingungen, daß sie sich ernähren, vermehren, ihre Nachkommenschaft ernähren müssen; und wenn sie dies thun, habe ich das bestimmte Bewußtsein, daß sie glücklich sind, daß ihr Leben vernünftig ist. Was aber muß der Mensch thun? – Er muß sich das Leben ganz so erringen, wie die Tiere, mit dem einen Unterschiede, daß er zu Grunde geht, wenn er allein es erringen will – er muß es erringen nicht für sich, sondern für alle. Und wenn er dies thut, habe ich das bestimmte Bewußtsein, daß er glücklich ist, und daß sein Leben vernünftig ist. Was aber habe ich gethan während meines ganzen dreißigjährigen bewußten Lebens? – Ich hatte nicht nur kein Leben für alle zu erringen versucht, nicht einmal für mich selbst hatte ich es errungen. Ich habe als Parasit gelebt, und wenn ich mich fragte, wozu ich lebe, bekam ich die Antwort: zwecklos. Wenn der Sinn des menschlichen Lebens darin besteht, es zu erringen, wie hätte ich, der ich dreißig Jahre mich damit beschäftigt hatte, das Leben nicht zu erringen, sondern in mir und anderen zu vernichten, eine andere Antwort bekommen können als die: mein Leben ist eine Sinnlosigkeit und ein Übel? … Und es war auch eine Sinnlosigkeit und ein Übel.

Das Leben der Welt vollzieht sich nach irgend einem Willen – ein Jemand vollbringt mit diesem Leben der ganzen Welt und mit unsern Leben ein ihm eigentümliches Werk. Will man die Hoffnung haben, den Sinn dieses Willens zu begreifen, so muß man vor allem ihn erfüllen, das thun, was man von uns will. Und wenn ich das nicht thue, was man von mir will, so werde ich nie begreifen, was man von mir will; und noch weniger, was man von uns allen und von der ganzen Welt will.

Wenn man einen nackten, hungrigen Bettler von der Straße holt, ihn in den geschützten Raum einer schönen Anstalt führt, ihm zu essen und zu trinken giebt und ihn veranlaßt, einen Stab nach oben und nach unten zu bewegen, so muß, das ist klar, bevor man erörtert, wozu man ihn geholt, wozu er den Stab bewegen soll, ob die Einrichtung der ganzen Anstalt vernünftig ist – vor allem der Bettler den Stab in Bewegung setzen. Wenn er nun den Stab in Bewegung setzt, wird er begreifen, daß dieser Stab eine Pumpe in Bewegung setzt, daß die Pumpe Wasser schöpft, daß das Wasser die Beete entlang läuft; dann wird man ihn aus dem gedeckten Brunnenhaus herausführen, ihm eine andere Beschäftigung anweisen, und er wird Früchte sammeln und in die Freude seines Herrn eingehen. Und während dieses Überganges von einer niederen Arbeit zu einer höheren, wird er immer mehr und mehr die Einrichtung der ganzen Anstalt verstehen lernen, und indem er daran teil nimmt, wird er garnicht daran denken zu fragen, zu welchem Zwecke er hier ist und wird nie und nimmer dem Herrn Vorwürfe machen.

So machen auch diejenigen dem Herrn keine Vorwürfe, die seinen Willen thun, die einfachen, arbeitenden, ungelehrten Menschen, – die, die wir als Vieh angesehen haben. Und wir, die Weisen, genießen alles, was dem Herrn gehört, und thun nicht, was der Herr von uns will; statt es zu thun, haben wir uns zusammengesetzt und Betrachtungen angestellt: „Zu welchem Zwecke sollen wir den Stab in Bewegung setzen? Das ist doch dumm." Und wir sind auch schließlich zu einem Ergebnis gekommen. Zu dem Ergebnis: Der Herr ist dumm oder er ist nicht; wir aber sind klug, wir fühlen nur, daß wir zu nichts taugen, und daß wir uns auf irgend eine Weise selbst von uns befreien müssen.

Die Einsicht, daß die vernünftige Erkenntnis zum Irrtum führt, half mir, mich von dem falschen Wege fruchtlosen Raisonnements zu befreien. Die Überzeugung, daß man die Erkenntnis der Wahrheit nur durch das Leben selbst finden kann, regte mich dazu an, an der Richtigkeit meines Lebens zu zweifeln; gerettet aber hat mich nur der Umstand, daß es mir gelang, mich aus meiner Ausschließlichkeit heraus zu reißen und das wahre Leben des einfachen, arbeitenden Volkes zu beobachten, und zu begreifen, daß nur dies das wahre Leben sei. Ich begriff, daß ich, wenn ich das Leben und seinen Sinn begreifen will, nicht das Leben eines Parasiten leben müßte, sondern das wahre Leben, und daß ich, nachdem ich den Sinn, den ihm die wahre Menschheit giebt, erkannt, mit diesem Leben eins werden und es prüfen müsse.

Gerade in dieser Zeit geschah mir folgendes: Während dieses ganzen Jahres, in dem ich mich fast jede Minute fragte, ob ich nicht mit einem Strick oder einer Kugel ein Ende machen sollte – während dieser ganzen Zeit wurde gleichzeitig mit diesem Gange der Gedanken und Beobachtungen, von denen ich gesprochen habe, mein Herz von einem qualvollen Gefühl gepeinigt. Dieses Gefühl kann ich nicht anders nennen, als ein Suchen nach Gott.

Ich sage, dieses Suchen nach Gott war nicht Denken, sondern Gefühl; denn dieses Suchen entsprang nicht dem Gange meiner Gedanken – es stand sogar in geradem Gegensatz zu ihm –, es entsprang vielmehr dem Herzen. Es war ein Gefühl der Bangigkeit, der Verlassenheit, der Einsamkeit, inmitten eines fremden Weltalls und der Hoffnung auf eine unbestimmte Hilfe.

Obgleich ich vollkommen davon überzeugt war, daß es unmöglich sei, das Dasein Gottes zu beweisen, da Kant mir bewiesen und ich vollkommen begriffen hatte, daß man es nicht beweisen könne – trotz alledem suchte ich Gott, hoffte ich, ihn zu finden und richtete nach alter Gewohnheit ein Gebet an den, den ich suchte und nicht fand. Bald prüfte ich in meinem Geiste die Gründe Kants und Schopenhauers für die Unbeweisbarkeit des Daseins Gottes, bald ging ich daran, diese Gründe zu prüfen und sie zu widerlegen. Die Ursache, sagte ich mir, ist nicht eine Kategorie des Denkens wie Raum und Zeit. Wenn ich bin, so hat das eine Ursache und eine Ursache aller Ursachen. Und diese Ursache aller Dinge ist das, was man Gott nennt. Bei diesem Gedanken machte ich Halt und bemühte mich, mit meinem ganzen Wesen der Existenz dieser Ursache bewußt zu werden. Und sobald mir bewußt wurde, daß es eine Kraft gebe, in deren Macht ich mich befinde, gleich fühlte ich die Möglichkeit des Lebens. Aber ich fragte mich wieder: „Was ist diese Ursache, diese Kraft? Wie habe ich von ihr zu denken, wie habe ich mich zu dem zu verhalten, was ich Gott nenne?" – Und nichts als die mir bekannten Antworten fielen mir ein: „Er ist der Schöpfer, der Allerhalter." Diese Antworten befriedigten mich nicht und ich fühlte, daß mir das verloren ging, was ich zum Leben brauchte. Ein Entsetzen packte mich, und ich begann zu dem zu beten, den ich suchte, und bat, daß er mir helfe. Und je mehr ich betete desto deutlicher wurde mir, daß er mich nicht hört, daß es niemanden giebt, an den man sich wenden könnte. Mein Herz war voll Verzweiflung darüber, daß es keinen, keinen Gott gebe und ich sprach: „Herr, erbarme dich meiner, errette mich. Herr, belehre mich, mein Gott!" Aber niemand erbarmte sich meiner, und ich fühlte, daß mein Leben still steht.

Aber immer wieder, immer wieder kam ich von den verschiedensten Seiten zu der Erkenntnis dessen, daß ich doch nicht ohne jeglichen Grund, ohne Ursache und Sinn auf die Welt gekommen sein könnte, daß ich nicht ein solches aus dem Nest herausgefallenes Vögelchen sein kann, als das ich mich selber fühlte. Und wenn ich auch, ein herausgefallenes Vöglein, auf dem Rücken liege, im hohen Grase piepse – ich piepse doch, weil ich weiß, daß mich die Mutter unter dem Herzen getragen, ausgebrütet, gewärmt, genährt, geliebt hat. Wo ist sie, diese Mutter? Und wenn ich herausgeworfen worden bin, wer hat mich herausgeworfen? Ich kann mir doch nicht verhehlen, daß mich jemand liebend geboren hat. Wer ist dieser Jemand? – Wieder Gott.

Er kennt und sieht mein Suchen, meine Verzweiflung, meinen Kampf. „Er ist", sagte ich mir, und ich brauchte nur auf einen Augenblick dies anzuerkennen, und sogleich hob sich das Leben in mir, und ich empfand die Möglichkeit und die Freude des Daseins. Wieder aber ging ich von der Anerkennung des Daseins Gottes dazu über, nach dem Verhältnis zu ihm zu suchen. Und wieder stand vor mir der Gott, unser Schöpfer, in drei Gestalten, der seinen Sohn, den Erlöser, herabgesandt. Und wieder zerfloß dieser von der Welt und von mir losgelöste Gott wie ein Eisstückchen, zerfloß vor meinen Augen, und wieder blieb ein Nichts. Und wieder trocknete die Quelle des Lebens aus, packte mich die Verzweiflung und das Gefühl, daß mir nichts anderes zu thun blieb, als mich zu töten. Und was das Schlimmste war: ich fühlte, daß ich auch dies nicht im stande war auszuführen.

Nicht zwei-, nicht dreimal, nein, zehn- und hundertmal wiederholten sich diese Zustände der Freude und der Belebung, der Verzweiflung und des Gefühls der Unmöglichkeit des Lebens.

Ich erinnere mich, es war im Frühling, ich war allein im Walde und lauschte auf die Stimmen des Waldes. Ich lauschte und dachte immer an das Eine, wie ich diese letzten drei Jahre immer nur an ein und dasselbe gedacht hatte. Ich suchte wieder Gott.

„Gut, es giebt keinen Gott" – sagte ich zu mir selber, – „es giebt keinen, der nicht meine Vorstellung, sondern Wirklichkeit wäre, solche Wirklichkeit wie mein ganzes Leben – es giebt keinen solchen. Und nichts, kein Wunder kann einen solchen beweisen, denn Wunder sind meine Vorstellungen, und noch dazu unvernünftige.

„Aber mein Begriff von Gott, von dem, den ich suche?" – fragte ich mich. – „Dieser Begriff, wo kommt er her?" Und wieder erhoben sich bei diesem Gedanken in meiner Brust freudig die Wogen des Lebens. Alles um mich her bekam Leben, gewann Sinn. Aber meine Freude währte nicht lange. Die Vernunft setzte ihre Arbeit fort. „Die Vorstellung Gott ist nicht Gott", – sagte ich mir, – „die Vorstellung ist etwas, was in mir vorgeht, die Vorstellung Gott ist etwas, was ich in mir wecken und was ich in mir nicht wecken kann. Das ist nicht das, was ich suche. Ich suche das, ohne was das Leben nicht sein konnte." Und wieder begann alles in mir und um mich her zu ersterben, und wieder ergriff mich der Wunsch, mich zu töten.

Da aber prüfte ich mich selbst, prüfte, was in mir vorgeht und rief mir all die Hunderte Fälle des Hinsterbens und Auflebens in meiner Brust in's Gedächtnis zurück, daß ich nur dann lebte, wenn ich an Gott glaubte. Wie früher war es auch jetzt: Ich brauchte nur Gott zu denken, und ich lebte auf; ich brauchte ihn nur zu vergessen, nicht an ihn zu glauben, und das Leben schwand. Was ist nun dieser Zustand der Wiederkehr des Lebens und des Hinsterbens? Ich lebe ja nicht, wenn ich den Glauben an das Dasein Gottes verliere; ich hätte ja längst meinem Leben ein Ende gemacht, wenn ich nicht die dunkle Hoffnung hätte, ihn zu finden. Ich lebe doch, wirklich lebe ich doch nur dann, wenn ich ihn fühle und ihn suche. Warum also suche ich noch? rief eine Stimme in meinem Innern. Er ist also. Er ist das, ohne das man nicht leben kann. Gott wissen und leben ist ein und dasselbe. Gott ist das Leben.

Lebe, indem du Gott suchst, dann giebt es kein Leben ohne Gott. Und stärker denn je wurde alles licht in mir und um mich her, und dieses Licht verließ mich nicht mehr.

So ward ich vom Selbstmord gerettet. Wann und wie sich diese Umwandlung in mir vollzog, könnte ich nicht sagen. Wie die Kraft des Lebens in mir unmerklich, allmählich zunichte wurde und ich zur Unmöglichkeit zu leben, zu einem Stillstand des Lebens, zur Notwendigkeit des Selbstmordes gelangt war, so allmählich, unmerklich kehrte auch diese Kraft des Lebens mir zurück. Und sonderbar, diese Kraft des Lebens, die mir zurückgekommen war, war keine neue, es war die uralte Kraft, die mich in den ersten Tagen meines Lebens getragen hatte. Ich war in allem zu dem Allerfrühesten zurückgekehrt, zu der Anschauung meiner Kinder- und Jünglingsjahre; ich war zurückgekehrt zu dem Glauben an den Willen, der mich hervorgebracht hat und etwas von mir fordert; ich war zurückgekehrt zu der Meinung, daß der wesentliche und einzige Zweck meines Lebens der sei, besser zu werden, das heißt, in größerer Übereinstimmung mit diesem Willen zu leben; ich war zurückgekehrt zu der Meinung, daß ich den Ausdruck dieses Willens in dem finden könne, was in einer fernen, mir verborgenen Vergangenheit die gesamte Menschheit zu ihrer Richtschnur ausgebildet hatte, das heißt: ich war zurückgekehrt zu dem Glauben an Gott, an eine sittliche Vervollkommnung und an die Überlieferung, die den Sinn des Lebens überliefert hat. Nur das eine bildete einen Unterschied, daß ich damals alles dies unbewußt aufgenommen hatte, jetzt aber wußte, daß ich ohne dies nicht leben kann.

Mir war gewissermaßen folgendes geschehen: Man hat mich in einen Kahn gesetzt, ich weiß nicht mehr wann, man hat mich von einem mir unbekannten Ufer abgestoßen, man hat mir die Richtung nach dem andern Ufer gewiesen, Ruder in die unerfahrenen Hände gelegt und mich allein gelassen. Ich hatte mit den Rudern, so gut ich konnte, gearbeitet und war vorwärts gekommen; je weiter ich aber hinausgelangt war, desto reißender war die Strömung geworden, die mich dahintrug, fort vom Ziel, und desto häufiger begegneten mir Ruderer, die, wie ich, von der Strömung fortgerissen wurden. Bald solche, die unaufhörlich ruderten, bald solche, die die Ruder fortgeworfen hatten; große Kähne, ungeheure Schiffe, voll von Menschen; die einen kämpften gegen die Strömung, die anderen ließen sich von ihr tragen. Und je weiter ich fuhr, desto mehr vergaß ich, während ich stromabwärts den Fahrenden nachblickte, die mir gewiesene Richtung. Gerade in der Mitte des Strome; verlor ich bei der Enge der drängenden Kähne und Schiffe, die stromabwärts fuhren, vollends die Richtung und ließ die Ruder der Hand entgleiten. Von allen Seiten fuhren die Insassen mit lustigen Jubelrufen auf Seglern und Ruderkähnen an mir vorbei die Strömung hinunter, und versicherten mir und sich unter einander, es könne eine andere Richtung nicht geben. Und ich schenkte ihnen Glauben und fuhr gemeinsam mit ihnen. Und es trug mich weit fort, so weit, daß ich das Geräusch der Stromschnellen hörte, in denen ich scheitern mußte, und sah, wie die Kähne dort zerschellten. Und ich kam zu mir. Lange Zeit konnte ich nicht begreifen, was mit mir geschehen war. Vor mir sah ich nur die Vernichtung, der ich entgegeneilte, und die ich fürchtete, nirgends sah ich Rettung und wußte nicht, was ich thun sollte; da schaute ich zurück und erblickte die zahllosen Kähne, die unaufhörlich mit Hartnäckigkeit die Strömung durchschnitten, erinnerte mich des Ufers, der Ruder und der Richtung und begann zurück zu rudern, den Strom hinauf und dem Ufer entgegen.

Das Ufer war Gott, die Richtung war die Überlieferung, die Ruder waren die mir gegebene Freiheit, mich zum Ufer durchzuarbeiten, mich mit Gott zu vereinigen.

13 |

Und so erstand die Kraft des Lebens von neuem in mir, und ich begann wieder zu leben.

Ich sagte mich los von dem Leben unserer Kreise, da ich erkannt hatte, daß dies nicht das Leben, sondern nur ein Scheinbild des Lebens ist, daß die Bedingungen des Überflusses, in dem wir leben, uns der Möglichkeit beraubten, das Leben zu begreifen, und daß ich, um das Leben zu begreifen, nicht das Leben der Ausnahmen, unser, der Parasiten, Leben begreifen müsse, sondern das Leben des einfachen arbeitenden Volkes – des Volkes, das das Leben schafft, und den Sinn, den es ihm giebt. Das einfache arbeitende Volk, das um mich her lebte, war das russische Volk, und ich wandte mich an dieses und an den Sinn, den es dem Leben giebt. Dieser Sinn war, wenn er sich in Worten ausdrücken läßt, folgender: Jeder Mensch ist auf diese Welt gekommen durch den Willen Gottes. Und Gott hat den Menschen so geschaffen, daß jeder Mensch seine Seele verderben oder retten kann. Die Aufgabe des Menschen im Leben ist: seine Seele zu retten. Um seine Seele zu retten, muß man gottähnlich leben, und um gottähnlich zu leben, muß man sich lossagen von allen Freuden des Lebens, sich mühen, demütigen, dulden und barmherzig sein. Diesen Sinn schöpft das Volk aus der ganzen Glaubenslehre, die ihm von den Seelenhirten und der Tradition, die im

Volke lebt, überliefert ist und überliefert wird. Dieser Sinn war mir klar und meinem Herzen nahe. Aber mit diesem Sinn des Volksglaubens ist bei unserm nicht den Sekten zugehörigen Volke, in dessen Mitte ich lebte, vielerlei unzertrennlich verbunden, was mich abstieß und mir unerklärlich war: die Sakramente, die kirchlichen Zeremonien, die Fasten, die Anbetung der Reliquien und Heiligenbilder. Eines von dem anderen zu trennen vermag das Volk nicht, vermochte auch ich nicht. So seltsam auch vieles von dem, was zu dem Glauben des Volkes gehörte, für mich war, ich nahm alles an: ich besuchte die Kirchen, betete morgens und abends, fastete, bereitete mich zum Abendmahl vor, und in der ersten Zeit widersprach meine Vernunft alledem nicht. Was mir früher unmöglich erschienen war, erweckte jetzt in mir keinen Widerspruch.

Mein Verhältnis zum Glauben jetzt und früher war durchaus verschieden. Früher war mir das Leben selbst von Sinn erfüllt erschienen und der Glaube als eine willkürliche Behauptung gewisser mir vollkommen überflüssiger, unvernünftiger, von dem Leben losgelöster Thesen. Ich fragte mich damals, welchen Sinn diese Sätze haben können, und, nachdem ich mich überzeugt, daß sie keinen haben, verwarf ich sie. Jetzt dagegen wußte ich bestimmt, daß mein Leben keinerlei Sinn hat und haben kann, und die Glaubenssätze erschienen mir nicht nur nicht unnütz, ich war vielmehr durch unzweifelhafte Erfahrung zu der Überzeugung gekommen, daß nur diese Glaubenssätze dem Leben Sinn geben. Früher hatte ich sie als ein völlig unnützes Buch voll wirren Geredes angesehen; wenn ich sie jetzt nicht verstand, wusste ich doch, daß sie einen Sinn haben und sagte mir man müsse lernen, sie zu begreifen. Ich stellte folgende Betrachtung an. Ich sagte mir: Die Kenntnis des Glaubens entspringt, wie die gesamte Menschheit mit ihrer Vernunft, einem geheimnisvollen Urquell. Dieser Urquell ist Gott, der Urquell des menschlichen Körpers, der menschlichen Vernunft. Wie mein Körper erblich von Gott auf mich gekommen ist, so sind auch meine Vernunft und meine Auffassung des Lebens zu mir gelangt, und daher können all die Phasen der Entwickelung dieser Auffassung des

Lebens nicht falsch sein. All das, an was die Menschen wahrhaft glauben, muß Wahrheit sein; sie kann verschieden ausgedrückt werden, aber Lüge kann sie nicht sein. Wenn sie mir daher als Lüge erscheint, so bedeutet das nur, daß ich sie nicht verstehe. Außerdem sagte ich mir: Das Wesen jedes Glaubens besteht darin, dem Leben einen Sinn zu geben, den der Tod nicht vernichtet. Natürlich, damit der Glaube antworten könne auf die Frage eines inmitten größter Üppigkeit sterbenden Fürsten, eines von der Arbeit zu Tode gequälten alten Knechts, eines empfindungslosen Kindes, eines weisen Greises, einer halb blöden Alten, einer jungen glücklichen Frau, eines mit den Leidenschaften kämpfenden Jünglings, kurz, aller Menschen unter den allerverschiedensten Bedingungen des Lebens und der Bildung – natürlich, wenn es eine Antwort giebt, die die ewige eine Frage des Lebens: „Wozu lebe ich, was kommt bei meinem Leben heraus?" beantwortet – natürlich muß diese Antwort, wenn auch die einzige ihrem Wesen nach, unendlich verschieden in ihren Erscheinungsformen sein. Und je einziger, je wahrer, je tiefer diese Antwort ist, um so sonderbarer und abstoßender muß sie natürlich erscheinen in ihrem Streben nach einem, der Bildung und der Stellung des Einzelnen entsprechenden Ausdruck. Aber diese Betrachtungen, die mir die Sonderbarkeiten der ritualen Seite des Glaubens rechtfertigen sollten, genügten mir trotzdem nicht in dem Grade, daß ich mir in diesem für mich einzigen Werke des Lebens, im Glauben, gestattet hätte, Gebräuche zu üben, an denen ich zweifelte. Ich strebte mit allen Kräften der Seele danach, im stande zu sein, mit dem Volke zu verwachsen, indem ich die rituale Seite seines Glaubens erfüllte, aber ich vermochte nicht, es zu thun. Ich fühlte, daß ich vor mir selber lügen würde, daß ich verspotten würde, was mir heilig ist, wenn ich es thäte. Da kamen mir unsere neuen russischen theologischen Werke zu Hilfe.

Nach der Erklärung dieser Theologen ist das Grunddogma des Glaubens: die unfehlbare Kirche. Aus der Anerkennung dieses Dogmas ergiebt sich als notwendige Folge die Wahrhaftigkeit alles dessen, was die Kirche bekennt.[14] Die Kirche als die Gemeinde der Gläubigen, die vereint sind durch die Liebe und die darum die wahre Erkenntnis haben, wurde die Grundlage meines Glaubens. Ich sagte mir: Die göttliche Wahrheit könne einem Menschen nicht zugänglich sein, – sie enthüllt sich nur einer ganzen Gemeinschaft von Menschen, die die Liebe vereinigt. Um die Wahrheit zu erlangen, muß man sich nicht absondern, und um sich nicht abzusondern, muß man die Liebe haben und sich mit dem aussöhnen, dem man nicht zustimmt. Die Wahrheit offenbart sich der Liebe; wenn du dich also nicht den Zeremonien der Kirche unterordnest, verletzest du die Liebe; indem du die Liebe verletzest, beraubst du dich der Möglichkeit, die Wahrheit zu erkennen. Ich sah damals das Sophisma nicht, das in dieser Betrachtung liegt. Ich sah damals nicht, daß die Vereinigung der Liebe wohl die höchste Liebe geben könne, nimmermehr aber die göttliche Wahrheit, wie sie das Nicäische Symbolum formuliert hat; ich sah auch nicht, daß die Liebe nie und nimmer einen bestimmten Ausdruck der Wahrheit bindend machen könne für die Vereinigung. Ich sah damals den Irrtum dieser Betrachtung nicht, und dank ihm hatte ich die Möglichkeit gewonnen, alle Zeremonien der rechtgläubigen Kirche anzunehmen und auszuüben, ohne den größeren Teil von ihnen zu verstehen. Ich bemühte mich damals mit allen Kräften der Seele jegliche Betrachtung, jeglichen Widerspruch zu vermeiden, und versuchte so vernünftig wie möglich die Thesen der Kirche zu erklären, mit denen ich es zu thun hatte.

Durch diese Ausübung der Zeremonien der Kirche demütigte ich meine Vernunft und fügte mich der Überlieferung, die die ganze Menschheit hatte. Ich vereinigte mich mit meinen Vorfah-

---

[14] Bei S.-H. fehlen, wie schon in der Einleitung gesagt, Kapitel XI, XII, XIII. Kapitel XIV aber beginnt schon bei den Worten: „Die Kirche als die Gemeinde u.s.w.", die bei uns den Schluß des XIII. Kapitels bilden. Aus dem alten Text seien nur die folgenden Zeilen zitiert: „Im Abendmahle waren für mich nach dem Hinweise Chomjakows die wichtigsten Worte enthalten: ‚Liebt euch einer den anderen, bis zur Erlangung gleicher Denkungsart.' Die weiteren Worte: ‚Und einmütig bekennen wir den Vater, den Sohn und den heiligen Geist' ließ ich aus, denn ich konnte sie nicht verstehen."

ren, mit allen, die ich liebte, meinem Vater, meiner Mutter, Groß-
vätern, Großmüttern. Sie und alle ihre Vorfahren haben geglaubt
und gelebt und mich hervorgebracht. Ich vereinigte mich auch
mit all den Millionen Menschen aus dem Volke, die ich hochach-
tete. Überdies hatten diese Handlungen nichts Schlechtes an sich
(für schlecht hielt ich die Hingabe an die Lüste). Stand ich früh
auf zur Kirchenandacht, so wußte ich, daß ich gut handelte,
wenn auch nur, weil ich, – um den Hochmut meines Geistes zu
demütigen, um mich meinen Vorfahren und Zeitgenossen zu nähern, um den Sinn des Lebens zu suchen, – meine leibliche Ruhe
opferte. Ganz so erging es mir bei den Vorbereitungen zum
Abendmahl, bei dem täglichen Hersagen der Gebete mit den
Kniebeugungen und bei der Beobachtung aller Fasten. Wie win-
zig auch diese Opfer waren, sie geschahen im Dienste des Guten.
Ich nahm das Abendmahl, ich fastete, ich beobachtete zu Hause
und in der Kirche alle Gebete des Jahres. Bei dem Gottesdienst in
der Kirche drang ich in jedes Wort ein und legte ihm, wenn ich
konnte, einen Sinn bei. In der Messe waren für mich die wichtigsten Worte: „wir wollen einander lieben zur vollen Einmütig-
keit." Die weiteren Worte: „einmütig bekennen wir den Vater
und den Sohn und den heiligen Geist" überschlug ich, weil ich
sie nicht begreifen konnte.

14 |

Es war in mir damals ein so starkes Bedürfnis zu glauben, um zu
leben, daß ich unbewußt mir die Widersprüche und Unklarhei-
ten der Glaubenslehre verbarg. Aber dieser Versuch, den Zeremonien einen Sinn unterzulegen, hatte eine Grenze. Wenn das
Responsorium in seinen wichtigsten Worten mir immer klarer
und klarer wurde, wenn ich mir, so gut es ging, die Worte: „Und
unserer Herrin, der hochheiligen Gottesmutter und aller Heiligen gedenkend", „und uns selbst und unsere Nebenmenschen
und unser ganzes Leben übergeben wir Christo, unserm Gott",
erklärte; wenn ich mir die häufige Wiederholung der Gebete für

den Zaren und seine Angehörigen so erklärte, daß an sie häufiger als an andere Menschen die Versuchung herantritt, und sie daher auch mehr des Gebets bedürfen, so hatte ich für die Gebete um die Unterwerfung der Feinde und der Widersacher, wenn ich sie so zu erklären suchte, daß der Feind das Übel sei – so hatte ich für diese und andere Gebete, wie das Cherubimgebet und das Sakrament des Opfers u. dergl. für fast zwei Drittel des Gottesdienstes entweder gar keine Erklärung, oder ich fühlte, daß ich lüge, wenn ich ihnen Erklärungen unterschiebe, und damit mein Verhältnis zu Gott ganz und gar zerstöre und jede Möglichkeit des Glaubens vollkommen verliere.

Dasselbe empfand ich bei der Feier der wichtigsten Feiertage. Daß man des Sabbaths gedenke, das heißt, daß man einen Tag dazu verwende, sich Gott zu widmen, das war mir begreiflich. Der Hauptfeiertag aber war dem Gedächtnis der Auferstehung gewidmet, einem Ereignis, das ich mir nicht als wirklich vorstellen und das ich nicht begreifen konnte. Und von dieser Thatsache der Auferstehung hatte der wöchentlich gefeierte Ruhetag seinen Namen erhalten,[15] und an diesem Tage wurde das Sakrament des Abendmahls vollzogen, das für mich ganz unbegreiflich war. All die übrigen zwölf Feiertage, außer Weihnachten, waren Gedächtnistage von Wundern, und ich mußte mich bemühen, nicht daran zu denken, um sie nicht abzuleugnen: Himmelfahrt, Pfingsten, Epiphanias, Mariä Schutz- und Fürbitte u.s.w. Wenn ich diese Tage feierte, immer mit dem Gefühl, man schreibe eine Bedeutung dem zu, was für mich eine genau entgegengesetzte Bedeutung hat, ersann ich mir entweder Erklärungen, die mich beruhigen sollten, oder ich schloß die Augen, um das nicht zu sehen, was mich verwirrte.

Am stärksten tobte dieser innere Kampf in mir, wenn ich an den gebräuchlichsten Sakramenten teilnahm, die für die wichtigsten gehalten werden: an Taufe und Abendmahl. Hier begegneten mir nicht unverständliche, sondern vollkommen verständ-

---

[15] *woskresenije* heißt im Russischen sowohl Auferstehung, wie Sonntag.

liche Handlungen: diese Handlungen schienen mir Verirrungen, und ich stand vor dem Dilemma – lügen oder verwerfen.

Nie werde ich das quälende Gefühl vergessen, das ich an dem Tage empfand, da ich nach vielen Jahren zum erstenmal wieder zum Abendmahl ging. Die Gebete, die Beichte, die Vorschriften – all das war mir verständlich und erweckte in mir das freudige Bewußtsein dessen, daß der Sinn des Lebens mir aufgehe. Das Abendmahl selbst erklärte ich mir als eine Handlung, die zum Gedächtnis Christi vollzogen wird und die eine Reinigung von Sünden und die völlige Aufnahme der Lehre Christi bedeutet. War diese Erklärung auch eine künstliche, so bemerkte ich doch dies Gekünstelte nicht. Es war mir ein freudiges Gefühl, mich vor dem Geistlichen, einem einfachen, schüchternen Priester, zu erniedrigen und zu demütigen, allen Schmutz meiner Seele auszuschütten, meine Laster zu bereuen; es war mir ein so freudiges Gefühl, in Gedanken zu verschmelzen mit der Demut der Väter, die diese Gebetsvorschriften verfaßt hatten; es war mir ein so freudiges Gefühl, mich zu vereinigen mit all den Gläubigen der Vergangenheit und den Gläubigen der Gegenwart, daß ich das Künstliche meiner Erklärung gar nicht einmal empfand. Als ich aber an die Kaiserthür gekommen war und der Priester wünschte, daß ich ihm nachspräche, ich glaube, daß das, was ich nun herunterschlucken werde – wahrhaft Leib und Blut sei, da schnitt es mir in's Herz; das war nicht bloß ein falscher Ton, das war eine Forderung, die nur jemand stellen konnte, der offenbar nie gewußt hat, was Glaube sei.

Nun, jetzt erlaube ich mir auszusprechen, daß dies eine grausame Forderung war; damals habe ich das nicht einmal gedacht – ich empfand nur ein unaussprechliches Weh. Ich war nicht mehr in dem Zustand, in dem ich einst in meiner Jugend gelebt hatte, weil ich glaubte, daß im Leben alles klar sei. War ich doch zum Glauben gekommen, weil ich außerhalb des Glaubens nichts, gar nichts gefunden hatte außer der Vernichtung. Darum war es nicht möglich, diesen Glauben zu verwerfen, und ich fügte mich. Und ich fand in meiner Seele ein Gefühl, das mir half, diesen Zustand zu ertragen. Es war das Gefühl der Selbsterniedᐨ

rigung und der Demütigung. Ich demütigte mich, schluckte das Blut und den Leib ohne lästerliche Empfindung herunter mit dem Verlangen, glauben zu können, aber die Entscheidung war schon gefallen. Nachdem ich wußte, was meiner harrt, konnte ich ein zweitesmal nicht mehr hingehen.

Ich fuhr ganz ebenso fort, die Ceremonien der Kirche zu beobachten, und glaubte immer, daß in der Glaubenslehre, die ich befolgte, die Wahrheit sei. Und so geschah mir etwas, was mir jetzt klar ist, damals aber seltsam vorkam.

Ich lauschte einmal dem Gespräch eines pilgernden Bauern, der des Lesens und Schreibens unkundig war; er sprach über Gott und den Glauben, über das Leben, über die Erlösung, und die Erkenntnis des Glaubens that sich mir auf. Ich näherte mich dem Volke, da ich hörte, wie es das Leben, den Glauben betrachtet, und immer mehr und mehr begriff ich die Wahrheit. Ganz so erging es mir, wenn ich die Heiligenlegenden und die Prologe las; sie wurden meine Lieblingslektüre. Indem ich über die Wunder, die ich wie Fabeln betrachtete, die einen bestimmten Sinn ausdrücken sollten, hinwegging, enthüllte mir das Lesen dieser Bücher den Sinn des Lebens. Da war das Leben Makars des Großen, Josaphats, des Königssohns (die Geschichte Buddhas), da waren Predigten des Johannes Chrysostomus, Predigten von dem Wanderer im Brunnen, von dem Mönch, der Gold gefunden, von Peter dem Zöllner; da war die Geschichte der Märtyrer, die alle eines bekundet hatten: daß der Tod das Leben nicht ausschließt; da waren auch Erzählungen von Analphabeten, Einfältigen, die von den Lehren der Kirche nichts wußten und doch erlöst wurden.

Ich brauchte aber nur mit unterrichteten Gläubigen zusammenzukommen oder ihre Bücher zur Hand zu nehmen, gleich entstanden in mir Zweifel, Mißmut, Verbitterung und Streitsucht, und ich fühlte, je mehr ich in ihre Reden eindringe, desto mehr entferne ich mich von der Wahrheit und schreite dem Abgrunde zu.

Wie oft neidete ich den Bauern ihre Unwissenheit und ihre Unbildung. Die Glaubenssätze, aus denen für mich ein offenkundiger Widersinn sprach, hatten für sie nichts Falsches; sie waren im stande, sie anzuerkennen und an ihre Wahrheit zu glauben, an eben die Wahrheit, an die ich glaubte. Nur daß für mich Unglückseligen klar war, daß die Wahrheit durch die feinsten Fäden mit der Lüge verknüpft sei, und daß ich sie in dieser Form nicht annehmen könne. So lebte ich drei Jahre, und die erste Zeit, da ich, dem Knaben gleich, der sich zur Einsegnung vorbereitet, nur allmählich mit der Wahrheit vertraut wurde, und geleitet nur von einem gewissen Gefühl, dorthin ging, wo es mir lichter erschien, störten mich diese Widersprüche weniger. Wenn ich etwas nicht verstand, sagte ich mir: „Ich bin schuld, ich bin dumm"; je mehr ich aber von den Wahrheiten durchdrungen war, die ich lernte, je mehr sie zur Grundlage des Lebens wurden, desto drückender, schärfer wurden diese Gegensätze, und desto entscheidender wurde die Grenzlinie zwischen dem, was ich nicht begreife, weil ich es nicht begreifen kann, und dem, was man nicht anders begreifen kann, als mit bewußter Selbsttäuschung.

Trotz dieser Zweifel und Leiden hielt ich immer noch fest am orthodoxen Glauben. Aber da traten im Leben Fragen an mich heran, die gelöst werden mußten, und siehe da, die Lösung dieser Fragen durch die Kirche – im Widerspruch mit den eigenen Grundlagen des Glaubens, durch den ich lebte – führten mich endgültig dahin, mich von der Möglichkeit eines Zusammenhangs mit dem orthodoxen Glauben loszusagen. Diese Fragen waren erstens das Verhältnis der orthodoxen Kirche zu den anderen Kirchen – zur katholischen und zu den sogenannten Sektierern. Ich war damals infolge meines Interesses am Glauben den verschiedenen Bekenntnissen nahegetreten: Katholiken, Protestanten, Altgläubigen, Molokanen u. a., und ich war unter ihnen vielen Menschen begegnet, die sittlich hoch standen und wahrhaft gläubig waren. Ich hatte den Wunsch, der Bruder dieser Leute zu sein. Und was geschah? – Die Lehre, die mir versprach, alle in einem Glauben und einer Liebe zu vereinigen, eben die Lehre sagte mir in der Person ihrer besten Vertreter, daß dies alles Leute seien, die in der Lüge leben, daß das, was ihnen die Kraft des Lebens giebt, eine Versuchung des Teufels ist, daß wir allein im Besitz der einzigen, möglichen Wahrheit seien. Und ich sah, daß die Orthodoxen Alle, die in ihrem Bekenntnis nicht genau mit ihnen übereinstimmen, für Ketzer halten, gerade so wie die Katholiken und andere die Orthodoxie für eine Ketzerei halten; ich sah, daß gegen Alle, die nicht in ihrem Glauben ganz dieselben äußeren Symbole und Worte bekennen, wie die Orthodoxie – die Orthodoxie, so sehr sie es auch zu verbergen sucht, sich feindselig verhält; es kann auch nicht anders sein, erstens weil die Behauptung: „Du lebest in der Lüge und ich in der Wahrheit" das grausamste Wort ist, das ein Mensch dem andern sagen kann, und zweitens weil ein Mensch, der seine Kinder und Brüder liebt, sich nicht anders als feindselig verhalten kann zu Menschen, die seine Kinder und Brüder zu einem falschen Glauben bekehren möchten. Und diese Feindseligkeit wächst in dem Maße, in dem die Kenntnis der Glaubenslehre zunimmt. Und so drängte sich mir, der ich die Wahrheit in der Vereinigung durch die Liebe sah, unwillkürlich der Gedanke auf, daß die Glaubenslehre selber das zerstört, was sie hervorbringen sollte. Dieser Irrtum war in dem Grade einleuchtend, in dem Grade für uns gebildete Menschen, die wir in Ländern gelebt haben, wo Bekenner verschiedener Glaubensbekenntnisse leben, und die wir jene verächtliche, selbstbewußte, unerschütterliche Ablehnung gesehen haben, mit der der Katholik dem Orthodoxen und Protestanten, der Orthodoxe dem Katholiken und Protestanten, der Protestant ihnen beiden gegenübersteht, und das gleiche Verhältnis des altgläubigen Paschkowiters, des Shakers und aller anderen Glaubensbekenntnisse zueinander kennen, daß die Augenscheinlichkeit des Irrtums schon im ersten Augenblick verblüfft. Man sagt sich: es ist doch ganz unmöglich, daß dies so einfach sei und die Menschen trotzdem nicht sollten gesehen haben, daß, wenn zwei Behauptungen einander verneinen, weder die eine, noch die andere die einzige Wahrheit enthalten könne, die der Glaube sein muß. Hier ist etwas nicht richtig. Es muß irgend eine Erklärung geben – ich dachte auch, es gebe eine, und suchte nach dieser Erklärung und las alles, was ich konnte, über diesen Gegenstand, und beriet mich mit allen Menschen, mit denen ich zusammenkommen konnte. Und ich bekam keine andere Erklärung als die, nach der die Husaren von Ssumy glauben, das Husarenregiment von Ssumy sei das erste Regiment, und die gelben Ulanen glauben, die gelben Ulanen seien das erste Regiment in der Welt. Die Geistlichen aller verschiedenen Bekenntnisse, die besten unter ihnen, sagten mir nichts anderes, als daß sie daran glauben, daß sie in der Wahrheit und die andern im Irrtum seien, und alles, was sie thun könnten, sei – für die andern beten. Ich besuchte Archimandriten, Erzpriester, Greise, Einsiedler und fragte sie aus; keiner von ihnen machte den geringsten Versuch, mir diesen Irrtum zu erklären. Nur einer von ihnen erklärte mir alles, aber auf eine solche Weise, daß ich von nun an niemanden mehr fragte.

Ich sprach davon, daß jedem Ungläubigen, der sich an den Glauben wendet (und das thut unser ganzes junges Geschlecht), die Frage als die erste entgegentritt: warum ist die Wahrheit nicht im Luthertum, nicht im Katholicismus, wohl aber im orthodoxen Glauben? Er lernt es im Gymnasium, und er muß wissen, was der Bauer nicht weiß, daß der Protestant, der Katholik ganz ebenso die einzige Wahrhaftigkeit ihres Glaubens behaupten. Die geschichtlichen Beweise, die jedes Bekenntnis für sich geltend macht, sind ungenügend. Kann man nicht – habe ich oben gesagt – die Lehre so verstehen, daß von der Höhe der Lehre herab die Unterschiede verschwänden, wie sie für den wahrhaft Gläubigen verschwinden? Kann man nicht weiter gehen auf dem Wege, auf dem wir mit den Altgläubigen gehen? Sie behaupten, das Kreuz, das Hallelujah und der Umgang um den Altar sei bei uns anders. Wir haben gesagt: Ihr glaubt an das Nicäische Symbolum und die sieben Sakramente, und wir glauben auch daran. Halten wir uns denn an diese, und im übrigen thut, wie ihr wollt. So haben wir uns mit ihnen darin vereinigt, daß wir das Wesentliche im Glauben über das Unwesentliche gestellt haben. Könnten wir nicht jetzt zu den Katholiken sagen: Ihr glaubt an dies und das, an die Hauptsache, und, was das Filioque und den Papst betrifft, thut, wie ihr wollt. Könnten wir nicht das Gleiche zu den Protestanten sagen, und uns mit ihnen in der Hauptsache vereinigen? Der Geistliche, mit dem ich so sprach, stimmte meinen Gedanken zu, meinte aber, solche Konzessionen würden den geistlichen Behörden den Vorwurf eintragen, daß sie von dem Glauben der Väter abfallen, und würden eine Trennung hervorrufen, während der Beruf der Geistlichkeit der sei, den griechisch-russischen orthodoxen Glauben, den ihnen die Vorfahren überliefert haben, in voller Reinheit zu wahren.

Und ich hatte alles begriffen. Ich suche den Glauben, die Kraft des Lebens, und sie suchen das beste Mittel zur Erfüllung bestimmter menschlicher Pflichten vor den Augen der Menschen. Indem sie diese menschlichen Dinge ausüben, üben sie sie auch menschlich. So viel sie auch von ihrem Mitleid mit verirrten Brüdern, von ihren Gebeten für sie, die sie am Altar des Höchsten darbringen, sprechen mögen – zur Ausübung menschlicher Dinge braucht man Gewalt, und sie ist immer angewendet worden, wird noch angewendet und wird stets angewendet werden. Wenn zwei Bekenntnisse sich selbst im Besitze der Wahrheit glauben, das andere aber in der Lüge, so werden sie in dem Wunsche, die Brüder zur Wahrheit heranzuziehen, ihre Lehre predigen. Und wenn die falsche Lehre unerfahrenen Söhnen der Kirche, die im Besitze der Wahrheit ist, gepredigt wird, so ist diese Kirche genötigt, die Bücher zu verbrennen und den Menschen, der ihre Kinder irreführt, zu entfernen. Was soll man denn thun mit dem Sektierer, der von der Glut eines, nach der Meinung der rechtgläubigen Kirche falschen Glaubens ergriffen ist, der in dem wichtigsten Werke des Lebens – im Glauben – die Söhne der Kirche verführt? Was könnte anderes ihm geschehen, als daß man ihm den Kopf abschlägt oder ihn einsperrt? Unter Alexej Michajlowitsch verbrannte man ihn auf dem Scheiterhaufen, d. h. man wandte die für jene Zeit höchste Strafe an; in unserer Zeit wendet man auch die höchste Strafe an – man sperrt ihn in Einzelhaft. Und ich richtete meine Aufmerksamkeit auf das, was im

Namen der Religion geschieht. Entsetzen packte mich, und ich sagte mich nun fast ganz von der orthodoxen Kirche los. Ein zweites Verhältnis der Kirche zu den Fragen des Lebens war ihr Verhältnis zum Krieg und zur Todesstrafe.

Um diese Zeit gab es Krieg in Rußland, und die Russen erschlugen im Namen der christlichen Liebe ihre Brüder. Es war unmöglich, diesen Gedanken loszuwerden. Nicht zu sehen, daß Totschlag etwas Böses ist, das den allerersten Grundlagen jedes Glaubens widerspricht, war unmöglich. Und bei alledem wurden in den Kirchen Gebete abgehalten für den Erfolg unserer Waffen. Die Glaubenslehrer sahen in diesem Morden ein Werk, das sich aus dem Glauben ergiebt. Und nicht bloß in diesem Morden im Kriege. Auch während der Unruhen, die dem Kriege folgten, habe ich Beamte der Kirche, ihre Lehrer, Mönche, Einsiedler gesehen, die das Hinmorden irregeführter hilfloser Jünglinge billigten. Und ich richtete meine Aufmerksamkeit auf all dies, was Menschen, die das Christentum bekennen, thun, und ein Entsetzen packte mich.

16 |

Und ich hörte auf zu zweifeln und kam zu der vollen Überzeugung, daß in der Erkenntnis des Glaubens, dem ich mich angeschlossen hatte, nicht alles Wahrheit sei. Früher hätte ich gesagt, die ganze Glaubenslehre sei unwahr; jetzt aber konnte ich das nicht sagen. Das gesamte Volk hatte die Kenntnis der Wahrheit, das war unzweifelhaft, denn sonst würde es nicht leben. Überdies war mir diese Erkenntnis der Wahrheit schon zugänglich geworden. Ich lebte schon durch sie und fühlte ihre ganze Richtigkeit; aber in dieser Erkenntnis war auch Falsches. Auch daran konnte ich nicht zweifeln. Und nun stand alles, was mich einst abgestoßen hatte, lebhaft vor mir. Obwohl ich auch das sah, daß im gesamten Volke weniger von der Beimischung von Lüge war, die mich abgestoßen hatte, als bei den Vertretern der Kirche, ich sah doch, daß auch in den Glaubensmeinungen des Volkes der

Wahrheit die Lüge beigemengt war.

Woher aber war das Falsche und woher war das Wahre gekommen? Sowohl die Lüge, als auch die Wahrheit sind enthalten in der Überlieferung, in der sogenannten heiligen Überlieferung und heiligen Schrift. Sowohl die Lüge, als die Wahrheit sind von dem überliefert, was man Kirche nennt.

Und so wurde ich – ob ich wollte oder nicht – zu dem Studium, zu der Erforschung dieser heiligen Schrift und Überlieferung geführt, einem Studium, das ich bisher so sehr gescheut hatte.

Und ich wandte mich dem Studium der Theologie zu, die ich einst mit solcher Geringschätzung, wie etwas Unnützes verworfen hatte. Damals war sie mir als eine Reihe unnützer Sinnlosigkeiten erschienen, damals hatten mich von allen Seiten die Erscheinungen des Lebens umgeben, die mir klar und sinnvoll erschienen waren; auch jetzt würde ich gern abweisen, was in einen gesunden Kopf nicht hinein will, aber ich weiß nicht mehr ein und aus. Auf dieser Glaubenslehre beruht, oder mindestens ist mit ihr unzertrennlich verbunden jene einzige Kenntnis des Sinnes des Lebens, die mir aufgegangen war. Wie seltsam sie mir auch bei meinem alten, harten Verstande vorkommt, sie ist die einzige Hoffnung der Rettung. Man muß sie vorsichtig, aufmerksam prüfen, um sie zu begreifen – freilich nicht begreifen, wie ich Thesen einer Wissenschaft begreife. Ich suche das nicht und kann es nicht suchen, da ich die Eigentümlichkeit der Erkenntnis des Glaubens kenne. Ich werde nicht die Erklärung des Ganzen suchen. Ich weiß, die Erklärung des Ganzen muß, wie der Urquell aller Dinge, in der Unendlichkeit verborgen sein. Ich will es aber soweit begreifen, um zu dem Unvermeidlich-Unerklärlichen hingeführt zu werden; ich will, daß alles das, was unerklärlich ist, es sei, nicht weil die Forderungen meines Verstandes unrichtig sind (sie sind richtig und außerhalb ihrer kann ich nichts begreifen), sondern weil ich die Grenzen meines Verstandes erkenne. Ich will es so begreifen, daß jede unerklärliche These sich mir als ein Postulat eben dieses Verstandes darstellt und nicht als die Pflicht zu glauben.

Daß in der Lehre Wahrheit liegt, das ist mir unzweifelhaft; aber auch das ist mir unzweifelhaft, daß Lüge in ihr enthalten ist, und ich muß die Wahrheit und die Lüge finden und eines vom andern scheiden. Und an diese Arbeit gehe ich nun. Was ich in dieser Lehre Falsches, was ich in ihr Wahres gefunden habe und zu welchen Schlüssen ich gekommen bin – das bildet den Inhalt der folgenden Teile meines Werkes, das, wenn es so viel wert ist und jemandem nützen kann, wahrscheinlich irgend einmal irgendwo gedruckt werden wird.

1879

———

Das hatte ich vor etwa drei Jahren niedergeschrieben. Jetzt, da ich diesen Teil im Druck durchsah und mich in den Gedankengang und die Gefühle zurückversetzte, die mich damals bewegten, als ich sie durchlebte, hatte ich einen Traum. Dieser Traum sprach mir in gedrängter Form all das aus, was ich durchlebt und geschildert habe, und darum denke ich, es könnte auch für diejenigen, die mich verstanden haben, die Beschreibung dieses Traumes, all das, was so ausführlich in diesen Blättern erzählt ist, auffrischen, erläutern und zusammenfassen. Dies also war mein Traum: Ich sehe mich, wie ich im Bette liege. Ich fühle weder Behagen, noch Unbehagen. Ich liege auf dem Rücken. Aber ich fange an, darüber nachzudenken, ob ich mich beim Liegen behaglich fühle. Bald habe ich das Gefühl, daß meine Beine unbequem liegen, bald ist das Bett zu kurz, bald scheint es mir passend genug. Irgend etwas ist mir unbequem. Ich mache eine Bewegung mit den Beinen, und in dem Augenblick fange ich an, darüber nachzudenken, wie und worauf ich liege, was mir bisher gar nicht in den Sinn gekommen war. Wie ich nun mein Bett betrachte, sehe ich, daß ich auf geflochtenen Querbändern liege, die an den Betträndern befestigt sind. Meine Sohlen liegen auf einem solchen Bande, die Kniee auf einem andern – unbequem für die Beine. Mir ist, ich weiß nicht woher, bekannt, daß man diese Bänder verschieben kann. Und ich stoße mit einer Bewegung der Beine das äußerste Band unter den Füßen fort und denke, daß es nun besser sein wird. Ich hatte es aber zu weit fortgestoßen; ich will es mit den Beinen wieder greifen, aber bei dieser Bewegung schlüpft unter meinen Knieen auch das andere Band fort, und meine Beine hängen herab. Ich mache mit dem ganzen Körper eine Bewegung, um mich zurechtzulegen, und bin fest überzeugt, daß das ohne Schwierigkeiten gelingen muß; aber bei dieser Bewegung schlüpften unter mir auch die anderen Bänder fort und verschieben sich, und ich sehe, ich habe alles zerstört. Mein ganzer Unterkörper schiebt sich hinunter und hängt herab, die Füße reichen nicht bis zum Boden. Ich halte mich nur mit dem oberen Teil des Rückens, und mir wird unbehaglich, ja sogar unerträglich. Erst jetzt fällt mir eine Frage ein, die mir bis dahin nicht in den Sinn gekommen. Ich frage mich: Wo bin ich und worauf liege ich? Und ich schaue mich um und sehe vor allem nach unten, dahin, wo mein Körper herabhängt und wohin er – ich fühle es – im nächsten Augenblick hinunterfallen muß. Ich blicke nach unten und traue meinen Augen kaum; ich befinde mich nicht nur in einer Höhe, die der Höhe eines sehr hohen Turmes oder Berges gleicht – ich befinde mich in einer Höhe, die ich mir niemals hätte vorstellen können. Ich kann nicht einmal klar sagen, ob ich etwas sehe dort unten in dem bodenlosen Abgrund, über dem ich schwebe und zu dem es mich hinabzieht. Das Herz krampft sich mir zusammen und ein Schauder ergreift mich. Es ist schrecklich, hinunterzuschauen. Ich fühle, wenn ich hinunterblicke, gleite ich von dem letzten Bande herab und bin verloren. Ich sehe nicht hinunter. Aber Nichtsehen ist noch schlimmer, denn ich denke an das, was mit mir geschehen muß, wenn ich mich von dem letzten Band losreiße. Und ich fühle, wie ich vor Entsetzen den letzten Halt verliere und allmählich auf dem Rücken immer tiefer und tiefer gleite. Noch einen Augenblick, und ich falle herunter. Da kommt mir der Gedanke: das kann nicht Wirklichkeit sein. Das ist ein Traum. Erwache. Ich mache den Versuch, zu erwachen, und kann nicht. Was thun, was thun? – frage ich mich und schaue hinauf. Oben ist ebenfalls ein Abgrund. Ich blicke in diesen Abgrund des Himmels und gebe mir Mühe, den Abgrund unten zu vergessen, und vergesse ihn auch wirklich. Die Unendlichkeit unten stößt mich ab und macht mich schaudern; die Unendlichkeit oben zieht mich an und giebt mir Halt. Ich hänge wie vorher auf den letzten Bändern, die unter mir noch nicht fortgerückt sind, über dem Abgrund; ich weiß, daß ich hänge, aber ich schaue nur nach oben, und meine Furcht hört auf. Da spricht, wie es im Traume vorkommt, eine Stimme: „Merk auf dies! Das ist es!" Und ich schaue immer länger und länger in die Unendlichkeit oben und fühle, daß ich ruhiger werde und mir alles wieder in's Gedächtnis zurückkehrt, was geschehen war, und ich erinnere mich, wie all dies geschehen war: wie ich meine Beine bewegt habe, wie ich hinabgeglitten war, wie ich erschrocken war, und wie ich mich von dem Schrecken dadurch errettet, daß ich nach oben geblickt hatte. Und ich frage mich: nun, und jetzt, hänge ich noch immer in der gleichen Lage? Und weniger mit dem Blick, als mit meinem ganzen Körper werde ich mir des Stützpunktes bewußt, an dem ich mich halte. Und ich sehe, daß ich nicht mehr hänge und nicht mehr falle, sondern mich festhalte. Ich frage mich, wie ich mich halte, ich betrachte mich, ich schaue mich um und sehe, daß unter mir, unter der Mitte meines Körpers ein Tragband ist und daß ich, emporblickend, auf diesem in sicherstem Gleichgewicht liege, daß dies allein mich auch bisher gehalten hatte. Da erscheint mir plötzlich, wie es im Traume zu sein pflegt, der Mechanismus, vermöge dessen ich mich halte, sehr natürlich, begreiflich und klar, obgleich dieser Mechanismus in Wirklichkeit gar keinen Sinn hat. Ich wundere mich sogar im Traum, daß ich das vorher nicht begriffen hatte. Da zeigt sich, daß mir zu Häupten eine Säule steht. Die Festigkeit dieser Säule unterliegt nicht dem geringsten Zweifel, obwohl die dünne Säule keine Unterlage hat, auf der sie steht. Von der Säule ist dann künstlich und einfach zugleich eine Schlinge geführt, und liegt man auf dieser Schlinge mit der Mitte des Körpers und schaut in die Höhe, so kann von Fallen gar nicht die Rede sein. All dies ward mir klar, und ich war freudig und ruhig. Und es war, als spräche jemand zu mir: „Schau und gedenke." Und ich erwachte.

1882

Anhang

Reproduktion eines Tolstoi-Bildnisses
von Ilya Repin (1844–1930)

Die Krise und der neue Glaube

Aus dem dokumentarischen Werk
„Tolstois Biographie und Memoiren"
(1909)[1]

Von Pavel Birjukov

[...] Der Bericht des Verhältnisses zwischen den beiden großen Schriftstellern [Leo N. Tolstoi und Iwan Sergejewitsch Turgenew] hat uns in das Jahr 1879 hinübergeführt, in das Jahr der ‚Bekenntnisse', in welchem die geistige Krisis Tolstois sich entschied. Der Beschreibung jener schweren und freudigen Ereignisse soll der vierte Teil des zweiten Buches [...] gewidmet sein.

Vierzehntes Kapitel.

DIE KRISE

Wir sagten in einem der vorhergehenden Kapitel, daß wir das Jahr 1876 für den Beginn der Krise ansehen und daß das Ende der Siebziger Jahre die heftigste Periode derselben war, welche mit der Erleuchtung abschloß.

Gewiß kann das Jahr 1876 nur im engeren, episodischen Sinne als der Beginn der Krise angesehen werden. Man kann auch anders sagen. Die Krise begann von dem Tage an, wo er anfing, bewußt zu leben; beides wird richtig sein. Betrachten wir diese beiden Behauptungen näher. In einem seiner autobiographischen Werke erklärt Tolstoi selbst, daß es eine eigentliche Krise, eine Umwälzung in seinem Leben gar nicht gegeben habe, daß er immer darnach gestrebt habe, den Sinn des Lebens zu finden und daß nur komplizierte äußere Erscheinungen und

---

[1] Textquelle | *Leo N. Tolstois Biographie und Memoiren.* Autobiographische Memoiren, Briefe und biographisches Material. Herausgegeben von Paul Birukof und durchgesehen von Leo Tolstoi. II. Band: Reifes Mannesalter. Wien/Leipzig: Moritz Perthes (k. u. k. Buchhandlung) 1909, S. 307-371.

Ereignisse, sowie seine eigenen Leidenschaften und Schwärmereien die Lösung der Lebensfragen aufschoben und die latenten Kräfte in einen mächtigen inneren Anstoß konzentrierten, welcher eben das morsche Gebäude zusammenstürzen machte.

In diesem Sinne können auch die beiden Erklärungen aufgefaßt werden: die erste, daß Tolstoi immer so gewesen sei, wie er jetzt ist, und die zweite, daß zu Ende der Siebzigerjahre eine seelische Umwälzung in ihm stattgefunden habe, die sein Leben jäh veränderte. Wir wollen sowohl die erste Behauptung in chronologischer Weise betrachten, als auch diesen Wendepunkt sehr aufmerksam untersuchen.

Schon in dem ersten Bande unserer Arbeit haben wir uns bemüht, alle diejenigen Stellen aus seinen künstlerischen Werken, Artikeln, Briefen, aus seinem Tagebuche anzuführen, in denen sein Innenleben zum Ausdrucke kommt.

Wir wollen nun einen raschen Überblick über diese Äußerungen des Innenlebens gewinnen, um auf diese Weise, im Besitze der wichtigsten Koordinaten, imstande zu sein, die Kurve seiner geistigen Bewegung zu zeichnen.

In der Periode der unbewußten und halbbewußten Kindheit finden wir in Tolstoi nur eine gewisse erhöhte Empfindlichkeit, Nervosität, Ungleichmäßigkeit des Charakters, oft Impulsivität – die ersten Anzeichen, die ihn aus dem Milieu, in welchem er lebte, herausheben. Im Knabenalter tauchen bereits die ersten Züge seiner moralischen, seelischen Physiognomie auf. Es erscheint zum erstenmale das Streben nach dem Ideal, zum erstenmale tritt die begeisterte Liebe in ihm auf. Diese Ideale sind verschieden und wechseln oft, denn keines befriedigt die heiße Seele des Kindes. Einmal wird sein ältester Bruder Sergius sein Ideal, ein anderesmal betet er seinen Bruder Nikolaus an, wieder einmal träumt er von irgend einem unklaren „Glücke" überhaupt, dann bemüht er sich, die Idee der Unsterblichkeit graphisch darzustellen, wieder einmal nehmen seine Gedanken eine skeptische Richtung an, er zweifelt an der Realität der Außenwelt und sucht nach dem Wesentlichen, dem Dinglosen, nach dem Nichtseienden. Gegen das Ende des Knabenalters bereits fangen diese

Ideale an, bestimmtere Umrisse zu bekommen, und äußern sich im Suchen des Weges zur Tugend, zum sittlichen, zum allgemeinen Wohle.

Mit diesem unkindlichen Streben tritt er ins Jünglingsalter ein und schon tritt der komplizierte Denkprozeß in seine Rechte und unterstützt seine idealen Bestrebungen. Er fängt an zu philosophieren.

Tolstoi kann bereits selbst seine seelischen Wünsche und Bestrebungen analysieren und klassifizieren. Der Held seiner Erzählung „Jünglingsjahre", der das Innenleben Tolstois spiegelt, sagt, daß der allgemeine Charakter seines Strebens in dieser Zeit das Streben nach sittlicher Vervollkommnung war. Hand in Hand mit diesem gab es aber noch andere Bestrebungen mehr persönlicher Natur: die Liebe „zu ihr", die Liebe zur Liebe, das Dürsten nach Ruhm und als Reaktion Reue, Selbstanklage; diese zwei einander widersprechenden Gefühle, Eitelkeit und bescheidene Selbsterkenntnis, gingen oft ineinander über.

„Die Reue", sagt er, „war bis zu einem solchen Grade mit der Hoffnung auf Glück verschmolzen, daß sie gar nichts Trauriges an sich hatte. Ich empfand sogar einen Genuß in dem Abscheu gegen das Vergangene und bemühte mich, es schwärzer zu sehen, als es war. Je schwärzer der Erinnerungskreis des Vergangenen war, umso reiner und heller trat der helle, reine Punkt der Gegenwart hervor und um so leuchtender strahlten die Regenbogenfarben der Zukunft."

Mit 18 Jahren fängt er an, ein Tagebuch zu führen. In diesem sieht man bereits die innere Arbeit gegen sich selbst. Er schreibt sich Lebensregeln vor, verteilt die Beschäftigung, steckt sich die weitesten und besten Ziele. Die Bedeutung, die er schon damals seiner inneren, seelischen Welt beimaß, ist aus der folgenden Äußerung in seinem Tagebuche ersichtlich:

„Eine Änderung in meiner Lebensweise muß eintreten, aber es ist notwendig, daß diese Änderung nicht das Produkt äußerer Verhältnisse, sondern das Werk der Seele sei."

Mit solchen Gedanken verläßt Tolstoi die Universität, reist nach Jasnaja Poljana und beginnt ein selbständiges Leben.

Fassen wir nunmehr diejenigen Quellen ins Auge, welche die Seele Tolstois in diesen Jünglingsjahren nährten.

Schon in den ersten Tagen seines Lebens hatte er das mächtige Gefühl der Mutterliebe an sich erfahren.

In den Erinnerungen an seine Mutter sagt Tolstoi: „Das vierte starke Gefühl, welches, wie mir die Tanten sagten, vielleicht da war, und von welchem ich so sehr wünschte, daß es da gewesen wäre, war die Liebe zu mir, die ihr die Liebe zu Koko ersetzte, der zur Zeit meiner Geburt sich bereits von der Mutter losgemacht und in männliche Hände übergegangen war."

Mit anderthalb Jahren bleibt er in der Obhut seiner Tante Tatjana Alexandrowna Jergoljskaja.

„Tante Tatjana Alexandrowna", sagt Tolstoi in den Erinnerungen an sie, „hatte den größten Einfluß auf mein Leben. Dieser Einfluß bestand erstens darin, daß sie mich schon in der Kindheit den geistigen Genuß der Liebe lehrte. Sie lehrte mich nicht mit Worten, sondern sie steckte mich durch ihr ganzes Wesen mit Liebe an."

In der Kindheit erfuhr er noch einen wohltätigen Einfluß von Seite des deutschen Erziehers Fedor Iwanowitsch Drossel. Aus der wahrheitsgemäßen Schilderung desselben in der „Kindheit" ist zu ersehen, daß dieser Einfluß ein wohltätiger gewesen ist. Das unglückliche, einsame, verwaiste Leben dieses Menschen hatte das Gefühl des Mitleids für die Menschen in ihm erzeugt. Der Einfluß des Vaters, der fortwährend von allerlei Geschäften in Anspruch genommen war, konnte nicht sehr groß sein, wir sehen jedoch an einigen charakteristischen kleinen Zügen in den Erinnerungen, daß die Autorität des Vaters in der Familie groß war und daß sein Einfluß ein wohltätiger war.

Als der Vater ihn wegen eines vorgetragenen Gedichtes gelobt hatte, sagt Tolstoi: „Ich begriff, daß er in meinem Vortrage etwas Gutes sah, und war deswegen sehr glücklich."

Tolstoi erzählt, daß der Vater gutmütig zusah, wie der alte Kammerdiener immer wieder von seinem Tabak nahm, und fügte hinzu: „Ich bin entzückt über die Güte des Vaters, und wenn ich mich von ihm verabschiede, küsse ich mit besonderer

Zärtlichkeit seine weiße sehnige Hand. Ich habe meinen Vater sehr geliebt, aber ich habe erst, als er starb, erfahren, wie stark diese meine Liebe zu ihm war."

Besonders mächtig war der Einfluß von Seite des guten, gedankenvollen Bruders Nikolaus, der mit den jüngeren Brüdern besondere Spiele erfand, in denen die wichtigsten Fragen über das Verhältnis der Menschen zueinander berührt und stets im Sinne der Liebe und Eintracht gelöst wurden. Es genügt an die Ameisenbrüder, an den Fanfaronhügel und den grünen Stab zu erinnern, von denen Tolstoi in seinen Erinnerungen spricht, um zu begreifen, einen wie wichtigen Einfluß der ältere Bruder auf Leo Nikolajewitsch ausübte.

„Das Ideal der Ameisenbrüder", so beschließt Tolstoi seine Erinnerungen an den Bruder Nikolaus, „die sich in Liebe zueinander hingezogen fühlten, aber nicht nur unter zwei Stühlen, die mit Tüchern verhüllt waren, sondern unter der weiten Himmelswölbung und für alle Menschen der Welt – dieses Ideal ist für mich immer das gleiche geblieben. Und so wie ich damals glaubte, daß es einen solchen grünen Stab gebe, auf dem alles aufgeschrieben steht, was das Böse in den Menschen vernichten und ihnen die große Glückseligkeit geben kann, so glaube ich auch jetzt, daß diese Wahrheit da ist, und daß sie den Menschen offenbar werden wird und daß sie ihnen das geben wird, was sie verspricht."

Wenn der Bruder Dmitrij inmitten seiner Brüder und Altersgenossen mit seiner religiösen Stimmung und Frömmigkeit auch Spott hervorrief, so sind wir doch überzeugt, daß er, für Leo Nikolajewitsch selbst unbewußt, den Samen der Religiosität in seine Seele gestreut hat. Die Mutter und die Tante Tolstois liebten es, Pilger, verrückte Betbrüder und andere sogenannte „Gottesmenschen" bei sich aufzunehmen, und auch sie taten das Ihre, sie entzündeten die Fünkchen einfach-naiven, volkstümlichen Glaubens, eines Glaubens, welchen die Seele des zukünftigen großen Künstlers und Denkers emporhob, mit den rosigen Farben der Poesie schmückte und dem sie einen vernünftigen Sinn verlieh.

„Viel Wasser ist seither abgeflossen", schreibt Tolstoi in seiner ‚Kindheit‘, „viele Erinnerungen an das Vergangene haben
ihre Bedeutung für mich verloren und sind zu unklaren Traum-
vorstellungen geworden, selbst der Pilger Grischa hat schon
längst seine letzte Wanderung vollendet, aber der Eindruck, den
er auf mich gemacht hat, und das Gefühl, das er wachgerufen
hat, werden nie in meiner Erinnerung erlöschen."

In seinen Anmerkungen bei der Durchsicht des Manuskriptes
des ersten Bandes dieser Biographie fügt Tolstoi hinzu:

„Viele verrückte Gottessucher von verschiedener Art pflegten in unserem Hause zu sein, und ich gewöhnte mich daran –
wofür ich meinen Erziehern aus tiefster Seele danke – sie mit großer Achtung anzusehen. Wenn auch unaufrichtige unter ihnen
waren, so war doch die Aufgabe ihres Lebens selbst, wenn auch
praktisch unsinnig, eine so hohe, daß ich mich freue, schon in der
Kindheit die Höhe ihrer Mission begreifen gelernt zu haben. Sie
taten das, worüber Mark Aurel sagt: ‚Es gibt nichts Höheres, als
die Verachtung wegen unseres guten Lebens zu ertragen'. So
schädlich, so unabwendbar ist die Versuchung menschlichen
Ruhmes, welche sich immer den guten Taten beimengt, daß man
den Bestrebungen, nicht nur das Lob zu meiden, sondern sogar
die Verachtung der Menschen hervorzurufen, seine Sympathie
nicht versagen kann."

Dies sind, wie wir glauben, die wichtigsten Quellen desjenigen wohltätigen Einflusses, welche der Seele des jungen Tolstoi
Nahrung zuführten und sie für das Gute empfindlich machten
und ideales Schwärmen und Streben in ihr wachriefen.

Aber schon in früher Kindheit sah er auch eine andere,
dunkle Seite des Lebens. Er stieß auf Hindernisse, blieb bei Kon-
flikten des Traumes und der Wirklichkeit, der idealen und realen
Welt zweifelnd stehen. Und dieses Reale versetzte ihm schmerz-
hafte Stiche und zwang ihn, über die Lösung des Widerspruches
im Leben nachzudenken.

In seinen Erinnerungen führt er einige Fälle von ihm zuge-
fügter Kränkung an. In seinem Kinderköpfchen erstand das Bewußtsein, daß er nicht von allen und nicht immer geliebt wird,

daß ihm nicht alles und nicht immer gelingt, daß es Hindernisse gibt im Leben, gegen die er mit seinen schwachen Kinderkräften nicht ankämpfen kann und daß man sich ihnen unterwerfen müsse, daß man Entbehrungen, Enttäuschungen erleiden müsse.

Das größte Ereignis von der Art dieser verhängnisvollen, unbesiegbaren Hindernisse war der Tod des Vaters, dann der der Großmutter, der Tante. Diese Todesfälle hinterließen außer dem Bewußtsein von der Unvermeidlichkeit gewisser Unglücksfälle im Leben auch noch den Eindruck von etwas feierlich Geheimnisvollem, zu welchem die lebhafte Phantasie allerlei mystische Gestalten hinzudichtete.

Schon früh hatte Tolstoi Gelegenheit, das Pflichtgefühl kennen zu lernen. In seinen „ersten Erinnerungen" sagt er folgendes:

„Als ich nach unten hinübergeführt wurde, zu Fedor Iwanowitsch und den Jungen, da hatte ich zum erstenmale, und daher stärker als irgend jemals in späterer Zeit, jenes Gefühl, welches man Pflichtgefühl nennt, das Gefühl von dem Kreuze, welches jeder Mensch zu tragen berufen ist. … Vielemal erlebte ich im späteren Leben solche Augenblicke auf den Kreuzungspunkten des Lebens, wenn ich neue Wege betrat. Ich empfand eine stille Trauer über die Unwiederbringlichkeit des Verlorenen."

Einen starken und wohltätigen Eindruck hinterließ in Tolstoi auch der Konflikt mit dem französischen Erzieher.

„Ich weiß nicht, wofür", sagte Tolstoi in seinen Erinnerungen, „aber für etwas, was am wenigsten Strafe verdiente, sperrte mich St. Thomas erst in ein Zimmer und drohte dann noch mit Rutenstreichen. Und ich erfuhr das schreckliche Gefühl des Zornes, der Entrüstung und des Abscheus, nicht nur gegen St. Thomas, sondern gegen jene Gewalt, welche er gegen mich anwenden wollte. Man könnte fast sagen, daß dieser Fall den Grund legte zu dem Abscheu und dem Entsetzen vor jeder Art von Gewalt, welche ich mein ganzes Leben hindurch empfinde."

Dies sind in flüchtiger Übersicht jene psychologischen Momente, aus denen sich die Seele Tolstois in den Jünglingsjahren zusammensetzte. Selbstverständlich stellen alle aufgezählten Tatsachen und Einflüsse nur typische Erscheinungen dar aus einer ganzen Reihe von ähnlichen, die unbemerkt oder unvermerkt geblieben sind, und endlich wurde ja sein ganzes Leben außerdem von einer ganzen Reihe von halbbewußten oder unbewußten Einflüssen ausgefüllt. Da aber die Mehrzahl der angeführten Tatsachen von Tolstoi selbst aufgeschrieben ist, so sehen wir, daß er gerade diesen besondere Bedeutung beilegte, und so folgt daraus, daß sein Bewußtsein gegenüber Erscheinungen dieser Art besonders empfindlich war, und daß sich gerade aus solchen Eindrücken seine Innenwelt hauptsächlich zusammensetzte.

Und nun tritt er mit diesem ganzen geistigen Besitztum, mit allen Gewohnheiten der Erziehung, welche die Erscheinungsform aller dieser Bestrebungen bestimmten, ins Leben.

Er wird Gutsbesitzer und geht daran, das ihm nach der Teilung zugefallene Gut „Jasnaja Poljana" selbst zu verwalten. Zu jener Zeit war die Verwaltung eines Gutes unvermeidlich mit der Obhut und Fürsorge für Menschen – für die Bauern – verbunden. Und so sehen wir, wie Traum und Wirklichkeit alsbald zusammenstoßen und wie dieser Traum in Scherben zerfällt. In Tolstois Seele muß nun die Frage erstehen: Wie können die Träume, die Bestrebungen, die er als gute empfindet, mit der Wirklichkeit in Einklang gebracht werden, welche diesen Bestrebungen gleichsam keine Existenzberechtigung zuerkennen will. Aber er kann diesen Bestrebungen nicht entsagen, seine junge Seele ist voll von ihnen, er lebt durch sie – so bleibt nur eines übrig, die Wirklichkeit als eine falsche anzuerkennen, und so entsteht der Gedanke an eine Reform. Aber der Lösung dieser Aufgabe sind seine Kräfte noch nicht gewachsen und die Aufgabe bleibt in einem Winkel seiner Seele liegen und wartet, bis ihre Stunde kommt.

Dann kommen Jahre ungeordneten, chaotischen Lebens im Kampfe und oft auch in Ausschweifung der Leidenschaften, deren glücklichen Abschluß die Reise nach dem Kaukasus bildet.

Tolstois Seele fand dort Ruhe im Schoße der wilden Natur. Von der Berührung mit ihr, dieser ewigen Quelle aller Kraft, erstand Tolstois Mut aufs neue, und wieder erheben alle seine

Wünsche ihre Stimme und wieder fordern sie Erfüllung.

Der Held der „Kosaken", Olenin, spricht folgende Formel aus: „Das Glück besteht darin, für andere zu leben. Das ist klar. Ein Bedürfnis nach Glück ist in den Menschen hineingelegt, folglich ist es gesetzlich, (d. h. berechtigt). Sucht er dasselbe auf egoistische Weise zu befriedigen, d. h., indem er für sich selbst Reichtum, Ruhm, Bequemlichkeit, Liebe erstrebt, so kann es geschehen, daß die Verhältnisse sich so gestalten, daß es unmöglich wird, diese Wünsche zu erfüllen. Folglich sind diese Wünsche ungesetzlich, nicht aber das Bedürfnis nach Glück. Welche Wünsche sind es nun, die immer erfüllt werden können, ungeachtet der äußeren Verhältnisse? Welche sind es ? Liebe, Selbstverleugnung. …"

Hier sehen wir, wie die idealen Bestrebungen nicht mehr mit äußeren, sozialen Verhältnissen in Konflikt geraten, sondern mit persönlichen Leidenschaften, mit dem Egoismus – augenscheinlich war das schon Lebenserfahrung – und wiederum besteht die Lösung darin, daß der Egoismus, daß die Leidenschaften besiegt werden müssen. Sie sind ungesetzlich, sie müssen nachgeben, den Platz räumen, sie müssen der Liebe, der Selbstverleugnung Freiheit zur Betätigung verschaffen.

Dortselbst, im Kaukasus, sprießt auch als junges Reis der künftige mächtige Baum – das künstlerische Schaffen. Das Empfinden dieser noch latenten, aber sich bereits kenntlich machenden Kraft ruft das erste Bewußtsein von seinem Berufe in ihm wach.

„Es ist etwas in mir", schreibt er in seinem Tagebuche aus jener Zeit, „was mich zwingt zu glauben, daß ich nicht geboren bin, zu sein wie alle anderen."

Das Bäumchen der Schaffenskraft begann rasch zu wachsen und seine erste Frucht wurde von Menschen bewertet, denen die Ausnützung dieser Kraft Profession ist – von den Literaten. Und sie riefen Tolstoi in ihre Mitte. Aber Tolstoi hat es nie vermocht, in ihren beruflichen Bund einzutreten, und ist für immer ein freier Künstler des Lebens geblieben in dem weitesten Sinne dieses Wortes.

Die Ereignisse um ihn nahmen ihren Lauf. Er kommt nach Sebastopol. Wiederum der verhängnisvolle Konflikt zwischen dem allerhöchsten Streben und der allerfurchtbarsten Wirklichkeit.

Gute, kluge, heldenhaft-aufopfernde Menschen verbrauchten ungeheure geistige und physische Kräfte für ihre gegenseitige Vernichtung.

Und auf die neue Frage – was nun? – antwortete er im Geiste nicht mehr mit der Idee der Reform der gesellschaftlichen Verhältnisse, nicht mit dem Gedanken an die Bezähmung der Leidenschaften – welche Leidenschaften, welcher Egoismus war in den sterbenden Helden Sebastopols? – in ihm ersteht die Idee von der Reform der Grundlage des Lebens selbst, von der Reform der christlichen Religion.

„Ich fühle mich fähig", schreibt er, „der Verwirklichung dieses großen, ungeheuren Gedankens mein Leben zu weihen."

So war es das Leben selbst, was ihn lehrte, und er schöpfte Kräfte aus diesem Leben, er sammelte und verarbeitete sie in seinem Bewußtsein, um sie später für die Reformierung und Lenkung des Lebens anzuwenden.

Aber dieser Entschluß blieb wie die früheren bis zu einer bestimmten Zeit in den geheimen Kammern seiner Seele liegen.

Er erscheint in der Gesellschaft, er erntet Ruhm, die Verlockungen der Welt reißen ihn mit sich fort und wieder bewegt er sich im Wirbel der Leidenschaften.

Nachdem er einmal den Versuchungen des Fortschrittes und der Zivilisation nachgegeben, empfindet er einen unstillbaren Durst nach Wissen, nach neuen Eindrücken, empfindet er den Wunsch, diesen verlockenden Trank bis zu Ende zu trinken.

Diese neue Leidenschaft war stärker als die früheren, da er zugleich mit diesen Versuchungen auch die Theorie in sich aufnahm, jene zu rechtfertigen, die Theorie des Fortschrittes und des Belehrens.

Ganz konnte er diese Theorie nie in sich aufnehmen: „Im zweiten, besonders aber im dritten Jahre eines solchen Lebens begann ich, an der Unfehlbarkeit dieses Glaubens zu zweifeln, und fing an, diesen zu untersuchen", sagt er in seinen „Bekenntnissen". Aber nun reist er nach Europa, nach Paris, in jenen Mittelpunkt, von welchem aus dieses schreckliche, lockende, sengende Licht der Zivilisation sich über die ganze Welt ergießt und – auf die Todesstrafe fällt. „Als ich sah", sagt er in den „Bekenntnissen", „wie der Kopf sich vom Körper trennte, wie beide mit einem Male polternd in die Kiste rollten, da begriff ich, – nicht mit dem Verstande, sondern mit meinem ganzen Wesen – daß keine Theorien von der Vernünftigkeit des existierenden Fortschrittes diese Tat rechtfertigen können, und daß ich weiß, daß dies nicht nötig ist, daß es schlecht ist, auch wenn alle Menschen der ganzen Welt nach allen möglichen Theorien von Weltbeginn an finden würden, daß es nötig sei – und deswegen ist der Richter darüber, was gut und was böse ist, nicht dasjenige, was die Menschen tun und sagen, und auch nicht der Fortschritt, sondern ich bin es mit meinem Herzen."

Und die weltliche Lehre war erschüttert.

Es war wie ein Verhängnis, wie er sich der Lösung der Lebensfrage näherte.

Er brauchte sich nur für eine Zeitlang zu vergessen und sich für irgend eine Sache zu begeistern, als ihn auch schon ein neuer Schlag ernüchterte und ihn mahnte: *memento mori* !

Ein solcher ernüchternder Schlag, der ihm den Weg freimachte zur Aufnahme der höchsten Wahrheit, war der Tod seines Bruders Nikolaus im Jahre 1860.

Der Einfluß dieses Todes war ein wohltätiger, jedoch ein negativer. Dieser Tod zerstörte alle Illusionen des Lebens und führte ihn daher zu dessen Grundlagen.

„Nichts im Leben", schreibt er an Fet, „hat einen solchen Eindruck auf mich gemacht".

Und weiter in demselben Briefe:

„Man kann dem Stein nicht einreden, er möge nach oben fallen und nicht nach unten, wohin es ihn zieht. Man kann nicht über einen Scherz lachen, den man bis zum Überdruß kennt. Man kann nicht essen, wenn man keinen Appetit hat. Wozu das alles, wenn morgen die Todesqualen beginnen mit aller Abscheulichkeit der Lüge, des Selbstbetruges, wenn alles mit einem Nichts für Dich endet?"

Das Nichts aus „mir" heißt noch nicht ein absolutes Nichts. Im Gegenteil, erst nach der Beseitigung meines „Ich" bleibt die alleinige ewige Wahrheit. In jenem Augenblicke war Tolstoi nur bis zur Leugnung seines „Ich" gekommen und sah nicht weiter. Aber der Weg war geebnet und er konnte, nachdem er bei der Kreuzung ausgeruht hatte, seine Vorwärtsbewegung fortsetzen.

Dieser Tod bewirkte etwas noch Größeres, er bekräftigte ihn in seiner Leugnung der Theorie des Fortschrittes und der Zivilisation.

„Ein anderer Fall", sagt er in den „B e k e n n t n i s s e n", „der mir die Unzulänglichkeit des Aberglaubens von dem Fortschritte im Leben zum Bewußtsein brachte, war der Tod meines Bruders. Ein kluger, guter, ernster Mensch, erkrankte er in jungen Jahren, litt über ein Jahr lang und starb unter Qualen, ohne zu begreifen, wozu er gelebt hatte, und noch weniger, warum er sterbe. Es gab keine Theorien, die auf diese Fragen mir oder ihm während seines langsamen und qualvollen Absterbens antworten konnten."

„Man muß aber doch", sagt Tolstoi in einem Briefe an Fet, „seine Kräfte, die man hat, irgendwohin tun … solange der Wunsch da ist, die Wahrheit zu wissen und auszusprechen, bemüht man sich, sie zu erfahren und sie auszusprechen. Das ist das einzige, was mir von der Welt der Moral geblieben ist, das ist das Höchste, was ich erreichen kann. Das allein werde ich auch tun, aber nicht in der Form Eurer Kunst. Die Kunst ist Lüge, ich aber kann die schöne Lüge nicht mehr lieben."

Und nun widmet er sich mit der ganzen ihm eigentümlichen Leidenschaftlichkeit der pädagogischen Tätigkeit, sowohl der Theorie als auch der Praxis, und diese Tätigkeit schiebt für eine Zeitlang die Krise in ihm auf.

Gleichzeitig mit dieser Seelenarbeit, die diese Tätigkeit manchmal behinderte, manchmal auf eine andere Bahn lenkte, lebte in Tolstoi auch der unbefriedigte Wunsch nach dem Familienleben.

Mehrmals klagt er in den Briefen an Verwandte über dieses unbefriedigte Gefühl, mit Wehmut sieht er die Jahre vergehen und die immer geringer werdende Möglichkeit eines Familienlebens, von welchem er mit Begeisterung geträumt.

Endlich ist er verheiratet, glücklich verheiratet, er läßt die Lehrarbeit liegen und geht wieder ganz in die für ihn neue Sache, in das Familienleben, auf.

Hand in Hand damit schreitet eine andere Tätigkeit fort, die seine Kräfte aufzehrt – das künstlerische Schaffen. Die Sechziger- und Siebzigerjahre vergehen in diesen beiden Betätigungsarten, die alle seine Seelenkräfte zersplittern und aufzehren: die Familie mit der Wirtschaft und die Schriftstellerei.

„So vergingen noch fünfzehn Jahre", schreibt Tolstoi in seinen „Bekenntnissen".

„Trotzdem ich das Schriftstellern für eine nichtige Sache hielt, fuhr ich doch im Laufe dieser fünfzehn Jahre fort zu schreiben. Ich hatte die Frucht des Schriftstellerns schon gekostet, die Verlockung der ungeheuer reichlichen Geldentlohnung und des Beifallklatschens für meine nichtige Arbeit, und ich gab mich dieser Verlockung hin, als einem Mittel, meine materielle Lage zu verbessern und in der Seele alle Fragen nach dem Sinne meines Lebens und des Lebens überhaupt zu ersticken.

Und alles das konnte jenes junge Reis geistigen Lebens nicht ersticken, welches schon durch die Mutterliebe gepflanzt, in den Jünglingsjahren gehegt, vom Schicksal behütet wurde, indem dieses durch seine Schläge die Versuchungen überwand, die das Bäumchen fast erdrückt hätten, und es wuchs empor, dieses Bäumchen, aus einem ganzen Haufen von darüber geschüttetem Kehricht."

„So lebte ich", sagt Tolstoi in den ‚Bekenntnissen', „aber vor fünf Jahren begann etwas Seltsames mit mir vorzugehen, es kamen Augenblicke über mich, erst des Zweifels, des Stockens im Leben, als ob ich nicht wüßte, wie ich leben, was ich tun sollte, und ich wurde verwirrt und verfiel in Trauer. Aber das ging vorüber und ich fuhr fort zu leben wie früher. Später begannen diese Augenblicke des Zweifels sich öfter und immer öfter zu wiederholen und immer in derselben Gestalt. Diese Stockungen des Lebens äußerten sich stets in den gleichen Fragen: Wozu? Nun, und dann?"

„Ich begriff", sagt er weiter, „indem ich mich mit einem Kranken verglich, daß dies kein zufälliges Unwohlsein war, sondern etwas sehr Wichtiges, und daß man die Fragen beantworten müsse, wenn sie immer wiederkommen."

Dies waren die ersten Anzeichen der herannahenden sogenannten Krise, eigentlich aber war das das Emporwachsen desselben geistigen Lebens, dessen Wachstum in Tolstoi niemals stehen blieb und nur zeitweise gleichsam erstarrte, um dann mit neuer Kraft, mit neuem Sieg über die äußeren Verhältnisse wieder zu erwachen.

So sehen wir zu Ende der Siebzigerjahre dieses neue Aufblühen des Sprosses des Geisteslebens, der sich mit solcher Kraft durch die drückenden äußeren Bedingungen einen Weg bahnte, daß nun keine Macht der Erde ihn niederhalten konnte.

Diesen wichtigen Moment seines Lebens beschrieb Tolstoi selbst in seinen „Bekenntnissen". Das erleichtert unsere Aufgabe um ein Bedeutendes. Aber die „Bekenntnisse" sind immerhin ein literarisches Werk, welches sich an alle Menschen wendet, und es sind darin, wie in jedem literarischen Werke, welches einer bedeutenden Umarbeitung unterworfen wurde, einige kostbare Züge des Rohmateriales verschwunden und Stellen hinzugekommen, welche für den Eindruck geschrieben sind, den sie auf das Publikum machen sollen.

Unsere Aufgabe wird es sein, aus diesem Werke jenes Wesentliche zu entnehmen, ohne welches der Verlauf des Vorganges unklar bleibt und das hinzuzufügen, was wir von privatem Material in Händen haben, um den Lebensprozeß dieser Zeit so stark als möglich zu beleben, um dessen biographische Seite zu zeigen.

Anscheinend hat Tolstoi bereits im Jahre 1874 den Plan gefaßt, etwas von der Art der „Bekenntnisse" zu schreiben, d. h. ein Werk zu schreiben, welches den Gedanken von der Unentbehrlichkeit der Religion als der Grundlage des Lebens ausdrücken sollte. In seinem Notizbuch vom Jahre 1874 finden wir folgende Skizze zu einem Vorwort für das geplante Buch:

„Es gibt eine Sprache der Philosophie, ich werde sie nicht sprechen. Ich werde eine einfache Sprache sprechen. Das Interesse für Philosophie ist allen gemeinsam und alle sind Richter darin. Die philosophische Sprache ist erfunden, um der Entgegnung entgegenzuarbeiten. Ich fürchte nicht die Entgegnung, ich suche sie. Ich gehöre in kein Lager. Und ich bitte die Leser, in keines zu gehören. – Dies ist die erste Bedingung für die Philosophie. Den Materialisten muß ich schon im Vorworte entgegentreten. Sie sagen, daß es außer dem Erdenleben nichts gebe. Ich muß ihnen entgegentreten, denn wenn es so wäre, so hätte ich nichts zu schreiben. Nachdem ich fast 50 Jahre gelebt habe, bin ich zur Überzeugung gekommen, daß das Erdenleben nichts gibt, und der kluge Mensch, der das Erdenleben ernst betrachtet: die Mühen, der Schrecken, die Vorwürfe, der Kampf – wozu das? Eine Art von Wahnsinn – wird sich sofort erschießen … und Hartmann und Schopenhauer haben recht. Aber Schopenhauer ließ es durchfühlen, daß es etwas gibt, weswegen er sich nicht erschossen hat. Dieses etwas ist eben die Aufgabe dieses Buches. Wodurch leben wir? – Es ist die Religion.“[2]

Man könnte glauben, daß Tolstoi eben auf dieses Werk anspielt in dem Briefe an Fet, anläßlich des Todes seines kleinen Sohnes im März 1874. Er spricht über den Stoff eines neuen Werkes, welcher ihn gerade in der allerschwersten Zeit der Krankheit des Kindes „ganz gefangen genommen habe“. Das war aber nur ein Aufleuchten des Bewußtseins. Von dieser Zeit an werden diese Erleuchtungsmomente immer häufiger und in den Briefen Tolstois an seine Freunde stößt man immer öfter auf Worte, welche auf die in ihm bereits begonnene und immer höher auflodernde geistige Arbeit hindeuten.

Aus dem nächsten Briefe, im April, ist ersichtlich, wie der Gedanke an den Tod sich Tolstois immer mehr bemächtigt.

---

[2] L. N. Tolstoi'sches Archiv.

20. April 1876.

„Ich habe Ihren Brief erhalten, teurer Afanasi Afanasjewitsch, und aus diesem ganz kurzen Briefe und aus den Gesprächen M. P.'s, die mir durch meine Frau mitgeteilt wurden, sowie aus einem Ihrer letzten Briefe heraus, in welchem ich den Satz unbeachtet gelassen hatte: ‚Ich wollte Sie rufen, damit Sie sehen, wie ich von dannen gehe', den ich erst jetzt begriffen habe, habe ich mich in Ihren Zustand versetzt, einen Zustand, der mir sehr verständlich und nahe ist – und Sie fingen an, mir leid zu tun. Sowohl nach Schopenhauer als auch in unserem Bewußtsein ist Mitleid und Liebe eines und dasselbe, – und ich bekam Lust, Ihnen zu schreiben. Ich bin Ihnen dankbar für den Gedanken, mich zu rufen, damit ich sehe, wie Sie von dannen gehen, zu einer Zeit, als Sie glaubten, daß es nahe sei. Ich werde das gleiche tun, wenn ich mich auf den Weg machen werde, falls ich imstande sein werde, zu denken. Ich würde in diesem Augenblick niemanden so sehr brauchen, wie Sie und meinen Bruder. Vor dem Tode ist die Gemeinschaft mit solchen Menschen teuer und freudebringend, welche in diesem Leben hinter die Grenzen dieses Lebens hinausblicken, Sie aber und jene seltenen wahren Menschen, denen ich begegnet bin, stehen doch immer, ungeachtet des gesunden Verhältnisses zum Leben, am äußersten Rande desselben und sehen das Leben nur deswegen deutlich, weil Sie einmal in die Nirwana, ins Grenzenlose, ins Unbekannte schauen, ein anderesmal in die Sansara, und dieser Blick in die Nirwana stärkt die Sehkraft. Die Menschen des Lebens aber, des gewöhnlichen Lebens, sind unsereinem unangenehm, so viel sie auch von Gott reden mögen, und müssen qualbringend sein zur Zeit des Todes, weil sie das nicht sehen, was wir sehen, eben jenen Gott, den bestimmteren, ferneren, aber höheren und unzweifelhaften, wie es in diesem Aufsatz heißt.

Sie sind krank und denken an den Tod, ich aber bin gesund und höre nicht auf, an eben denselben zu denken und mich für ihn vorzubereiten. Wir wollen sehen, wer früher daran kommt. Mir aber ist so plötzlich aus verschiedenen unmerklichen Zeichen Ihre mir tief verwandte Seelennatur klar geworden (besonders in Bezug auf den Tod), daß ich mit einem Male unsere Beziehungen schätzen lernte und angefangen habe, diese viel mehr als früher hochzuhalten. Vieles von dem, was ich denke, habe ich versucht, im letzten Kapitel des Aprilheftes des ,Russkij Westnik' auszusprechen."[3]

In diesem letzten Kapitel des Aprilheftes des „Russkij Westnik" ist die Schilderung des Todes des Nikolaus Lewin abgedruckt.

Dies sind die Schlußworte dieses Kapitels, die augenscheinlich seine damalige Stimmung zum Ausdruck brachten.[4]

„Der Anblick des Bruders und die Nähe des Todes erneuerten in der Seele Lewins jenes Gefühl des Entsetzens vor der Rätselhaftigkeit und zugleich vor der Nähe und der Unentrinnbarkeit des Todes, welches ihn an jenem Herbstabend, an welchem sein Bruder zu ihm gekommen war, gepackt hatte. Dieses Gefühl war jetzt noch stärker als früher; er fühlte sich noch weniger als früher fähig, den Sinn des Todes zu begreifen, und seine Unentrinnbarkeit schien ihm noch furchtbarer. Jetzt aber brachte ihn, dank der Nähe seiner Frau, dieses Gefühl nicht zur Verzweiflung. Ungeachtet des Todes fühlte er die Notwendigkeit zu leben und zu lieben. Er fühlte, daß die Liebe ihn vor der Verzweiflung gerettet hatte und daß diese Liebe, bedroht von der Verzweiflung, noch stärker und reiner wurde."

Religiöse Fragen beschäftigen sein Interesse immer mehr und mehr.

In einem Brief an N. N. Strachof[5] schreibt er im Mai 1876:

„Dieser Tage war P. Samarin bei mir und las mir einen deutschen Aufsatz seines Bruders Jurij über Religion vor. Sie kön-

---

[3] Ebenda, S. 314.
[4] P. S. S., Bd. X, S. 408.
[5] [N. N. Strachof (1828-1896), Publizist und Philosoph]

nen denselben in der ‚Orthodoxen Revue' lesen, bitte, schreiben Sie mir Ihre Meinung. Gut ist darin der Beweis (wenn auch ein Hegel'scher), der auf der Einwirkung Gottes auf den Menschen, sowie auf der Bedeutung begründet ist, die der Mensch seiner eigenen Persönlichkeit zuschreibt. In gleicher Weise merkwürdig ist auch die Wichtigkeit und Erhabenheit über jeden Zweifel, die der Mensch dem Stoffe, der Materie zuschreibt. Er spricht nicht darüber. Aber ist es denn nicht wahr, daß es kein wichtigeres einfaches und unzweifelhaftes Wissen gibt, als das Wissen von seiner eigenen Person und das vom Stoffe. Und beiderlei Wissen wird gleicherweise geleugnet. Und es ist doch wahr, daß die Wichtigkeit, die diesen beiden Grundsteinen des Wissens zukommt, in Erwägung gezogen und erklärt werden muß."[6]

Im September desselben Jahres reiste Tolstoi für kurze Zeit nach seinem Gute in das Gouvernement Samara in Begleitung seines Neffen Nikolaus Tolstoi. Von da reiste er nach Orenburg. Auf dem Gebiete der Landwirtschaft schwärmte Tolstoi damals für Pferdezucht, wegen der Pferde reiste er eben nach Orenburg. Dort traf er seinen alten Freund und Dienstkameraden General Kryshanowskij (der damals Gouverneur von Orenburg war), und verbrachte die Zeit sehr angenehm in Erinnerungen an das längst Vergangene.

Von der Reise aus schrieb er an seine Frau, die ihn wohl sehr schwer hatte abreisen lassen:

„… Ich weiß, daß es Dir schwer und ängstlich wird, aber ich habe die Anstrengung gesehen, mit der Du es über Dich selbst gewannst, mich nicht zu hindern, und wenn es möglich ist, liebe ich Dich deswegen noch mehr. Wenn Dir Gott nur geben wollte, diese Zeit gut, gesund, energisch und tätig zu verbringen. Der Herr sei Dir und mir gnädig."[7]

---

[6] W. G. Tschortkof'sches Archiv.
[7] Archiv der Gräfin S. A. Tolstoi.

Wiederum dieser religiöse Ton, der früher in seinen Briefen nicht vorkam.

Charakteristisch ist folgende Bemerkung in einem Briefe der Gräfin S. A. an ihre Schwester vom September desselben Jahres:

„Leochen sagt immerfort, daß ihn nichts mehr freue, daß für ihn alles aus sei, daß er bald sterben müsse, daß vom Leben nichts mehr zu erwarten sei."[8] Dieselbe Stimmung ist auch aus dem folgenden Briefe Tolstois an Strachof ersichtlich, in welchem er, ungeachtet dieser schweren Stimmung, tiefe philosophische Gedanken ausspricht.

Jasnaja, 13. November 1876.

„Sie sind ein wahrer Freund, teurer Nikolaj Nikolajewitsch. Trotz meines Schweigens und des Schweigens auf einen wichtigen Brief von Ihnen, erfreuen Sie mich doch mit Ihren Briefen. Ich kann es nicht aussprechen, wie dankbar ich Ihnen für den letzten Brief bin, den ich nicht verdient habe. Um mein Schweigen zu erklären und zu rechtfertigen, muß ich von mir selbst sprechen. Aus Samara und Orenburg vor bald zwei Monaten zurückgekehrt (ich habe eine wundervolle Reise gemacht), glaubte ich, daß ich die Arbeit aufnehmen würde, die drückende Arbeit, den Abschluß des Romanes beenden und etwas Neues anfangen würde, und nun habe ich statt all' dieser Dinge gar nichts gemacht. Ich schlafe geistig und kann nicht aufwachen. Mir ist nicht ganz wohl, ich bin mutlos. Ich verzweifle an meinen Kräften. Was mir vom Schicksal bestimmt ist, weiß ich nicht, aber das Leben zu Ende zu leben, ohne dasselbe zu achten – und diese Achtung wird nur durch eine bestimmte Art von Arbeit gewonnen – ist qualvoll. Nicht einmal zum Denken habe ich Energie. Entweder es ist ganz schlimm oder es ist ein Schlaf vor einer guten Arbeitsperiode. Ich selbst kann nicht denken, aber ich kann verstehen, besonders verstehe ich Sie und habe Ihren ersten Brief schätzen gelernt und wünsche, daß Sie diese Arbeit

---

[8] T. A. Kuzminski'sches Archiv.

vollenden. Ich habe sie mehreremale gelesen und habe sie Fet[9] vorgelesen und wir haben Ihre Gedanken verstanden und haben sie gutgeheißen, sofern wir sie verstanden haben. Das eine, die Frage, was wahre Erkenntnis sei, fordert unwillkürlich Antwort. Die wahre Erkenntnis wird nach meiner Meinung und – ich bin davon überzeugt – auch nach der Ihrigen, aber Sie werden das besser ausdrücken, durch das Herz gegeben, d. h. durch die Liebe. Wir kennen nur das, was wir lieben. – Ihre letzte Frage in unserer philosophischen Korrespondenz war: Was ist böse? Ich kann diese Frage für mich beantworten. Die Erklärung zu dieser Antwort werde ich Ihnen ein anderesmal geben, ich hoffe, zu Weihnachten. Meine Frau und ich träumen davon, daß Sie kommen werden.

Bitte kommen Sie. Die Antwort ist also folgende: Böse ist alles das, was vom weltlichen Standpunkte aus vernünftig ist. Totschlag, Raub, Strafe – alles das ist vernünftig – in logischen Schlüssen begründet. Selbstaufopferung, Liebe ist Unsinn. – Ich war dieser Tage in Moskau, nur um Neuigkeiten vom Kriege zu erfahren. Alles das regt mich sehr auf. Jetzt hat der ganze Unsinn der serbischen Bewegung, nachdem er Geschichte geworden ist, Bedeutung gewonnen. Die Macht, die den Krieg hervorbringt, hat sich zu früh geäußert und hat den Weg gewiesen."[10]

Die Anerkennung der weltlichen Vernünftigkeit als b ö s e und der weltlichen Realität als g u t , das ist der Anfang des kritischen Verhaltens zur Umgebung und das Erwachen des religiösen Bewußtseins.

Das alte Leben war für ihn wirklich zu Ende. Er ertrug es nur aus Trägheit, aber es war doch eine seelische Erschütterung nötig, damit er imstande war, es abzuschütteln.

Dieses „Hinüberschauen über die Grenzen des Lebens" wurde bald Tolstois beständige Seelenstimmung.

---

[9] [Afanassi Afanassjewitsch *Fet* (1820-1892): Dichter, Nachbar und Freund; IvH]
[10] W. G. Tschotzkof'sches Archiv.

Ein Jahr später schreibt er an Fet:

„Zum erstenmal sprechen Sie mir von der Gottheit Gott. Ich denke schon seit langem fortwährend an diese Aufgabe. Sagen Sie auch nicht, daß wir nicht daran denken können. – Wir können nicht nur, sondern wir sollen. In allen Jahrhunderten haben die besten, d. h. die wahren Menschen daran gedacht. Und wenn wir nicht so daran zu denken verstehen wie sie, so müssen wir es finden, wie wir denken sollen. Haben Sie die ‚Pensées de Pascal‘ gelesen, d. h. vor kurzem und in dieser Verfassung? Wenn Gott will, kommen Sie zu mir, wir werden über Verschiedenes sprechen und ich werde Ihnen dieses Buch geben."[11]

Von der negativen Seite spiegelt sich die Stimmung Tolstois zu dieser Zeit in seinem Briefe an Strachof im selben Jahre wieder:

„Es ist qualvoll und erniedrigend, in völligem Müßiggang zu leben, und es ist mir widerwärtig, mich damit zu trösten, daß ich mich schone und auf irgend eine Eingebung warte. Das alles ist gemein und nichtig. Wenn ich allein wäre, würde ich kein Mönch sein, sondern ein verrückter Gottsucher, d. h. ich würde nichts im Leben schätzen und würde niemandem ein Leid zufügen. Bitte, trösten Sie mich nicht und besonders nicht damit, daß ich ein Schriftsteller bin. Damit tröste ich mich selbst schon zu lange und besser als Sie, aber das packt nicht, es hört nur meine Klage an und dadurch tröstet es mich. Dieser Tage habe ich bei einer Lektion zugehört, die ein Geistlicher den Kindern aus dem Katechismus gab. Alles das war so abscheulich – die klugen Kinder glauben so augenscheinlich nicht nur diesen Worten nicht, sondern sie müssen diese verachten – daß ich Lust bekam, alles das in Form eines Katechismus darzulegen, was ich glaube, und ich versuchte es. Und dieser Versuch hat mir gezeigt, wie schwer und – ich

---

[11] A. Fet, Bd. II., G. 327.

fürchte – unmöglich das für mich ist. Und deswegen ist mir traurig und schwer zu Mute."[12]

Zu dieser Zeit war Tolstoi noch griechisch-orthodox, wir sehen jedoch aus diesem Briefe, wie schwankend seine Orthodoxie war. Eine Lektion aus der griechisch-orthodoxen Glaubenslehre ruft in ihm bereits Widerwillen hervor gegen eine „solche" Orthodoxie – und er versucht es, „seine eigene" griechisch-orthodoxe Lehre dazulegen. Da aber sein Glaube gar nicht die Orthodoxie war, diese jedoch nur zufällig, zeitweilig und äußerlich seinen Glauben verhüllte, so konnte er diesen Glauben natürlich nicht darlegen.

Auf welche Weise war nun Tolstoi zu diesem Glauben gekommen, den er den orthodoxen nannte, nur deswegen, weil er den leidenschaftlichen Wunsch hatte, mit der Masse des arbeitenden Volkes, das, wie er sich auszudrücken pflegte, das Leben schafft, in geistiger Verbindung zu bleiben?

Er ist auf einem qualvollen, langjährigen Wege zu diesem Glauben gekommen, auf einem Wege, den er in seinen „Bekenntnissen" schildert.

Sein Innenleben und die äußeren Anstöße, die ihn daran mahnten, daß es etwas Unauflösbares in diesem Leben gebe, führten ihn zur Lebensstockung, zu dem Wunsche, sich zu töten.

Sein Leben fing an, ihm als ein Spott zu erscheinen, den irgend ein böses Prinzip mit ihm trieb. Sein Zustand war dem Zustande jenes Menschen ähnlich, von dem es in einem orientalischen Märchen heißt: „Um sich vor dem wilden Tiere zu retten, springt der Wanderer in einen ausgetrockneten Brunnen, aber auf dem Grunde des Brunnens sieht er einen Drachen, welcher den Schlund weit offen hat, um ihn zu verschlingen. Und der Unglückliche wagt es weder hinaufzuklettern, um nicht durch das wütende Tier umzukommen, noch wagt er es, auf den Grund des Brunnens zu springen, um nicht vom Drachen verschlungen zu werden, sondern er packt die Zweige eines in einer Spalte des Brunnens wild wachsenden Strauches und hält sich an ihnen

---

[12] W. G. Tschortkof'sches Archiv.

fest. Seine Hände werden schwach und er fühlt, daß er sich bald dem Untergange werde ausliefern müssen, der ihn von zwei Seiten erwartet. Aber er hält sich fest und sieht, daß zwei Mäuse, die eine schwarz, die andere weiß, den Stamm des Strauches, an welchem er hängt, gleichmäßig umkreisen und ihn benagen. Jetzt und jetzt muß der Strauch von selbst einstürzen und er wird dem Drachen in den Schlund fallen. Der Wanderer sieht das und weiß, daß er unentrinnbar zugrunde gehen muß, aber solange er hängt, sucht er um sich und findet auf den Blättern des Zweiges Tropfen von Honig, er erreicht sie mit der Zunge und leckt daran. So halte auch ich mich an den Zweigen des Lebens fest und weiß doch, daß mich der Drache des Todes unausweichlich erwartet, bereit, mich zu zerreißen, und ich kann es nicht begreifen, wozu ich für diese Qual da bin. Und ich versuche, jenen Honig zu saugen, der mich früher zu trösten pflegte, aber der Honig tröstet mich nicht mehr, die weiße und die schwarze Maus aber nagen Tag und Nacht an dem Zweige, an welchem ich mich halte. Ich sehe den Drachen deutlich und der Honig ist nicht mehr süß für mich. Ich sehe nur eines – den unentrinnbaren Drachen und die Mäuse – und kann den Blick nicht von ihnen wenden. Und das ist keine Fabel, sondern eigentliche, unbestreitbare und für jedermann begreifliche Wahrheit."[13]

Er wand sich vor Entsetzen, und indem er das Ende fürchtete, suchte er es doch näherzubringen.

Sein Leben hing an einem Haar, aber eine gewisse Kraft hielt ihn noch zurück, es schwebte ihm unklar die Hoffnung vor, noch einen vernünftigen Ausgang zu finden, und so wendet er sich zur empirischen, zur spekulativen Wissenschaft und sucht nach einer Antwort auf die Fragen, welche ihn quälen. Aber weder in der einen Wissenschaft noch in der anderen findet er eine Antwort.

Die empirische Wissenschaft ignoriert die Endziele des Seins der Welt und des Menschen.

Die gewissenhaften spekulativen Wissenschaften stellen

---

[13] „Bekenntnisse", Ausgabe des „Swobodnoje Slowo", S. B.

diese Fragen, aber sie geben keine Antwort.

Dann wendet er sich an die klassische Weisheit, befragt Sokrates, Schopenhauer, Salomo und Buddha und ihre Antworten bestätigen nur die Hoffnungslosigkeit seiner Lage.

„Das Leben des Körpers ist das Böse, ist die Lüge, und darum ist die Vernichtung dieses körperlichen Lebens ein Gutes und wir sollen sie wünschen", sagt Sokrates.

„Das Leben ist das, was nicht sein soll, – das Böse, und der Übergang ins Nichts ist das einzige Gute im Leben", sagt Schopenhauer.

„Alles in der Welt, die Dummheit wie die Weisheit, der Reichtum wie die Armut, der Frohsinn und die Trauer – alles ist eitel und nichtig. Der Mensch wird sterben und es wird nichts übrig bleiben. Und das ist töricht", sagt Salomo.

„Leben mit dem Bewußtsein der Unentrinnbarkeit vor den Leiden, des Schwachwerdens, des Alters und des Todes ist unmöglich – man muß sich vom Leben freimachen, von jeder Möglichkeit des Lebens", sagt Buddha.

So gab ihm das Suchen nach einer Antwort in den Wissenschaften keine Befriedigung und seine Qualen dauerten fort. Dann wendet er sich an das Leben und betrachtet das Leben der ihn Umgebenden, wie sie denn leben? Und er sieht vier Möglichkeiten einer Antwort, welche die ihn umgebenden Menschen auf diese für ihn unlösbaren Lebensfragen geben können.

Die erste Antwort – das ist das Nichtwissen. Das betrifft Leute, die jene schrecklichen Fragen, welche ihn quälen, noch nicht begriffen haben, und darum konnte er nichts von ihnen lernen.

Der zweite Ausweg ist der Epikuräismus. Es sind Leute, welche die Gefahr bewußtermaßen nicht sehen wollen und den Honig auflecken, der sich in ihrer Nähe befindet. Aber um in eine solche Lage zu kommen, sind erstens gewisse günstige Verhältnisse und zweitens eine gewisse moralische Stumpfheit nötig, die es zuläßt, einerseits den eigenen Untergang nicht zu sehen, anderseits den Untergang derjenigen, welche den Gelüsten dieser Menschen dienen.

Auch diesen zweiten Ausweg konnte Tolstoi nicht benutzen. Der dritte Ausweg war Selbstmord. Viele starke Menschen haben, nachdem sie einmal die Unentrinnbarkeit des Unterganges begriffen haben, ihrem Leben selbst ein Ende gemacht. Tolstoi war oft nahe daran, aber in ihm war noch nicht jene völlige Verzweiflung, welche dazu führt. Der vierte Ausweg war der Ausweg der Schwäche. Alles wissen und doch nicht die Kraft haben, seinem Leben ein Ende zu machen, das Leben hinschleppen …

„Dieses", sagt Tolstoi, „war mir widerwärtig, qualvoll, aber ich verblieb in diesem Zustande".

Diese Unentschlossenheit kam, wie Tolstoi meint, nicht von seiner Schwäche, seiner Feigheit. Ihre Gründe lagen tiefer. Er empfand unklar einen Zweifel an der Richtigkeit der Beweisführung, die zu einer solchen Hoffnungslosigkeit, zu einer solchen Verzweiflung führte. Diesen Zweifel begünstigten Erwägungen von folgender Art: Wenn meine Vernunft der Schöpfer des Lebens ist, wie kann sie mich zur Verleugnung desselben führen? Ist aber die Vernunft eine Tochter des Lebens, seine Folge, so gilt dies um so mehr; wie kann sie das verleugnen, was sie erzeugt hat?

Endlich gibt das Leben von Menschen, welche leben und die Erörterungen von der Nichtigkeit des Lebens kennen und doch einen Sinn in diesem finden, nicht das Recht, sich für das letzte verzweifelte Mittel leichten Sinnes zu entschließen – für den Selbstmord.

Alle diese unklaren Gründe vereinigt Tolstoi unter einem Namen: „dem Bewußtsein des Lebens". Diese Kraft rettete ihn. Sie hielt ihn vom Selbstmord ab und lenkte seine Blicke auf das Leben des arbeitenden Volkes.

Und als er das Leben des Volkes näher betrachtete, sah er, daß diesem der Glaube den Sinn des Lebens gegeben hatte.

„Und ich blickte um mich", sagt Tolstoi in den „B e k e n n t n i s s e n", „und sah die ungeheuren Massen der früher und jetzt lebenden einfachen, ungebildeten und armen Menschen und sah etwas ganz anderes. Ich sah, daß alle diese Milliarden von Menschen, die gelebt haben und leben, daß alle diese mit seltenen

Ausnahmen in meine Einteilung nicht passen; daß ich sie nicht für Menschen ansehen kann, die die Frage nicht verstehen, weil sie selbst diese Frage stellen und sie mit ungewöhnlicher Klarheit beantworten. Für Epikuräer kann ich sie ebenfalls nicht ansehen, denn ihr Leben besteht mehr aus Entbehrungen und Leiden, denn aus Genüssen. Noch weniger kann ich sie als solche ansehen, welche das sinnlose Leben vernunftlos zu Ende leben, da jede Tatsache ihres Lebens und der Tod selbst von ihnen erklärt wird. Sich selbst zu töten, halten sie jedoch für das Allerböseste. Es erweist sich, daß die ganze Menschheit irgend eine von mir nicht anerkannte und verachtete Kenntnis von dem Sinne des Lebens hat. Es zeigt sich, daß das vernünftige Wissen keinen Sinn des Lebens gibt, ja das Leben ausschließt: der Sinn aber, der dem Leben von Milliarden Menschen, von der ganzen Menschlichkeit [sic] beigelegt wird, gründet sich auf ein gewisses verachtetes falsches Wissen.“[14]

Aus diesem offensichtlichen Widerspruch gab es für Tolstoi zwei Auswege. Er nahm an, daß er sich in seinen Nachforschungen in einer der beiden Richtungen geirrt habe und daß er entweder anerkennen müsse, daß dasjenige, was er für vernünftig hielt, nicht so vernünftig, oder, daß dasjenige, was ihm unvernünftig schien, nicht so unvernünftig war. Und als er die Schlußfolgerungen seiner Vernunft wieder untersuchte, fand er den Fehler darin, daß er in seinen Erörterungen die Begriffe des Endlichen und Unendlichen verwirrt und sie nicht an ihren rechten Platz gestellt hatte.

Das Leben des Menschen äußert sich in dem Verhältnis des Endlichen zum Unendlichen und dieses Verhältnis wird durch den Glauben bestimmt und erklärt. Der Glaube verleiht dem endlichen Sein den Sinn des Unendlichen. Der Glaube ist nicht auf Vernunftschlüssen begründet, aber er ist allgemein. Wo Glaube ist, ist Leben. Und darum ist er wahr. Der Glaube ist das Wissen vom Sinne des Lebens. Der Glaube ist die Kraft des Lebens.

---

[14] Ebenda, S. 44.

Wenn der Mensch nicht das Wesenlose des Endlichen sieht, glaubt er an das Endliche. Wenn er das Wesenlose des Endlichen sieht, muß er an das Unendliche glauben, um zu leben. Aber Tolstoi mußte bewußt glauben, er mußte dasjenige Glaubensbekenntnis wählen, welches seinem Bewußtsein entsprechen konnte. Und nun geht er daran, verschiedene Glaubensbekenntnisse zu durchforschen. Er liest Renan, Strauß, Max Müller, er studiert den Talmud und den Islam, schwärmt für den Buddhismus, aber trotzdem zieht ihn seine Seele zum Christentum hin, er verweilt bei diesem besonders lange und lernt die verschiedenen Schulen des theoretischen und praktischen Christentums kennen.

Und wiederum bemerkt er, daß er, sobald er das Glaubensbekenntnis seines Kreises kennen lernt, die Hoffnung verliert, auf die Frage nach dem Sinne des Lebens eine Antwort zu bekommen. Er bemerkte, daß der Glaube für die Menschen aus höheren Kreisen nur eine von den epikureischen Tröstungen war. Und wieder wendet er sich an das Volk, das das Leben schafft, und sieht, daß für dieses der Glaube die Grundlage des Lebens ist. Das Leben der Gläubigen aus den höheren Kreisen ist ein Widerspruch gegenüber ihrem Glauben; das Leben der Gläubigen aus dem Volke ist die Bestätigung ihres Glaubens, die Folge desselben. Und unter diesen sah er keine Furcht vor dem Leiden und vor dem Tode, sondern ruhige und freudige Ergebenheit.

„Ich lernte diese Menschen lieben", sagt Tolstoi. „Je mehr ich ihr Leben kennen lernte, das Leben der Lebenden und der Verstorbenen, von denen ich las und hörte, desto mehr liebte ich sie und desto leichter ward es mir selbst zu leben. So lebte ich etwa zwei Jahre lang und in mir fand eine Umwälzung statt, welche sich schon seit langem in mir vorbereitete und dessen Keime seit jeher in mir vorhanden waren. Es widerfuhr mir, daß das Leben unseres Kreises – der Reichen, der Gelehrten – mir nicht nur zum Ekel wurde, sondern jeden Sinn für mich verlor. Alle unsere Handlungen, Erörterungen, Wissenschaften, Künste – alles stand in neuer Bedeutung vor mir. Ich begriff, daß das alles nur Spiel sei, daß man darin keinen

Sinn suchen könne. Das Leben des sich mühenden Volkes aber, der ganzen Menschheit, die das Leben schafft, erschien mir in seiner eigentlichen Bedeutung. Ich begriff, daß dieses das Leben selbst sei und daß der Sinn, der diesem Leben beigelegt wird, die Wahrheit sei, und ich machte ihn mir zu eigen."[15]

Tolstoi sah ein, daß er sich verirrt hatte, daß sein Leben das Böse war, nicht aber das Leben überhaupt. Er fing an, die guten Menschen zu lieben, sich selbst aber zu hassen, und erkannte die Wahrheit an.

Um das Leben zu begreifen, muß man es schaffen.

Diese Periode im Leben Tolstois muß in das Jahr 1878 verlegt werden.

Friede senkte sich in seine Seele, aber der Werdegang war noch nicht vollendet. Er schloß sich dem Glauben des Volkes an. Aber die Hauptgrundlage des Glaubens, Gott, war ihm noch nicht klar, er suchte ihn.

„Zu dieser Zeit", schreibt Tolstoi in den „Bekenntnissen", „begegnete mir folgendes: Während dieses ganzen Jahres, wo ich mich fast jeden Augenblick fragte, ob ich nicht meinem Leben durch einen Strick oder durch eine Kugel ein Ende machen sollte, – während dieser ganzen Zeit quälte sich mein Herz gleichzeitig mit den Gedankengängen und Beobachtungen, von denen ich schrieb, auch mit einem bangen Gefühl. Dieses Gefühl kann ich nicht anders nennen, als das Suchen nach Gott."[16]

In diesem Suchen kam er manchmal so weit, daß er anfing, zu demjenigen zu beten, den er suchte, er möge ihm helfen. Aber sein Gebet hörte niemand und die Verzweiflung dauerte fort.

Während dieses Suchens bemerkte Tolstoi in seiner Seele Schwankungen zwischen gänzlicher Verzweiflung und unermeßlicher Daseinsfreude und er bemerkte außerdem, daß diese Schwankungen mit dem Entschlusse seiner Vernunft und seines Gefühls, Gott zu verleugnen oder anzunehmen, zusammenhingen. Und er sagte sich: „Was sind denn diese Belebungs- und Ermattungszustände? Ich lebe ja nicht, wenn ich den Glauben an

---

[15] Ebenda, S. 54.
[16] Ebenda, S. 62.

die Existenz Gottes verliere, ich hätte mich ja schon längst getötet, wenn ich nicht die unbestimmte Hoffnung hätte, ihn zu finden. Ich lebe ja, lebe wirklich nur dann, wenn ich ihn fühle und suche. Was suche ich also noch? so rief eine Stimme in mir. Da ist er ja. Er ist das, ohne was man nicht leben kann. Gott kennen und leben ist ein und dasselbe. Gott ist das Leben!"

Und er rettete sich aus der Verzweiflung, das Leben kehrte zu ihm zurück, jene Lebenskraft, welche ihn schon in seinen ersten Lebensjahren angezogen hatte, doch war sie jetzt bewußt in ihm.

Der Glaube war gefunden, es blieb nur übrig, ihn von den Auswüchsen der Zeit und der Unwissenheit zu reinigen.

Wir haben oben gesehen, daß Tolstoi den Glauben des Volkes angenommen, seinen Gott gefunden hatte. Wir haben auch gesehen, daß vieles an diesem Glauben ihn unbefriedigt ließ. Es waren nicht eigentlich in dem Volksglauben, sondern in dem Kirchenglauben Dogmen, Gebräuche, Gebete, die ihn abstießen. Und er strengte seinen Verstand und sein Gefühl an, um sich jenen anzupassen, sie mit Geduld und Bescheidenheit zu tragen. Die Sache war für ihn zu wichtig, als daß er sich ein leichtfertiges Verhalten ihnen gegenüber hätte erlauben können.

Wenn man einem Menschen, der sich vom Tode gerettet, unbequeme Kleidung, unvollkommene Nahrung, eine schlechte Wohnung gibt – so wird er sich auch darüber freuen, denn die Hauptsache, das Leben, ist ihm geschenkt, das übrige läßt sich ertragen, ändern, verbessern, wenn nur die Hauptkraft des Lebens vorhanden ist. So war es auch mit Tolstoi. Diesen seinen Zustand sowie sein Verhältnis zum Volksglauben schildert er in den „Bekenntnissen" mit folgenden Worten:

„Ich hatte mich von dem Leben unseres Kreises losgesagt, indem ich erkannte, daß dies nicht das Leben sei, sondern ein Schatten desselben, daß der Überfluß, in welchem wir leben, uns die Möglichkeit raubt, das Leben zu verstehen, und daß ich, um das Leben zu verstehen, nicht unser Leben, nicht das Leben der Ausnahmen, der Schmarotzer, sondern das Leben des arbeitenden Volkes verstehen müsse, desjenigen Volkes, welches das Leben macht, und den Sinn, welchen dieses Volk dem Leben beilegt. Das einfache arbeitende Volk um mich war das russische Volk und ich wendete mich an dieses und an den Sinn, welchen dieses dem Leben beilegt. Dieser Sinn war, wenn man es so ausdrücken kann, folgender: Jeder Mensch ist durch den Willen Gottes in diese Welt gekommen. Und Gott hat den Menschen so geschaffen, daß jeder Mensch seine Seele zugrunde richten oder retten kann. Die Aufgabe des Menschen im Leben ist, seine Seele zu retten. Um seine Seele zu retten, muß man nach dem Willen Gottes leben, um aber nach dem Willen Gottes zu leben, muß man sich von allen Genüssen des Lebens lossagen, sich mühen, sich bescheiden, dulden und barmherzig sein. – Diesen Sinn schöpft das Volk aus der ganzen Glaubenslehre, die ihm durch Priester und Tradition, welche im Volke leben, überliefert wurde und noch wird. Dieser Sinn war mir klar und meinem Herzen nahe."[17]

Das Verhältnis Tolstois zum Glauben hatte sich gänzlich geändert.

Früher hatte er geglaubt, daß das Leben an und für sich einen Sinn habe und daß der Glaube nur eine unnötige Beigabe sei – und er, der nichts Unechtes leiden konnte, verwarf ihn. Jetzt aber erkannte er, daß das Leben ohne Glauben keinen Sinn habe. Er wollte das Leben von sich werfen, aber der Glaube rettete ihn und er erfaßte den Glauben mit seinem ganzen Wesen. Und er war zu jedwedem Opfer bereit, um nur die Möglichkeit zu haben, in jenem stillen Hafen zu bleiben, in dem Glauben des Volkes.

Jene höhere Vernunft aber, welche ihn hierher geführt hatte, zeigte ihm, daß er auch hier nicht bleiben könne. Die Kompromisse mit der Vernunft, die Demütigung vor der Majestät der wichtigsten Glaubenssätze hatten eine Grenze und Tolstoi fühlte, daß er weitergehen müsse.

Er sagt, daß er die Lüge schon früher von sich geworfen hätte, aber eine Zeitlang trugen die neuen theologischen Schriften dazu

---

[17] „Bekenntnisse", Ausgabe des „Swobodnoje Slowo", S. 64.

bei, daß er sich in diesem labilen Zustande erhielt, es war die sogenannte neue Orthodoxie, welche die Kirche als eine Vereinigung von Gläubigen, durch Liebe verbunden, definierte. Aber auch diese künstliche Belebung eines absterbenden Organismus konnte nicht lange wirksam bleiben.

Und sein Verhältnis zum griechisch-orthodoxen Glauben zeigte sich ihm bald klar.

Die Annäherung an das Volk, an die Pilger, Sektierer, Raskolniki,[18] das Lesen der Heiligenlegenden, der Kirchenväter – das ergab einen Sinn. Jedoch die Unterredungen mit den Theologen riefen nur das böse Gefühl des Verurteilens hervor, stießen ihn von dem Glauben ab, zu dem jene sich bekannten, und das Leben fing wieder an, seinen Sinn für ihn zu verlieren.

Er sah ein, daß, während der Glaube für ihn und für das Volk den Sinn des Lebens bedeutete, derselbe für die Theologen und die Gläubigen aus den höheren Kreisen die Erfüllung bestimmter menschlicher Pflichten vor den Menschen war, Pflichten, welche die Grundlage des Lebens selbst nicht berühren.

In zwei Punkten unterschied er sich in grundsätzlicher Weise von den Vertretern der Kirche:

1. In dem Verhältnisse zu den Menschen anderer Glaubensbekenntnisse, in denen er seine Brüder sah, welche nur auf einem anderen Wege zu der von ihm erkannten Wahrheit gelangt waren, während die Vertreter der Kirche in ihnen ihre schlimmsten Feinde sahen.

2. In dem Verhältnisse zu der Gewaltherrschaft des Staates, zu den Todesstrafen und Kriegen. Für ihn waren das Verbrechen. Die Kirche segnete sie. Und er sagte sich los von der Kirche.

Um jedoch mit vollem Bewußtsein aus der Kirche auszutreten, um in der christlichen Lehre das Gold vom Sande zu sondern, unterwarf er die Kirchenlehre und die Quelle der christlichen Lehre selbst – das Evangelium – aufs neue einer gründlichen Untersuchung.

---

[18] Raskol = Spaltung; hier Kirchenspaltung. Anmerk. d. Übers.

Fünfzehntes Kapitel.
DER EINFLUß DER KRISE AUF
TOLSTOIS VERHÄLTNIS ZU SEINER UMGEBUNG

Wir wollen jetzt einige Dokumente in Betracht ziehen, welche uns einen Begriff davon geben, was Tolstoi zu dieser Zeit dachte, sprach und schrieb, wie dieser ganze innere Kampf sich in seinem Verhalten gegenüber seiner Umgebung abspiegelte.

Selbstverständlich war einer der ersten, die alle Änderungen, welche in Tolstoi vor sich gingen, erfuhren N. N. Strachof. Die Briefe Tolstois an ihn während dieser Zeit sind daher von größtem Interesse. Wir führen hier einige, die wesentlichsten, an.

Strachof war ein Skeptiker und hatte keine feste, klare, religiöse Überzeugung, was er Tolstoi gegenüber offen eingestand.

Im Januar 1878 schrieb ihm Tolstoi unter anderem folgendes:

„Über das Suchen nach dem Glauben. Sie schreiben, daß Ihnen jedes [sic] Kompromiß mit dem Denken widerwärtig ist, mir geht es auch so. Auch schreiben Sie, daß für die Gläubigen jeder Unsinn gut genug ist, wenn er nur nach Frömmigkeit riecht. (Ich würde dazu bemerken: wenn er von Glauben, Hoffnung und Liebe durchdrungen ist.) Der Gläubige fühlt sich im Unvernünftigen, wie ein Fisch im Wasser, das Klare und Bestimmte ist ihm zuwider. Auch ich sage das. – Ich habe angefangen darüber zu schreiben und habe recht viel zusammengeschrieben, aber jetzt habe ich es stehen lassen, da ich mich anderer Beschäftigung hingebe. Aber da ich auf Ihre Fähigkeit (sie ist ungewöhnlich) rechne, andere zu verstehen, so will ich es versuchen, in diesem Brief zu sagen, warum ich glaube, daß dasjenige, was Ihnen sonderbar vorkommt, gar nicht sonderbar ist. Die Vernunft sagt mir gar nichts und kann mir auch nichts auf die Fragen sagen, welche man leicht in einer Frage aussprechen kann: was bin ich? Die Antwort auf diese Frage gibt mir in der Tiefe meines Bewußtseins ein gewisses Gefühl. Die Antwort, die mir dieses Gefühl gibt, ist unklar, undeutlich, nicht in Worten ausdrückbar (mit dem Werkzeug des Gedankens). Aber ich bin nicht der einzige, der eine Antwort auf diese Fragen gesucht hat und noch sucht. Die ganze Menschheit, die gelebt hat, wurde in jeder ihrer Seelen von diesen selben Fragen gequält und erhielt dieselbe unklare Antwort in der eigenen Seele. Die Milliarden unklarer Antworten, die eines und dasselbe bedeuten, haben den Antworten selbst Bestimmtheit verliehen. Vom Standpunkte der Vernunft sind die Antworten sinnlos. Sie sind sogar schon deswegen allein sinnlos, weil sie in Worten ausgedrückt sind, aber sie antworten dennoch auf die Fragen der Seele. Als Ausdruck, als Form sind sie sinnlos, als Inhalt aber sind nur sie wahr. Ich sehe so scharf als ich kann auf die Form und mir entschlüpft der Inhalt, ich sehe so scharf als ich kann auf den Inhalt und die Form geht mich nichts an. Meinem Wesen nach suche ich die Antwort im Namen der Vernunft und verlange, daß jene durch das Wort, das Werkzeug der Vernunft, ausgedrückt werde und wundere mich daher, daß die Form der Antwort die Vernunft nicht befriedigt. Sie werden aber sagen: ,Daher kann es auch keine Antwort geben'. Nein, Sie werden das nicht sagen, weil Sie wissen, daß es eine Antwort gibt, daß alle Menschen nur durch diese Antwort leben und gelebt haben und auch Sie selbst durch dieselbe leben. Zu sagen, daß es eine solche Antwort n i c h t g e b e n k ö n n e , i s t g a n z d a s s e l b e , w i e w e n n m a n s a g e n w o l l t e , d a ß d i e F l ü s s e n i c h t z u f r i e r e n k ö n n e n , n a c h d e m m a n ü b e r d a s E i s g e f a h r e n , da sich ja die Körper durch die Kälte zusammenziehen und nicht ausdehnen; zu sagen, daß diese Antworten sinnlos sind, ist ganz dasselbe, wie wenn man sagen wollte, daß man etwas an ihnen nicht begreifen kann. Und Sie können, wie mir scheint, folgendes nicht begreifen: die Antwort wird nicht auf Fragen des Verstandes, sondern auf andere Fragen verlangt. Ich nenne sie Fragen des Herzens. Auf diese Fragen antworten die Menschen, seit das Menschengeschlecht existiert, nicht mit Worten, mit Werkzeugen der Vernunft, einem Teile der Lebensäußerung, sondern mit dem ganzen Leben, mit Taten, von denen das Wort nur ein Teil ist. Alles das, woran ich glaube und Sie und das ganze Volk, ist nicht auf Worten und Erörterungen aufgebaut, sondern auf einer Reihe von Handlungen, von Menschenleben, welche unmittelbar (wie das Gähnen) aufeinander einwirken, angefangen von dem Leben eines Abraham, Moses, Christus, von dem Leben der Heiligen, in ihrer Lebensführung und sogar in ihren äußerlichen Handlungen – das Knien, das Fasten, das Einhalten von bestimmten Tagen u.s.w. Aus der ganzen Masse der unzähligen Taten dieser Menschen haben sich bestimmte Handlungen herausgehoben und haben eine ganze Tradition gebildet, welche als die einzige Antwort auf die Fragen des Herzens dient. Und darum hat diese Tradition für mich nicht nur nichts Unvernünftiges, sondern ich kann nicht einmal verstehen, wie man an diese Erscheinungen den Maßstab des Vernünftigen oder Unvernünftigen anlegen kann. Der Maßstab aber, den ich an diese Traditionen anlege und immer anlegen werde, ist die Frage, ob die gegebenen Antworten mit der unklaren einzigen Antwort, welche in der Tiefe meines Bewußtseins vorgezeichnet ist (von welcher ich früher gesprochen habe), übereinstimmen. Und wenn mir daher diese Tradition sagt, daß ich wenigstens einmal im Jahr den Wein trinken soll, der das Blut Gottes benannt wird, so tue ich das, trotzdem ich diesen Vorgang nach meiner Art oder überhaupt nicht begreife. Es ist nichts an ihm, was dem unklaren Bewußtsein widersprechen würde. So esse ich an bestimmten Tagen Kraut, an anderen Fleisch, wenn mir aber die Tradition (verstümmelt durch den Kampf der Auffassungen und der verschiedenen Auslegungen) sagt: ‚Laßt uns alle beten, auf daß wir mehr Türken totschlagen' oder gar sagt, daß derjenige, der nicht glaubt, daß dies Blut echtes Blut ist – u.s.w., so sage ich, nachdem ich nicht den Verstand, sondern vielleicht nur die unklare, aber unzweifelhafte Stimme meines Herzens befragt habe, daß diese Tradition eine falsche ist. So schwimme ich vollends, wie ein Fisch im Wasser, in unvernünftigen Dingen und ergebe mich nur dann nicht, wenn die Tradition nur Handlungen überliefert, die von ihr selbst den Sinn bekommen, Handlungen, welche mit der elementaren Unvernunft, die in meinem Herzen liegt, nicht übereinstimmen. Wenn Sie meinen Gedanken trotz der Ungenauigkeit meiner Ausdrucksweise verstehen, so schreiben Sie mir, bitte, ob Sie mit demselben einverstanden sind oder nicht und wenn nicht, so warum. Es ist mir peinlich, das auszusprechen, aber ich sage, was ich fühle. Ich bin so überzeugt von dem, was ich sage, und diese Überzeugung macht mich so froh, daß ich Ihr Urteil nicht für mich, sondern für Sie wünsche. Ich wünschte, daß Sie dieselbe Ruhe und dieselbe geistige Freiheit empfänden, wie ich sie empfinde. Ich weiß, daß der Weg, auf dem auch nur formale mathematische Wahrheiten errungen werden, für jeden Verstand verschieden ist, umso mehr müssen die Wege zur Erlangung metaphysischer Wahrheiten für die einzelnen besondere sein, für mich aber ist das, was ich sage so klar (wie ein Brennpunkt, den man einem zeigt), daß ich nicht begreifen kann, wie dieser Brennpunkt für andere noch unverständlich sein kann. Ich weiß auch, daß, wenn ich, um nach Moskau zu kommen, nach Norden fahren und in Tula die Eisenbahn besteigen muß, dies keineswegs als allgemeine Regel für alle Menschen gelten kann, welche sich an verschiedenen Enden der Welt befinden und nach Moskau kommen wollen; um so weniger für Sie, denn ich weiß, daß Sie viel Gepäck mitführen (Ihre Kenntnisse und die frühere Arbeit), während ich ganz frei reise. Aber ich kann Ihnen versichern, daß ich mich in Moskau befinde, daß ich nirgends mehr weiter fahren will und daß es in Moskau sehr schön ist."[19]

Strachof versorgte Tolstoi mit Büchern. Er schickte ihm unter anderem Renan, ‚Das Leben Jesu', ein Buch, welchem übrigens Strachof, wie es scheint, sympathisch gegenüberstand. In Tolstoi rief dieses Buch Verwunderung, fast Abscheu hervor. Dieses Gefühl und diese Gedanken äußert er in einem Briefe an Strachof

---

[19] W. G. Tschortkof'sches Archiv.

im April desselben Jahres (1878) folgendermaßen:

„Das Zweite ist, daß ich neulich gefastet und das Evangelium und Renans ‚Leben Jesu' gelesen habe, und dieses habe ich ganz gelesen und habe mich über Sie gewundert. Ihre Schwärmerei für Renan kann ich nur dadurch erklären, daß Sie sehr jung waren, als Sie ihn lasen. Wenn Renan irgend welche eigene Gedanken hat, so sind es die beiden folgenden: 1. Daß Christus ‚l'évolution et le progrès' nicht gekannt habe – und Renan bemüht sich, ihn darin zu korrigieren, und übt Kritik an ihm von der Höhe dieses Gedankens aus. (S. 314, 315, 316.) Das ist schrecklich, für mich wenigstens. Meiner Meinung nach ist der Fortschritt der Logarithmus der Zeit, d. h. die Konstatierung der Tatsache, daß wir in der Zeit leben, und mit einemmale wird eben dieses zum Richter der höchsten Instanz, die wir kennen. Die Leichtfertigkeit oder die Gewissenlosigkeit dieses Urteils ist erstaunlich. Die christliche Wahrheit, d. h. die höchste Äußerung des absolut Guten, ist die Äußerung der Wesenheit selbst – außerhalb der Form der Zeit u.s.w. Leute, wie Renan, aber verwechseln ihre absoluten Äußerungen mit ihrer Äußerung in der Geschichte und führen sie auf eine zeitliche Erscheinung zurück, und dann urteilen sie über dieselbe. Wenn die christliche Wahrheit hoch und tief ist, so ist sie es nur deshalb, weil sie subjektiv absolut ist. Wenn man aber ihre objektive Richtung betrachten will, so ist sie nicht anders als der *Code Napoléon* oder ähnliches.
Der zweite Gedanke bei Renan ist derjenige, daß, wenn es eine Lehre Christi gibt, es irgend einen Menschen Christus gegeben haben müsse, und daß dieser Mensch geschwitzt habe u.s.w. Für uns sind aus dem Christentume alle erniedrigenden realistischen Details aus demselben Grunde verschwunden, aus welchem die Details über alle Juden und andere Menschen verschwunden sind, die jemals gelebt haben, aus demselben Grunde, aus welchem alles verschwindet, was nicht ewig ist. Das Ewige aber ist geblieben, d. h., der Sand,

der unnötig ist, ist fortgespült, das Gold aber ist nach dem unabänderlichen Gesetze geblieben. Man sollte doch meinen: was sollen die Menschen anderes tun, als das Gold aufnehmen? Nein, Renan sagt: Wenn Gold da ist, muß auch Sand dagewesen sein, und er bemüht sich herauszufinden, was für ein Sand das gewesen ist. Und das alles mit der tiefsinnigsten Miene. Was aber noch ergötzlicher wäre, wenn es nicht so dumm wäre, ist, daß sie gar keinen solchen Sand finden und nur behaupten, daß er dagewesen sein müsse. Ich habe alles durchgelesen und habe lange gesucht und habe mich gefragt, was ich aus allen diesen historischen Einzelheiten denn Neues erfahren habe. Denken Sie nach und gestehen Sie, daß es gar nichts, aber auch gar nichts war. Ich schlage vor, Renan zu vervollständigen, zu erwägen, welche physischen Vorgänge da waren und wie sie verliefen … Alles ist Fortschritt, alles ist *évolution.* Vielleicht muß man, um eine Pflanze kennen zu lernen, ihre Umgebung kennen, und vielleicht muß man sogar, um den Menschen als ein Staatstier kennen zu lernen, sein Milieu und seine Bewegung, seine Entwicklung studieren; um aber das Schöne, das Wahre und das Gute zu begreifen, hilft kein Studium und dieses hat mit dem zu Erforschenden auch gar nichts gemein. Dort geht es der Fläche nach, hier aber ist die Richtung eine ganz andere, in die Tiefe und in die Höhe. Die moralische Wahrheit kann und soll erforscht werden und deren Erforschung hat gar kein Ende, aber diese Forschung geht in die Tiefe, wie die religiösen Menschen sie leiten, dieses aber ist ein kindischer, gemeiner und niedriger Mutwille."[20]

In demselben Jahre (1878) beginnt Tolstoi wieder ein Tagebuch zu führen, nach einer Unterbrechung von 13 Jahren.

„22. Mai. Bolotof zu Ende gelesen. Parthenius gelesen. Die Kirchenspaltung (Raskol) bringt immer mehr und mehr auf die Wichtigkeit des Gedankens, daß die Einheit der Kirche (die allgemeine Einheit) das Merkmal ihrer Wahrheit ist, daß aber diese

---

[20] W. G. Tschortkof'sches Archiv.

Einheit nicht dadurch erreicht werden kann, daß ich oder W. alle anderen zu ihrer Anschauung vom Glauben bekehren (so wurde es bis jetzt gemacht und alle Kirchenspaltungen, das Papsttum, Luther und andere sind die Frucht davon); sondern nur dadurch, daß jeder, wenn er auf einen Menschen stößt, der nicht mit ihm übereinstimmt, zu gleicher Zeit in sich selbst die Gründe des Nichtübereinstimmens, in dem andern aber jene Grundtatsachen aufsucht, in welchen beide übereinstimmen. Das achteckige oder das viereckige Kreuz und die Transsubstanziation [sic] des Weines oder die Erinnerung – ist das nicht dasselbe?

Ich war am Sonntag bei der Messe. Für alles im Gottesdienst kann ich eine Erklärung finden, die mich befriedigt. Aber ‚Mnogija leta'[21] und ‚Odolenije na wragow'[22] sind Gotteslästerung. Ein Christ muß für seine Feinde und nicht gegen sie beten.

Habe das Neue Testament gelesen. Überall sagt Christus, daß alles Zeitliche lügenhaft ist; ewig, d. h. wahr sind nur ‚Die Vögel des Himmels' u.s.w. Die Religion historisch betrachten heißt sie zerstören."

„3. Juni. Bobrinskij war da. Er hat mich totgequält mit seinen Gesprächen über die Religion, über das Wort. Seine Leidenschaft ist das Reden. Eine unglaubliche Selbsttäuschung. Für mich war er deswegen von Bedeutung, weil der Irrtum, den Glauben auf das Wort und nur auf das Wort zu begründen, mit furchtbarer Deutlichkeit an ihm zu sehen ist. Gestern habe ich recht viel – weiß selbst nicht wozu – in das kleine Buch über den Glauben geschrieben."[23]

Diese wunderbare Notiz in das „kleine Buch" ist uns erhalten, wir führen sie ganz an.

„1878. 2. Juni. Der Mensch will und liebt es, alle körperlichen Güter für sich allein, alle geistigen Güter aber für andere zu erwerben, damit man ihn lobe. Der Mensch soll alle körperlichen Güter fortwerfen und sie anderen überlassen, die geistigen Güter aber für sich allein behalten.

---

[21] = „Viele Jahre", Gebet für d. Herrscher.
[22] = „Überwältigung der Feinde". Anmerkung d. Übers.
[23] W. G. Tschortkof'sches Archiv.

,*Il faudra mourir seul.*' [Sterben muß man allein.]

Man kann nicht mit Gott zu tun haben, indem man einen Vermittler und Zuschauer hineinbringt. Nur von Angesicht zu Angesicht beginnt das eigentliche Verhältnis zu Gott, nur dann weiß und hört niemand etwas, nur Gott hört dich.

Kein Beweis, eine Erklärung der Form meines Glaubens:

1. Wenn ich mich mit der Teilforschung nicht zufrieden gebe, wenn ich – was die Hauptsache ist – mich nicht durch sie hinreißen lasse, sondern wenn ich wenigstens etwas ganz erkennen, begreifen will, so werde ich finden, daß ich nichts erfahren kann, daß mein Verstand für das zeitliche Leben ist, ein Werkzeug für das Wissen des Gegenwärtigen, ein Spielzeug, ein Trugbild (Pascal). Wenn ich versuche, mir die Bedeutung meiner Gefühle zu erklären, so werde ich einsehen, daß der Verstand nicht einmal Miene macht, mich zu täuschen (Strachof). Wenn ich es versuche, jene Stellen, an denen mir mein Nichtwissen und die Unmöglichkeit des Wissens offenbar wird, zu verallgemeinern und zu benennen, so werde ich folgende unbeantwortete Fragen finden:

a) Wozu lebe ich? *b)* Welche Ursache hat meine Existenz und die jedes anderen? *c)* Was für einen Zweck hat mein Dasein und jedes andere? *d)* Was bedeutet jene Spaltung in gut und böse, welche ich in mir fühle, und wozu ist sie da? *e)* Wie soll ich leben? *f)* Was ist der Tod? Der allgemeinste Ausdruck für die Fragen und auch der vollständigste ist: Wie kann ich erlöst werden? Ich fühle, daß ich zugrunde gehe. Ich lebe und sterbe, ich liebe das Leben und fürchte den Tod – wie soll ich mich retten ?

2. Das vernünftige Denken – nicht nur meines, sondern das der ganzen Menschheit – gibt auf diese Frage keine Antwort. Auch wenn dieses Denken klar ist und genau sein will, sagt es, daß es diese Frage nicht einmal versteht. Dennoch frage ich und die ganze Menschheit mit mir: Wie sollen wir erlöst werden? Das vernünftige Denken gibt keine Antwort. Die Frucht der menschlichen Tätigkeit selbst, welche äußerlich dem vernünftigen Denken ähnlich ist – ähnlich, weil sie sich (teilweise) ebenso wie das Denken durch das Wort äußert – gibt diese Antwort. Diese

Antwort ist die Religion. Und diese Antwort ist nicht eine solche, die man mit Mühe suchen muß, die den Menschen verborgen ist und die nur auf einem besonders schwierigen, künstlichen Wege gefunden werden kann. Wenn diese Antwort so sein würde, so könnte man, jene Übereinstimmung, welche wir in allen Dingen suchen, in Betracht ziehend, an ihrer Wahrheit zweifeln. Aber die Antwort ist von der Art, daß sie die Frage fortwährend begleitet, daß es keinen Menschen gibt, der ihrer entbehren müßte. Nur diejenigen Menschen entbehren ihrer, welche entweder die Frage nicht stellen – es sind junge, leidenschaftliche Menschen, die das Leben lieben – oder diejenigen, welche die Antwort des Glaubens (in Worten) für eine vernünftige Antwort ansehen und vernünftige Beweiskraft von ihr verlangen, indem sie vergessen, daß die Vernunft nicht die Kraft hat, diese Antwort zu geben und die Frage selbst geradezu leugnet. Aber die ganze Menschheit lebt durch die Antwort auf diese Fragen und hat immer durch dieselbe gelebt und ist immer mit derselben gestorben.

Aber vielleicht ist diese Antwort ein Aberglaube? Ein Beweis wär nur die Tatsache, daß man ohne sie leben und voll leben könnte. Die Ausnahmen der Denker und der Verderbten beweisen nichts. Ein anderer Beweis wäre, wenn in den Antworten keine Einheit wäre. Die Einheit ist da, sie ist die Wahrheit. Ein dritter Beweis wäre – sie sind unvernünftig; aber diese Antworten wollten ja nicht vernünftig sein. Wenn vorausgesetzt wird, daß sie vernünftig sein wollen, so nur deswegen, weil sie teilweise durch Worte ausgedrückt sind, durch das Werkzeug der Vernunft. Alle Antworten aber sind in der Tradition, im Handeln, im Leben zum Ausdruck gebracht.

3. Was für eine Antwort oder was für Antworten geben nun auf diese Fragen die Religionen? Mit Ausnahme derjenigen zufälligen Menschen, die auf die vernünftige Frage ‚Wie kann man erlöst werden?‘ eine vernünftige Antwort suchen, sehen alle übrigen, d. h. alle Menschen, klare und deutliche Antwort in den Religionen: ‚Bringe die Menschen zum Opfer für Gott‘. ‚Gehe nach Mekka und Medina für Gott‘. ‚Stelle Kerzen auf und küsse die Reliquien – für Gott‘. Sage dich von dir selbst los, töte dein

Fleisch, liebe deine Feinde, gib dein Gut den Armen – für Gott, d. h. tue das beste von dem, was du als solches für Gott annimmst, für den Unfaßbaren. Dies ist die allgemeine Antwort darauf, was man tun soll. Vorher aber geben die Religionen außerdem auch Antwort darauf, wie man handeln müsse, und sie geben Antworten, die nicht vernünftig sind, aber sehr verständlich und faßbar auch für die niedrigsten Wesen, (auch für Affen) verständliche Antworten in Beispielen, in denen ausgesprochen ist, wie man das Opfer töten soll, wie nach Mekka wandern, in welchem Kleide, was man essen soll. In jeder Religion gibt es eine Reihe von Nachfolgern des Hauptlehrers und man braucht ihnen nur nachzuahmen.

4. So antworten die Glaubensbekenntnisse, wenn man sie, abgesehen von dem persönlichen Verhältnis zum Glauben, betrachtet. Der Mensch fühlt die Gefahr und sucht nach Rettung und der Glaube gibt ihm dieses Rettungsmittel durch das Beispiel, durch die Tat, durch das Wort. Für den Wilden ist das Menschenopfer die Rettung vor der Gefahr dieses Lebens, vor dem Donner, vor der Feuersbrunst, vor dem Kriege; für manche ist es auch die Rettung vor dem zürnenden Gotte nach dem Tode. Für die Buddhisten besteht die Erlösung in der Lossagung vom Leben. Für die Mohammedaner, für die Christen ist dies die Erlösung vom Tode.

Hier gerade wäre es scheinbar so natürlich und vernünftig zu sagen: wenn dem Wilden der Totschlag als die Wahrheit erscheint, dem Buddhisten die Askese, dem Christen die Selbstaufopferung, so hat, da doch die Wahrheit einzig ist, der Glaube augenscheinlich keine Wahrheit und darum ist er falsch. Der Glaube aber sucht nicht äußere Wahrheit, sondern Erlösung und die verschiedenen Formen der Erlösung schließen die Einheit des Inhalts nicht aus. Die Einheit besteht darin, daß jedermann nach Erlösung sucht und diese nur in der Selbstverleugnung findet.

5. Jeden Menschen persönlich befriedigt der Glaube, welcher immer es sei, vollständig, ohne einen Widerspruch aufzuweisen. Wenn er einen Widerspruch zeigt, so ändert ihn der Mensch.

Solange der Wilde nichts kennt, was dem Götzen widerspricht, verleugnet er sich selbst und wird durch den Götzen erlöst. Sobald ihm aber der Mohammedaner von dem Gotte, dem unsichtbaren Schöpfer, erzählt hat, verläßt er den Götzen und der Widerspruch ist wieder verschwunden. Ich bin ein Christ, und habe die Widersprüche der Heiligenbilder, der Reliquien, der Wunder abgeworfen und begnüge mich mit dem Mittel der christlichen Erlösung, da ich kein Prinzip kenne, noch mir vorstellen kann, das dem Prinzip der Selbstverleugnung und Liebe so sehr gleichkäme."[24]

Aber, unzufrieden mit jener zufälligen Gestalt, in welcher diese Gedanken sich geäußert hatten, schreibt Tolstoi zum Schlusse hin: „Alles das ist sehr schlecht".

Dann folgen kurze Bemerkungen, Auszüge aus späteren Erörterungen:

„1. Gottesfurcht ist der Anfang der höchsten Weisheit. Worin äußert sich diese Furcht? Donner, Tod, Siechtum.

2. Der Glaube äußert sich und wird mitgeteilt nicht durch das Wort, sondern durch die Tat, durch das Beispiel. Das waren die Patriarchen, sodann Christus.

3. Was ist der Glaube? Ist er etwas Menschliches, oder etwas Göttliches? Wenn er etwas Menschliches ist, so ist er doch nichts Vernunftgemäßes. Er ist etwas Menschliches, aber im ganzen Leben, im Tode – ist er es in Bezug auf Gott. Wie soll man ihn nun anders nennen als göttlich, wenn nicht gar – von Gott kommend.

4. Der Glaube, der alle (bekannten) Glaubensbekenntnisse umfaßt, alle ohne Widerspruch, ist göttlich, ist wahr, sofern nur etwas wahr sein kann. Persönliche Gefühle und Glaubenssätze sind nicht wahr, aber der eine Glaubenssatz, der alles umfaßt, dieser allein ist wahr. Schenke ihn mir, o Herr, und laß mich den anderen helfen ihn zu finden".

Am folgenden Tage macht Tolstoi eine philosophische Notiz, welche eine interessante kritische Meinung vom Materialismus darstellt.

---

[24] L N. Tolstoi'sches Archiv.

„[1878] 3. Juni. Die Materialisten haben vollkommen Recht, wenn sie sagen, daß jeder meiner Gedanken eine Folge der Einwirkung von stofflichen Molekülen auf mich ist. Auch haben sie recht, wenn sie dies von jedem meiner Gefühle behaupten, ja sogar von jedem meiner Wünsche. Zugegeben, daß das Bewußtsein meiner Freiheit ein Irrtum ist. – Aber was sagen sie denn damit? Sie sagen damit, daß kein Haar vom Haupte fällt und daß nichts, kein Gedanke, kein Gefühl, kein Wunsch ohne den Willen Gottes entstehen kann. Daß alles, was entsteht, innerhalb der Grenzen dieses Willens entsteht und daß dieser Wille vernünftig und unfaßbar ist. Sie sagen dasselbe was die Christen sagen. Sie sagen, daß ein Gedanke, ein Gefühl, ein Wunsch nicht grundlos, nicht sinnlos entsteht, sondern nach einem strengen, weisen Gesetze. Das Gesetz selbst aber erscheint nur von einer, von seiner nichtigsten Seite der Erfassung in unklarer Weise zugänglich, d. h. die Wissenschaft ist in ihrer höchsten Entwicklung zu dem Schlusse gekommen, daß sich wahrscheinlich alles nach einem weisen Gesetze vollzieht.

Jeder ernste und denkende Materialist muß zugeben:

1. Daß der Übergang der Materie in die Funktion, der Empfindung in Gefühl, Gedanken, Wunsch nicht nur nicht begriffen ist, sondern um so geheimnisvoller wird, je weiter die Forschung auf diesem Wege fortschreitet, daß eine genaue Kenntnis dieses Überganges von dem Menschen nie erworben werden kann, daß alles Forschen auf diesem Gebiete nur zu der Überzeugung führt, daß die Gedanken, Gefühle und Wünsche von den Empfindungen abhängig sind, daß jedoch diese Abhängigkeit unbekannt ist, d. h., daß jene nicht zufällig sind, aber unbegreiflich, d. h., daß sie sich in der allweisen Macht Gottes befinden, und

2. daß, wenn die Abhängigkeit der Gedanken, Gefühle und Wünsche von den Empfindungen deutlich bestimmt wäre, wenn bewiesen wäre, daß das Bewußtsein nur die Blüte des Organismus ist (und bewiesen wäre, daß der Organismus eine notwendige Lebensform ist)[25] – kurz, alles das zugegeben, was die ex-

---

[25] Ich spreche Worte aus, die für mich keinen Sinn haben, aber ich spreche sie aus, wohl wissend, daß die Materialisten ihnen eine bestimmte Bedeutung unter-

tremsten Materialisten annehmen, muß jeder denkende Materialist doch anerkennen, daß jene materiellen Ursachen, welche, auf den Menschen einwirkend, seine Gedanken, Gefühle und Wünsche hervorbringen, zu eng aufgefaßt werden, daß jeder materiellen Ursache ihrer Wesenheit nach eine andere Ursache zugrunde liegen muß, die sich für Raum und Zeit teilt. Daß jede zweite Ursache eine dritte hat u.s.w. bis ins Unendliche und daß daher ein Aufsuchen der Abhängigkeit und der Ursachen auf diesem Wege nicht nur weit führt, sondern seinem eigenen Wesen nach unmöglich ist. Um das zu erklären, was ich jetzt schreibe, ist es notwendig, zu zeigen, daß eine Reihe von Eindrücken und Empfindungen in mir die Gedanken hervorgerufen hat, welche ich darlege, das Gefühl der Aufregung, das ich jetzt habe, und den Wunsch, zu schreiben, den ich eben erfülle. Nehmen wir an, daß alle Empfindungen aufgefunden und bezeichnet worden sind. Es folgt aber unwillkürlich eine andere Reihe von Fragen: Was hat diese Empfindungen hervorgerufen? Was hat meine Persönlichkeit gebildet, meine angeborenen Fähigkeiten? Und so komme ich augenscheinlich, von einer Ursache zur anderen aufsteigend, bis zu dem im Raume wirbelnden Atom. Aber das wirbelnde Atom fordert ebenso seine Erklärung wie die Erscheinung der Reflexion. Und es ist offenbar, daß ich sofort auf die Unendlichkeit des indifferenten Raumes und der indifferenten Zeit und auf die ursachlose Ursache stoße, d. h., daß ich zur Anerkennung des allgegenwärtigen, ewigen, ursachlosen Gottes gelange.

Der Irrtum der Materialisten im ersten Falle, wenn sie durch die Erforschung der Nerven und des Gehirns den Übergang der Empfindung in Gedanken, Gefühl und Willen aufzuzeigen wünschen und hoffen, beruht auf der Einführung einer unendlich kleinen Größe in die Gleichung. Sie hoffen, daß die mikroskopische Forschung ihnen die Wahrheit offenbaren wird. Dasjenige aber, was diese Forschung nicht aufdecken wird, wird als unendlich klein vorausgesetzt.

---

legen.

In dem zweiten Falle sprechen sie, wenn sie alle Ursachen erklären, von unendlich großen Zeitperioden. Ein aufrichtiger,
denkender und nicht eigensinniger Materialist muß zugeben,
daß er, indem er sich von der Lehre der Idealisten entfernt, welche behaupten, daß es nur einen Geist gebe, sich um kein Haar
breit von der Lehre der Religion entfernt und nur das bestätigt,
was die Religion sagt, nämlich, daß wir uns alle in Gottes Macht
befinden, daß kein Haar vom Haupte fällt und kein Gefühl auf-
kommt ohne den Willen Gottes und daß dieser Wille unfaßbar
und weise ist. Diese Unfaßbarkeit ist für einen gelehrten, den-
kenden Materialisten offensichtlicher als für einen ungebildeten.
Denn indem der Materialist die Methode seiner Forschung un-
tersucht, kann er nicht umhin, die Unmöglichkeit, alles zu erfassen, einzusehen, da die Unendlichkeit ihm stets offenbar ist. Die
Weisheit dieses Willens kennt er nicht durch Erraten und aus
Instinkt, wie dies ein Nichtgelehrter tut, sondern aus der vernünftigen Kausalität, die er in demjenigen, wenn auch unendlich
kleinen Gebiete findet, welches er gerade durchforschen konnte.

Die Existenz dieses Willens selbst aber muß er anerkennen,
denn sie allein ist das Ziel seiner Forschung – die Ursache."[26]

Einen Tag später zeichnet Tolstoi in dieses selbe Büchlein ein
poetisches Bild der Natur im Sommer:

„5. Juni. Heißer Mittag. 2 Uhr. Ich gehe die hohe fette Wiese
entlang. Es ist still, ein süßer und duftiger Geruch – Löwenzahn,
Krokus steht da und betäubt mich. Gegen den Wald hin, im Gra-
ben steht das Gras noch höher und hier wieder der betäubende
Duft. Auf den Waldwegen der Geruch von Waldmeister. Ungeheuer groß sind die Blätter des Ahornbaumes. Eine Biene sam-
melt auf einem abgehauenen Stamme Honig, der Reihe nach den
Kranz von gelben Blüten absaugend. Bei der dreizehnten summt
sie nachdenklich und fliegt davon, ganz voll getrunken.

---

[26] Ebenda.

Die Hitze liegt auf dem Wege, der heiße Staub und Teergeruch."[27]

In demselben Jahre schreibt Tolstoi unter anderem an N. N. Strachof:

„Ihr Brief, teurer N. N. ist angekommen, während ich in Moskau war, und als ich zurückkam, teilte mir meine Frau als eine von den freudigen Neuigkeiten mit, daß ein langer Brief von Ihnen da sei und so ein lieber Brief und ich danke Ihnen dafür. In Moskau habe ich Bakunin angetroffen. Er schreibt ein Werk über das Wissen und den Glauben. Bei mir wohnt als Lehrer der Mathematik ein Kandidat der Petersburger Universität, der zwei Jahre in Kansas in Amerika in den russischen Kommunistenkolonien zugebracht hat. Durch ihn habe ich die drei besten Vertreter der extremsten Sozialisten kennen gelernt, eben derjenigen, denen man jetzt den Prozeß gemacht hat. Nun, auch diese Leute sind zu der Notwendigkeit gelangt, in der Reformtätigkeit Halt zu machen und zuerst nach religiösen Grundlagen zu suchen. Von allen Seiten (ich kann mich jetzt nicht an alle erinnern) wenden sich alle Köpfe demjenigen zu, was mir keine Ruhe gibt."[28]

Wir bringen hier eine kurze Erzählung dieses Lehrers der Mathematik, Wassilij Iwanowitsch Alexejef, der im Jahre 1877 in Tolstois Haus kam, als Lehrer des ältesten Sohnes Sergej, eine Erzählung, die wir nach seinen eigenen Worten aufgeschrieben haben.

„Ich war in der Vereinigung der Tschaikowskijgruppe als Bücheraußräger. Ich sammelte kluge Bücher, wie Spencer, Lewis, Mill, und verbreitete sie unter den Studenten, Arbeitern, erklärte sie und wirkte überhaupt friedlich aufklärend in dem Kreise meiner Bekannten. Diese Tätigkeit befriedigte uns jedoch nicht, anderseits ließ uns die Polizei unsere Arbeit nicht frei tun; wir sehnten uns nach einer weiteren Betätigung unserer Kräfte. Wir dachten, daß wir sogleich ein neues Leben schaffen würden,

---

[27] Ebenda.
[28] W. G. Tschortkof'sches Archiv.

wenn wir uns erst einmal von allerlei äußeren Hindernissen frei-machen. Mit diesen Gedanken fuhren wir nach Amerika, nach Kansas, gründeten hier eine landwirtschaftliche intelligente Gemeinschaft und sahen bald ein, daß das Hindernis für ein freies Leben nicht die äußeren Bedingungen waren, sondern unsere eigenen Fehler. Die Kolonie fiel auseinander und wir kehrten nach Rußland zurück. Ich hungerte buchstäblich. Durch irgendwelche Bekannte wurde mir eine Lehrerstelle beim Grafen Tolstoi angeboten. Ich hatte solche Angst vor dem Grafentitel, daß ich zuerst entschieden Nein sagte. Aber man redete mir zu und ich begab mich nach Jasnaja Poljana. Ich nahm Wohnung in der Hütte eines Bauern und kam in Tolstois Haus nur für die Lektionen. Später übersiedelte ich in das Haus des Gutshofes. Schon in den ersten Tagen besiegte die Freundlichkeit Leo Nikolajewitsch' jegliche Scheu in mir und unsere Beziehungen wurden die denkbar freundschaftlichsten. Ich traf Leo Nikolajewitsch in der Periode aufrichtiger Orthodoxie, ich aber war damals Atheist und ebenfalls offenherzig und aufrichtig.

In den Unterredungen mit Leo Nikolajewitsch äußerte ich oft mein Erstaunen darüber, daß er auf seiner Entwicklungsstufe, mit seinem Verständnis und mit seiner Aufrichtigkeit die Kirche besuchen, beten und die Gebräuche beobachten konnte. Ich entsinne mich eines solchen Gespräches im Gastzimmer des Hauses in Jasnaja Poljana an einem klaren Frosttage. Leo Nikolajewitsch saß gegenüber dem Fenster, welches Eisblumen hatte und die schrägen Strahlen der untergehenden Sonne durch das Zeichenmuster des Eises hindurchschimmern ließ. Nachdem Leo Nikolajewitsch mich angehört hatte, sagte er: ,Sehen Sie diese Zeichnung an, die von der Sonne beleuchtet wird. Wir sehen nur das Bild der Sonne auf diesen Eisblumen, aber wir wissen doch, daß irgendwo hinter diesen Eisblumen die weite wirkliche Sonne ist, die Quelle des Lichtes, welches dieses Bild hervorbringt. Das Volk sieht in der Religion nur dieses Bild, ich aber schaue weiter und sehe oder weiß es wenigstens, daß sie da ist, die Quelle des Lichtes selbst. Und dieser Unterschied unseres Verhaltens stört unsere Gemeinschaft nicht; wir beide sehen dieses Abbild der

Sonne an, nur unsere Vernunft durchdringt es bis zu einer verschiedenen Tiefe.'

Aber ich bemerkte, daß ein Gefühl des Unbefriedigtseins von Zeit zu Zeit seine Seele beschlich. Einmal wandte er sich an mich, aus der Kirche zurückkommend, mit folgenden Worten: ‚Nein, ich kann nicht, es ist zu schwer; ich stehe da unter ihnen, ich höre, wie ihre Finger an die Halbpelze anschlagen, wenn sie sich bekreuzen, und gleichzeitig höre ich das leise Flüstern der Weiber und Bauern über die alltäglichsten Dinge, die gar keinen Bezug auf den Gottesdienst haben. Gespräche über die Wirtschaft der Bauern, Weiberklatsch, der im Flüstertöne von einer zur anderen weitergegeben wird, während der feierlichsten Augenblicke des Gottesdienstes. Das zeigt, daß ihr Verhältnis zu letzterem ein ganz unbewußtes ist.' Ich verhielt mich natürlich zu der in ihm sich vollziehenden Wandlung so behutsam als möglich und äußerte meine Meinung nur dann offen, wenn er mich darum fragte.

Manchmal führten wir auch Gespräche über ökonomische und soziale Fragen. Ich hatte eine Bibel, die noch von der Zeit war, wo ich für den Sozialismus im Volke Propaganda machte. Darin waren alle Stellen unterstrichen, welche auf soziale Fragen Bezug hatten, und ich wies Leo Nikolajewitsch manchmal auf diese Stellen hin. Die fortwährende innere Arbeit ließ Leo Nikolajewitsch keine Ruhe und führte ihn endlich zur Krise.

Ich entsinne mich einer Episode, die ein Ausdruck dieses inneren seelischen Kampfes war.

Als griechisch-orthodoxer Christ hielt Leo Nikolajewitsch die Fastenzeit ein. Gräfin S. A. beobachtete sie ebenfalls und hielt auch die Kinder dazu an, Fastenspeisen zu genießen. Als sie in Leo Nikolajewitsch ein Schwanken zu bemerken anfing, verstärkte sie die Strenge des Fastens, so daß alle im Hause Fastenspeisen genossen, mit Ausnahme von mir und dem französischen Erzieher Mr. Nief. Ich sagte der Gräfin, daß ich zwar die Fasten nicht einhalte, jedoch alles essen kann, was gereicht wird, aber sie ließ immer für uns, die beiden Lehrer, gewöhnliche Speisen zubereiten. Und einmal wurde allen Fastenspeise gereicht, uns aber irgendwelche schmackhafte Fleischkoteletts. Wir nahmen davon und der Diener stellte die Schüssel auf das Fensterbrett. Leo Nikolajewitsch, wandte sich an seinen Sohn und sagte: ‚Iljuscha, reiche mir mal ein Kotelett.' Der Sohn reichte es ihm und Leo Nikolajewitsch aß mit Appetit ein Fleischkotelett und von dieser Zeit an hörte er auf zu fasten."

Nach Tolstois eigenen Worten und nach den unten angeführten Briefen können wir mit Sicherheit behaupten, daß W. J. einen starken und wohltätigen Einfluß auf Tolstoi ausgeübt und natürlich seinerseits Tolstois Einfluß an sich erfahren hat.

Im Sommer 1878 machte Tolstoi mit seiner ganzen Familie eine Reise nach seinem Gut im Gouvernement Samara.

Zuerst fuhr er mit den älteren Kindern, den Knaben und dem Erzieher, dann reiste auch Sofia Alexandrowna mit den jüngeren Kindern dorthin nach.

Von der Reise schrieb Tolstoi an Sofia Alexandrowna:[29]

„… Vergiß aber nicht – was Du auch beschließest, dortzubleiben oder zu reisen, und was auch unabhängig von uns geschehen möge – ich werde niemals, nicht einmal in Gedanken, weder mir selbst noch Dir Vorwürfe machen. In allem wird Gottes Wille sein, in unseren schlechten und guten Handlungen. Sei nicht böse, wie es Dich manchmal verdrießt, wenn ich Gott erwähne. Ich muß das sagen, denn das ist die Grundlage meines Lebens selbst."

„… Wiederum schreibe ich abends von demselben Dampfer. Die Kinder sind wohlauf, sie schlafen und waren lieb. Es ist zehn Uhr abends und morgen um vier Uhr sind wir, so Gott will, in Samara, dann gegen Abend auf dem Gutshofe. Der Tag ist auch still vergangen, ruhig und angenehm. Interessant für mich war ein Gespräch mit Raskolniki[30] und Popengegnern aus dem Gouvernement Wjatka. Es waren Bauern, ganz einfache Kaufleute, kluge, anständige und ernste Menschen.

---

[29] Archiv der Gräfin S. A. Tolstoi.
[30] Raskol = Spaltung; hier Kirchenspaltung. Anm. d. Übers.

Schön war das Gespräch über den Glauben."[31]

Im Winter 1878/79 schrieb Tolstoi, bereits mit erleuchteter Seele, seine „Bekenntnisse".
Gräfin S[ofia]. A[lexandrowna]. schildert seine damalige Stimmung in einem Briefe an ihre Schwester folgendermaßen:

8. November.

„Leochen geht jetzt völlig in seinem Schreiben auf. Er hat seltsame starre Augen, spricht fast gar nicht, ist ganz wie aus einer anderen Welt und ist entschieden nicht imstande, an irdische Dinge zu denken."

5. März 1879.

„Leochen liest, liest, liest ... Er schreibt sehr wenig, aber manchmal sagt er: ‚jetzt wird es klar', oder: ‚ach, wenn Gott will, wird das, was ich schreiben werde, sehr wichtig sein'."[32]

Im Sommer 1879 reiste Tolstoi nach Kief und besuchte das Kief-Petschorskij-Kloster.
In den Briefen an S[ofia]. A[lexandrowna]., die er von der Reise schrieb, kommen folgende Bemerkungen über diese Reise vor:

„13. Juni. Kief zieht mich sehr an."
„14. Juni. Den ganzen Vormittag bis 3 Uhr habe ich Kirchen, Klöster, Mönche besucht, und bin mit meiner Reise sehr unzufrieden. Es war nicht der Mühe wert."
„... Um 7 Uhr ging ich in die Lawra (Kloster), zum Bruder Antonius und fand wenig Belehrendes. Was wird Gott morgen geben?"

Aber auch am nächsten Tage war dieselbe Enttäuschung. Offenbar hatte ihn diese Reise nicht befriedigt und trug wahrscheinlich zum rascheren Abfall von der orthodoxen Kirche bei.

---

[31] Archiv der Gräfin S. A. Tolstoi.
[32] T. A. Kusminski'sches Archiv.

Sobald Tolstoi seinem Leben eine schroffe Wendung gegeben hatte oder, richtiger gesagt, jene Grundlagen des Lebens, welche seit jeher in seiner Seele gelebt hatten, soweit es seine Kräfte erlaubten, zu realisieren begann, fingen seine schwächeren Freunde an, von ihm abzufallen und ihm nur mehr von weitem zuzusehen. Als einer der ersten fiel Fet von ihm ab.

Tolstoi, der die freundschaftlichen Beziehungen natürlich nicht abbrach, mußte ihm nunmehr die Bedeutung seines Benehmens erklären, welches letzteres Fet offenbar in Erstaunen setzte und das seiner maßvollen Natur nicht entsprach.

So erwidert Tolstoi auf einen Brief Fets im Juli 1879:

„Ich danke Ihnen für Ihren letzten Brief, teurer Afanassi Afanasjewitsch, und für die Apologie über den Falken, welche mir gefällt, welche ich aber näher erklären möchte. Wenn ich dieser Falke bin und wenn mein zu hoher Flug, wie aus dem darauffolgenden zu ersehen ist, darin besteht, daß ich das reale Leben verneine, so muß ich mich rechtfertigen. Ich verneine weder das reale Leben, noch die Arbeit, die zur Erhaltung dieses Lebens gehört, mir scheint jedoch, daß der größere Teil meines und Ihres Lebens ausgefüllt ist von Befriedigungen nicht natürlicher, sondern uns durch die Erziehung künstlich eingeimpfter und zur Gewohnheit gewordener Bedürfnisse und daß neun Zehntel der Arbeit, die wir leisten, um diese Bedürfnisse zu befriedigen – müßige, unnütze Arbeit ist. Ich möchte sehr gern davon überzeugt sein, daß ich den Menschen mehr gebe als ich von ihnen empfange; da ich aber eine große Neigung in mir finde, meine Arbeit hoch, fremde jedoch niedrig einzuschätzen, so hoffe ich nicht, mich davon zu überzeugen, daß meine Rechnung für die anderen gerecht ist; wenn ich selbst glaube, meine Arbeit vergrößert und die allerschwerste gewählt zu haben (ich überrede mich gewiß, daß die Arbeit, die ich gern tue, die aller notwendigste und allerschwerste ist), so möchte ich so wenig als möglich von den anderen nehmen und so wenig als möglich für die Befriedigung meiner Bedürfnisse arbeiten, und ich glaube, daß ich mich auf diese Weise weniger leicht täusche."[33]

In einem nächsten Briefe an Fet teilt Tolstoi seine Eindrücke mit, die er aus der Lektüre einiger Bücher empfangen hat und äußert sich über diese Eindrücke in seiner originellen, paradoxen Sprache:

„Es ist mir gelungen, Ihnen die Lektüre von ‚1001 Nacht' und ‚Pascal' zu empfehlen. Das eine wie das andere gefiel Ihnen nicht gerade, aber es entsprach Ihnen. Jetzt möchte ich Ihnen ein Buch empfehlen, welches noch niemand gelesen hat und welches ich dieser Tage zum erstenmale gelesen habe und ich fahre fort, es zu lesen und jauchze vor Freude. Ich hoffe, daß dieses Buch auch nach Ihrem Herzen sein wird, um so mehr, als es mit Schopenhauer viel Gemeinsames hat. Es sind die ‚Sprüche Salomos', der ‚Ekklesiast' und das ‚Buch der Weisheit'. Es ist schwer, etwas Neueres als dieses zu lesen. Wenn Sie es lesen wollen, so lesen Sie es slawisch. Ich habe eine neue russische Übersetzung, die aber sehr schlecht ist. Auch die englische ist schlecht. Wenn Sie eine griechische hätten, so würden Sie sehen, was das ist."

Im Sommer desselben Jahres besuchte Strachof Tolstoi. In einem Briefe an seinen Freund N. J. Danilewskij schildert Strachof Tolstoi von damals folgendermaßen:

„… Tolstoi traf ich diesesmal in ausgezeichneter Stimmung an. Mit welcher Lebhaftigkeit er sich von seinen Gedanken hinreißen läßt! So heiß suchen nur junge Menschen die Wahrheit und ich kann bestimmt sagen, daß er sich in der höchsten Blüte seiner Kräfte befindet. Er hat alle Pläne beiseite gelassen, schreibt nichts, arbeitet aber schrecklich viel. Einmal nahm er mich mit sich und zeigte mir, was er unter anderem tue. Er geht auf die Landstraße hinaus (eine Viertelwerst vom

---

[33] A. Fet, Meine Erinnerungen, Bd. II., S. 366.

Hause entfernt) und trifft da bald auf Pilger und Betbrüder. Es beginnen nun Gespräche mit ihnen, und wenn es gerade gute Exemplare sind und er selbst bei Laune ist, so bekommt er wunderbare Erzählungen zu hören. Zwei Werst vom Hause entfernt liegen zwei kleine Ansiedlungen. Dort gibt es Gasthöfe für die Pilger (sie werden nicht wegen des Gewinnes gehalten, sondern wegen der Rettung der Seele). Wir betraten eines dieser Gasthöfe. Es waren acht Personen da von verschiedener Art, Greise, Weiber, und jeder tut was er gerade braucht: der eine ißt sein Nachtmahl, der andere betet, ein dritter schläft. Einer von ihnen führt immer das Gespräch, erzählt, räsonniert und es ist sehr interessant, ihm zuzuhören. Tolstoi interessiert außer der Frömmigkeit, der er sehr ergeben ist (er hält die Fasttage ein und geht Sonntags in die Kirche), auch noch die Sprache. Er hat angefangen, in bewundernswerter Weise die Schönheit der Volkssprache zu empfinden und entdeckt jeden Tag neue Worte und Wendungen, schimpft mit jedem Tage mehr über unsere Literatursprache, nennt sie nicht russisch, sondern spanisch. Alles das wird – ich bin davon überzeugt – reiche Früchte tragen. Wir waren auch zusammen im Kreisgericht, hörten drei Stunden lang zu und mir ist dort die größte Achtung für diese Sache eingeflößt worden, während ich aus dem Prozesse gegen die Sassulitsch einen tiefen Ekel davontrug.

Das Hauptthema von Tolstois Gedanken ist, wenn ich nicht irre, der Gegensatz zwischen dem alten Rußland und dem neuen, dem europäischen. Er wiederholt vieles von dem, was die Slawophilen gesagt haben, als ob es etwas Neues wäre, aber er durchlebt und erfaßt es wie kein anderer."

Zu dieser Zeit war Tolstoi, ungeachtet des bereits auftauchenden Zweifels an der Wahrheit der Orthodoxie, dieser doch so ergeben, daß er sogar in seinem persönlichen Tun und Lassen die Autorität von kirchlichen Personen anerkannte, und als er, weil er sich unwohl fühlte, auf den Rat des Arztes das Fastenessen zu genießen aufhören wollte, da konnte er sich nicht entschließen, dies ohne Erlaubnis der Kirche zu tun, und reiste in das Troitzkij-Kloster und erbat sich dort von dem greisen Vater Leonid die Lösung des Fastengelübdes. Das waren jedoch die letzten Fälle, in denen er der kirchlichen Lehre folgte.

Am 30. September [1879] entwirft er in seinem Notizbuch bereits den Plan zu dem zukünftigen Werke:

„Die Kirche ist, vom Ende angefangen bis hinauf ins III. Jahrhundert, eine einzige Kette von Lüge, Grausamkeit, Betrug. In dem III. Jahrhundert ist etwas Hohes enthalten. Was ist es denn? Wir sehen, es ist das Evangelium. Wie soll ich leben? Dies ist die Frage der Seele – die einzige. Wie haben die anderen gelebt? – Wie? – Die Gebote."

Am 28. Oktober macht er folgende merkwürdige Notiz:

„Es gibt Menschen von dieser Welt, schwere Menschen, ohne Flügel. Sie kriechen unten herum. Es gibt starke unter ihnen – Napoleon – sie bringen Verwirrung unter die Menschen, aber immer noch auf der Erde. Es gibt gleichmäßige Menschen, sie lassen ihre Flügel wachsen und erheben sich langsam und schweben hinauf – Mönche. Es gibt leichte Menschen, geflügelte, die sich leicht über die Enge erheben und – wieder heruntersinken – es sind die guten Idealisten. Es gibt Menschen mit großen starken Flügeln, welche aus Laune unter die Menge herabsteigen und sich die Flügel zerbrechen. So bin ich. Dann quält sich so einer mit dem gebrochenen Flügel, schwingt sich heftig auf und – fällt herab. Die Flügel werden heilen – ich werde hoch fliegen. Gott helfe mir.

Es gibt Menschen mit himmlischen Flügeln, die absichtlich, aus Liebe zu den Menschen auf die Erde herabsteigen (mit gefallenen Flügeln) und sie lehren die Menschen fliegen. Und wenn es nicht mehr nötig ist, fliegen sie davon. Christus."[34]

Zwei Tage später schreibt er:

„30. Oktober.

Der Regierung predigen, sie möge den Glauben freigeben, ist dasselbe, wie wenn man einem Knaben predigt, er möge den

---

[34] L. N. Tolstoi'sches Archiv.

Vogel loslassen, wenn er ihm Salz auf den Schwanz streut.

1. Der Glaube kann, solange er Glaube ist, seinem Wesen nach keiner Macht untergeordnet sein – ein lebendiger Vogel ist derjenige, welcher fliegt.

2. Der Glaube verneint die Macht und die Regierung (Kriege, Todesstrafen, Räubereien, Diebstahl), das alles aber ist das Wesen der Regierung. – Und deswegen muß die Regierung wünschen, den Glauben zu vergewaltigen. Wenn man dem Vogel keine Gewalt antut – fliegt er davon."[35]

In diesem Jahre gelangt Tolstoi zu der Unmöglichkeit, die Forderungen seiner Vernunft und seines Gewissens mit der kirchlichen Lehre in Einklang zu bringen, während das Studium der Theologie ihm diese Tatsache theoretisch bestätigt.

Im November 1879 schreibt S[ofia]. A[lexandrowna]. an ihre Schwester: „… Leochen arbeitet immerfort, wie er sich ausdrückt. Aber, ach! Er schreibt irgend welche religiöse Erörterungen, er liest und denkt, bis er Kopfweh bekommt, und alles das, um zu zeigen, wie die Kirche mit der Lehre des Evangeliums nicht übereinstimmt. Es werden sich in Rußland gewiß keine zehn Menschen finden, die sich dafür interessieren. Aber es ist nichts zu machen, ich wünsche nur eines, daß er das bald zu Ende bringen möge und daß das vorübergehen möge wie eine Krankheit.

Über ihn Macht gewinnen oder ihm die eine oder die andere geistige Arbeit vorschreiben, kann kein Mensch in der Welt, er selbst sogar ist darin machtlos."[36]

Das Leben hat anders entschieden. Millionen Menschen interessieren sich jetzt[37] für das, was Tolstoi damals geschrieben hat. Wir werden uns bemühen, im nächsten Kapitel in knapper Form einen Begriff zu geben von dem Wesen dieser riesenhaften Arbeit. […]

---

[35] Ebenda.

[36] T. A. Kuzminski'sches Archiv.

[37] [d. h. *drei Jahrzehnte später*; Bezug genommen wird hier schon auf die den ‚Bekenntnissen' nachfolgenden Werke Tolstois zu Dogmenkritik, Bibelauslegung und Credo (‚Mein Glaube'), Anm. pb]

Verzeichnis der Übersetzungen von Tolstois Schrift *Ispoved'* (1879-82)

Textkritische Edition des russischen Werkes

Leo N. Tolstoi: Исповедь | Ispoved' (1879-1880/82). In: PSS [Russische Gesamtausgabe, Moskau 1928-1957ff: Polnoe sobranije sočinenij. Jublejno izdanie], Band 23, S. 1-59. [https://tolstoy.ru/online/90/23/] [http://tolstoy.ru/creativity/90-volume-colection-of-the-works]

Übersetzungen (chronologisch)

Leo Tolstoi: Bekenntnisse [frühe Fassung] – Was sollen wir denn thun? Aus dem russischen Manuskript übersetzt von H[ermann]. von Samson-Himmelstjerna. Leipzig: Verlag Duncker & Humblot 1886. [Vorwort des Übersetzers: S. V-VIII; Bekenntnisse: S. 1-102.]

Leo N. Tolstoi: Meine Beichte. Übersetzt von L. A[lbert]. Hauff. Berlin 1890. [Folgeauflagen; z. B. Berlin: Verlag Otto Janke 1911; VII und 136 Seiten.]

Leo Tolstoj: Meine Beichte [Fassung 1882]. Uebersetzt und mit einem Vorwort versehen von Alexis Markow. Berlin: Verlag von Cassirer & Danzinger 1890. [118 Seiten] [Folgeauflagen]

Graf Leo Tolstoi: Meine Beichte. Deutsch von Wilhelm Lilienthal. Berlin: Verlag Hugo Steinitz 1895. [132 Seiten] [Folgeauflagen]

Leo N. Tolstoj: Meine Beichte. Von dem Verfasser genehmigte Ausgabe von Raphael Löwenfeld. (= Sämtliche Werke, Serie I,1). Jena: Eugen Diederichs 1901. – Leo N. Tolstoi: Meine Beichte. Von dem Verfasser genehmigte Ausgabe von Raphael Löwenfeld. (= Sämtliche Werke, Serie II,1). 8.-10. Tausend. Jena: Eugen Diederichs 1922. [140 Seiten] – Leo N. Tolstoi: Meine Beichte. Aus dem Russischen von Raphael Löwenfeld. (= Religions- und gesellschaftskritische Schriften, Band 1. Neu herausgegeben und durchgesehen von Evelies Schmidt). München: Eugen Diederichs Verlag 1990. [200 Seiten]

Leo N. Tolstoi: Meine Beichte. Berlin: Globus Verlag [ca. 1902]. [Anonyme Übersetzung?; 128 Seiten] [Nachdruck u. a.: Anaconda Verlag 2012, 2021]

L. N. Tolstoj: Meine Beichte [Fassung 1882]. In: L. N. Tolstoj: Ausgewählte Werke, herausgegeben von W. Lüdtke. Band XII.: Weltanschauung. Auswahl von W. Lüdtke. Wien/Hamburg/Zürich: Gutenberg-Verlag Christensen & Co. 1929, S. 5-66.

Lew Tolstoi: Beichte. Einleitung zu einem unveröffentlichten Werk [1879-1881/1882], übersetzt von Günter Dalitz. In: Lew Tolstoi: Philosophische und sozialkritische Schriften. (= Gesammelte Werke in zwanzig Bänden, herausgegeben von Eberhard Dieckmann und Gerhard Dudek, Band 15). Berlin: Rütten & Loening 1974, S. 73-153 und Anmerkungen 781-786.

Lev Tolstoj: Beichte (Auszug), übersetzt von Olga Radetzkaja. In: Martin George / Jens Herth / Christian Münch / Ulrich Schmid (Hg.): Tolstoj als theologischer Denker und Kirchenkritiker. Zweite Auflage. Göttingen: Vandenhoeck & Ruprecht 2015, S. 58-71. [Mit Einleitung zum Text.]

———

Ausgewählte Literatur
zu Leo N. Tolstois religiösen Schriften

BARTOLF 2006 = Christian Bartolf: Ursprung der Lehre vom Nicht-Widerstehen. Über Sozialethik und Vergeltungskritik bei Leo Tolstoi. Berlin: Selbstverlag des Gandhi-Informations-Zentrum 2006.

DREWERMANN 2023 = Eugen Drewermann: Zum Geleit. In: Leo N. Tolstoi: Texte gegen die Todesstrafe. Über die Unmöglichkeit des Gerichtes und der Bestrafung der Menschen untereinander. (= Tolstoi-Friedensbibliothek: Reihe B, Band 1). Norderstedt: BoD 2023, S. 9-15.

ERNST 1991 = Peter Ernst: Ehrfurcht vor dem Leben: Versuch der Aufklärung einer aufgeklärten Kultur. Ethische Vernunft und christlicher Glaube im Werk Albert Schweitzers. Mit einem Exkurs über religiöse Kultur und Sozialethik im literarischen Entwurf Leo Tolstois. (= Europäische Hochschulschriften. Reihe 23, Band 414). Frankfurt am Main: Peter Lang 1991.

GAEDE 1980 = Käte Gaede: Lew Nikolajewitsch Tolstoi. Schriftsteller und Bibelinterpret. Berlin: Evangelische Verlagsanstalt 1980.

GEORGE u. a. 2015 = Martin George / Jens Herth / Christian Münch / Ulrich Schmid (Hg.): Tolstoj als theologischer Denker und Kirchenkritiker. (Übersetzung der Tolstoj-Texte von Olga Radetzkaja und Dorothea Trottenberg, Kommentierung von Daniel Riniker). Zweite Auflage. Göttingen: Vandenhoeck & Ruprecht 2015.

GLOGAU 1893 = Gustav Glogau: Leo Graf Tolstoi ein russischer Reformator. Ein Beitrag zur Religionsphilosophie. Kiel/Leipzig: Lipsius & Tischler 1893.

HANKE 1993 = Edith Hanke: Prophet des Unmodernen. Leo N. Tolstoi als Kulturkritiker in der deutschen Diskussion der Jahrhundertwende. Tübingen: Max Niemeyer 1993

KALICHA 2013 = Sebastian Kalicha (Hg.): Christlicher Anarchismus. Facetten einer libertären Strömung. Heidelberg: Verlag Graswurzelrevolution 2013.

KJETSAA 2001 = Geir Kjetsaa: Lew Tolstoj. Dichter und Religionsphilosoph. Gernsbach: Casimir Katz Verlag 2001.

KOEBER 1890 = Raphael von Koeber: Leo Tolstoi und sein unkirchliches Christentum. Herausgegeben mit einer Nachschrift: Die Flucht aus dem brennenden Cirkus, von Hübbe-Schleiden. Braunschweig: C.A. Schwetschke & Sohn 1890.

LÖWENFELD 1892 = Raphael Löwenfeld: Leo N. Tolstoj, sein Leben, seine Werke, seine Weltanschauung. Erster Teil. Leipzig: Arwed Strauch [1892].

LÖWENFELD 1901 = Raphael Löwenfeld: Gespräche über und mit Tolstoj. Dritte, vermehrte Auflage. Leipzig: Eugen Diederichs 1901.

SANDFUCHS 1995 = Wolfgang Sandfuchs: Dichter – Moralist – Anarchist. Die deutsche Tolstojkritik 1880 – 1900. Stuttgart: M & P Verlag für Wissenschaft und Forschung 1995.

SCHMID 2010 = Ulrich Schmid: Lew Tolstoi. München: C.H. Beck 2010.

SCHMIDT 1990 = Evelies Schmidt: Nachwort. In: Leo N. Tolstoi: Meine Beichte. Aus dem Russischen von Raphael Löwenfeld. (= Religions- und gesellschaftskritische Schriften, Band 1. Neu herausgegeben und durchgesehen von Evelies Schmidt). München: Eugen Diederichs Verlag 1990, S. 167-200.

TAMCKE 2020 = Martin Tamcke: Tolstojs Religion. Eine spirituelle Biographie. Berlin: Insel Verlag 2020.